教育福祉学への招待

文部科学省「大学生の就業力育成支援事業」
大阪府立大学「子育て教育系キャリア・コラボ力育成」

山野則子・吉田敦彦・山中京子・関川芳孝 編

せせらぎ出版

目　次

序章　教育福祉学への招待
　　　－人類史的課題としての「Edu-care」探究－ ……………吉田　敦彦　5

第Ⅰ部　教育福祉学の基盤：人間の尊厳と多様性

第1章　教育福祉における哲学と思想
　　　－社会福祉学の視点から－ …………………………児島亜紀子　25

第2章　教育福祉における哲学と思想
　　　－教育と「幸せ」について－ …………………………森岡　次郎　39

第3章　家族とジェンダー
　　　－教育福祉の社会学的基礎－ …………………………田間　泰子　52

第4章　人権とヒューマンセクシュアリティ …………東　優子　65

第5章　子どもの貧困
　　　－社会的排除と学校教育－ ……………………………西田　芳正　78

　　コラム1　公的扶助からみた子どもと貧困 …………嵯峨　嘉子　93

　　コラム2　社会政策と子ども …………………………中山　徹　95

第6章　福祉と教育の組織連携に向けて
　　　－法政策的観点から－ …………………………………関川　芳孝　97

第Ⅱ部　教育福祉学の視点：専門性と協働性の融合

第7章　福祉と教育の融合
　　　－スクールソーシャルワークの視点から－ …………山野　則子　115

第8章　児童福祉施設で生活する子どもの学習権 ……伊藤嘉余子　131

第9章　特別支援教育
　　　－発達障害者への教育福祉的援助－ …………………里見　恵子　146

第10章　対人支援領域における
　　　　連携・協働の基本的検討 ……………………………山中　京子　160

コラム3　当事者との協働
　　　　　－「子育てネットワーク」の事例から－……………中谷奈津子　177
第11章　「支援者」自身との「協同」
　　　　　－支援者が協働するために－　………………………松田　博幸　179
第12章　子どもと親に焦点をあてた社会政策
　　　　　－ヨーロッパ2ヵ国の動向－　………………………吉原　雅昭　196

第Ⅲ部　教育福祉学の展開：人と社会への包括的視野

第13章　生涯発達とその支援
　　　　　－身体障害者のライフコースから－　………………田垣　正晋　211
第14章　異文化をもつ認知症高齢者への支援…………金　春男　223
第15章　教育福祉と健康・スポーツ科学……………吉武　信二　236
　コラム4　地域福祉と教育　……………………………小野　達也　250
第16章　障害者福祉における地域生活…………………三田　優子　252
第17章　「人権としての教育」という考え方　………伊井直比呂　263
第18章　福祉と政治
　　　　　－子育て支援策をめぐる論争から考える－　…………渡辺　博明　277

あとがき　…………………………………………………………山野　則子　292

引用・参考文献　……………………………………………………………　294
執筆者一覧　…………………………………………………………………　306

4

序章　教育福祉学への招待
－人類史的課題としての「Edu-care」探求－

吉田　敦彦

1．「教育福祉（学）」というコンセプト

1）福祉と教育の垣根を越えて

　喜びも怒りも、哀しみも楽しみも、すべてを大切にしながら、人が人として支え合って生きていく。どんな人も、その人なりの人生を精一杯に生き尽くしていくことができる。そんな人間関係や社会を築いていくために、私たちに何ができるだろう。

　困難を抱えても、すべての人が尊厳をもって生きられるように支える福祉的支援と、一人ひとりが自己を実現し、社会に貢献できる学びを支える教育的支援。「教育福祉（学）」という知的実践的な探求は、その両方の視点をもって複眼的に人間支援に取り組む新たなチャレンジである。

　「教育福祉（学）」は、福祉と教育を統合した概念であるが、いまだ定説化された定義はない。第二次大戦後より日本では、すべての人が健康で文化的な生活をする権利（生存権・生活権）と、誰でも自分にふさわしい教育を受ける権利（教育権・学習権）とを保障した憲法のもと、福祉関連各法規と教育関連各法規とが制定され、それぞれの法制度に依拠した厚生労働行政と文部科学行政の「縦割り」が長らく続いた。ようやく、その福祉と教育の谷間を架橋し、垣根を越えて両者を統合的に捉える必要についての認識が進んできた。従来の狭い福祉や教育の捉え方を拡張し、両者の協働を推進できるような理論と実践が求められている。

2）教育福祉学の定義

　この課題に早くから取り組んできた先達に学びつつ[注1]、本書の執筆者達は、まず「教育福祉（学）」を次のように定義するところから出発した（図

0-1参照)[注2]。

(1) 教育福祉学とは、人間の生活と発達の包括的な保障と支援に関する学。人と社会に対する包括的な視野から、人間の生活と発達を保障し支援するために必要な、福祉・保育・教育等の分野における専門的かつ協働的な実践と理論に関する研究を行う。

(2) より具体的には、誕生から老いまで生涯にわたって、人間の尊厳をもった生活を保障する福祉的支援と、人間としての発達と学習を保障する教育的支援とを、有効に相互補完させることのできる社会システムや地域支援あるいは対人援助法について、問題解決的・実践的に理論化する研究。

(3) その対象は、保育・子育て支援や子ども家庭福祉の対象領域に限らず、スクールソーシャルワークのような学校教育への支援、さらには就労支援や高齢者の生きがい創造などの社会教育や生涯にわたる学習支援を含む。

(4) したがって「教育福祉」とは、「社会福祉」のなかの、「医療福祉」や「産業福祉」、「司法福祉」、「児童福祉」といった限定された一領域を指すサブ・カテゴリーではない。社会福祉の広い領域の全般にわたって教育的な観点や方法が有効であり、福祉における教育的支援と教育における福祉的支援とを双方向にクロスオーバーさせながら、「福祉と教育」の協働を促進するためのコンセプトである。

(5) 「教育福祉」に冠せられた「教育」もまた、「学校教育」に

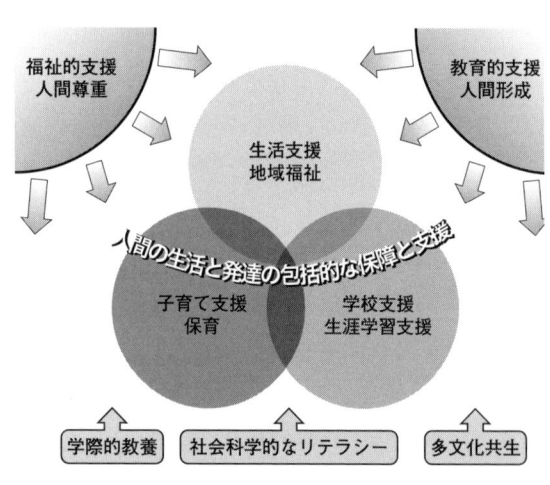

図0-1 教育福祉(学)の概要

限定されない広い意味をもつ。すなわち、機能的な概念として、福祉的支援（生活権の保障）を有効に補完する教育的支援（生涯にわたる学習支援、自立した生活に向けての発達支援）という意味をもち、それはまた、対象領域的な概念として、学校とその教員養成に関わる狭義の「教育」ではなく、保育・家庭教育・社会教育・生涯学習支援を含んだ広義の「教育」である。

2．「教育－福祉（Edu-care）」の諸相――4つの類型

　社会福祉と教育とは、それがめざす基本的な理念や、依拠する社会科学・人間科学的認識といった重要な基盤を共有している。本書では第Ⅰ部の各章で、それら教育福祉学の基盤となる認識について、哲学や倫理学、社会学や法・政治学などを踏まえて論じている。第Ⅱ部では社会福祉と教育の協働をめざす教育福祉の実践における基本的な視点を、第Ⅲ部では、それを展開する多様なフィールドでの可能性を紹介していく。

　それらの各章は、論者の専門性にしたがって多角的にアプローチされているので、この序章では、それらを見渡すことできる一つの視座を提示しておきたい。つまり、「教育－福祉」の協働的・補完的な関係を把握しやすくするために、先行する教育福祉論も参照しつつ、視点の置き方、視角の取り方の違いによって生まれる諸相を、つぎの4つに整理する。すなわち、1）**教育の母胎としての福祉**、2）**福祉の方法としての教育**、3）**福祉における教育的支援**、4）**教育における福祉的支援**、この4つである。そこに「教育－福祉」の――UNESCOも紹介する新しい造語で言えば'Edu-care'[注3]の――4つの類型を捉えることができる。（以下の本文中で、参照すべき本書の章を括弧書きで示す。）

　そもそも「協働・連携」が課題となるのは、それが言うほどに簡単ではなく、実際にはかなり困難な確執や対立を生み出しているからである（第10章）。その背景には、行政が縦割りであり、予算配分において利害が生まれるといった理由もあるが、福祉分野でも教育分野でも、そこで仕事をする人がよい意味で熱心であり自らの仕事への誇りを持っているからでもある。いきおい、両者の間のディベートでは、自分の側の「福祉」／「教育」という

概念は広く拡張し、相手の側の「教育」／「福祉」という概念は狭く限定して理解しがちである。また、両方の概念とも、3つの異なるレベルで頻繁に使用されるが、それがよく混同され、議論が錯綜する。すなわち、第一に抽象度の高い理念・目的を指し示す概念レベル、第二に具体的な対象や場所をもつ制度的な実体概念のレベル、そして第三に、それに特有の方法をもつ実践的な機能概念のレベルで、この両概念は用いられるのである。したがって、以下の位相の整理にあたっては、これらの概念の範囲やレベルの区別に特に留意しておく。

1）教育の母胎としての福祉

まず、理念・目的レベルで、「福祉」や「教育」が用いられる場合である。両者がともに大切にしているのは、「すべての人が人間らしく幸せに生きていくことができるように」という基本的な理念であり、「人が人として生きることができるように支え合う関係性や社会制度をつくっていく」という目的である。

とすれば、そのために、まず生存を保障される必要がある。命を脅かされず安心して生きていくことのできる生活基盤。生きづらさを抱えている人をしっかり支援し、最低限の生活を保障すること。それとともに、ただ命を長らえるだけでは不十分で、「ウェルビーイング（well-being）」、「生活の質（QOL）」が問われる。より良く、文化的に生きていくことも保障されなければ、人間らしく生きることはできないだろう。（「文化的」というのがわかりにくければ、たとえば、自分の文化の言葉で読み書き考えて、自ら文化を創造していく主体となりえることを想像しよう。）そのために、すべての人は等しく学ぶ機会を保障されるべきだし、仕事を奪われずに人間らしく働く権利も保障されなくてはならない。

すべての人が、健康で文化的な生活を営むことができるように、支えあう社会。そのための、生存権・生活権と、文化的生活権としての教育を受ける権利の統一的な保障。まさに日本国憲法の第25条と第26条で、社会福祉（生活権）と教育（学習権）はワンセットの社会権として定められている（第17章）。第25条の「健康で文化的な最低限度の生活を営む権利」を保障する社

会福祉が母胎となり、第26条の「能力に応じて、ひとしく教育を受ける権利」が保障されてこそ、一人ひとりが存分に学ぶことができ、人間らしく文化的に生きる生活が実現する。この意味で、「福祉は教育の母胎であり、教育は福祉の結晶である」（小川・高橋、2001、表紙扉）と言われる。

　憲法のこの規定のもと、しかしそれを実質化する法制度は、社会福祉の法体系と教育の法体系に分かれており、それぞれ所管する省庁が厚生労働行政と文部科学行政に縦割りとなっているために、二つが個別に議論され、協働することが容易でないという実態がある。「教育福祉」というコンセプトは、ともに基本的人権の尊重という原則を共有し、生活権と教育権という社会権を総合的に保障するために、それぞれの独自性は尊重しつつも不要な対抗関係に陥らずに協働していくためのものである。

2）福祉の方法としての教育

　「福祉」の語義は「福＝しあわせ」と「祉＝ゆたかさ」であり、このような広義の「福祉」は、教育基本法でも使用されている。憲法と同時期に制定された旧教育基本法（1947年）の前文には、「われらは、さきに、日本国憲法を確定し、民主的で文化的な国家を建設して、世界の平和と人類の福祉に貢献しようとする決意を示した。この理想の実現は、根本において教育の力にまつべきものである」と記されている。2006年改正後も、この表現は継承され、「……人類の福祉の向上」という「この理想を実現するために、……教育を推進する」と規定された。つまり、広義の福祉の実現のための方法として教育が位置づけられている。逆から言えば、教育を推進するのは、すべての人のしあわせとゆたかさ＝福祉のためである。この意味では（前項とは逆に）、「福祉は教育の結晶である」とも言える。

　福祉実現の方法として教育をとらえるこの連関は、たとえば英国ブレア政権が、福祉改革の根幹に教育政策を据えた思想――教育の効果こそが、失業対策ともなり、ドロップアウトや犯罪防止にも、国際競争力の強化（福祉財源の確保）にもつながる――にみることもできる（第12章）。福祉国家論は、ともすれば教育万能論や自助努力・自己責任論に傾くアポリアもある[注4]。それだけに、こういった社会福祉と教育（学習）との目的－手段連関につい

て吟味することは、政策決定の現実的な場面でも重要である[注5]。

また、ここで「教育」も「福祉」と同様、広義に理解しておくことが重要である。教育基本法において「教育」は、人生の初期に普通教育をおこなう「学校教育」に限定されず、「生涯学習の理念」によって定義されている。第三条（生涯学習の理念）とは、「国民一人一人が、自己の人格を磨き、豊かな人生を送ることができるよう、その生涯にわたって、あらゆる機会に、あらゆる場所において学習することができ、その成果を適切に生かすことのできる社会の実現が図られなければならない」というものである。ここから「学校教育」は、「生涯学習の基礎を培うもの」として再定義されることになるし、地方自治体の公民館・生涯学習センター等での「社会教育」（就労支援的なリカレント教育、子育て支援講座や生きがい創造の老人大学など）の重要度が増すことになる。

生涯にわたる学習支援として捉えなおされた教育観を踏まえれば、より一層、幸福の追求、自立の支援、生活の質の向上といった社会福祉を実現するために、教育（＝生涯学習）が果たす役割が際立つだろう[注6]。なお、「生涯学習」は、よく知られているようにユネスコ（UNESCO）が提唱したものであるが（ラングラン、1971）、さらに福祉的な観点から「教育（権）」を「学習（権）」として再定義したユネスコ「学習権宣言」（第8章）や「子どもの権利条約」（第6章）が重要である。

3） 福祉における教育的支援

次に、「教育－福祉」の狭義の捉え方として、より具体的に「社会福祉制度における教育的支援」および「教育制度における社会福祉（ソーシャルワーク）的支援」について取り上げる。

まず、福祉サービスの利用者への教育支援について。1970年代以降、「教育福祉」の研究フロンティアの開拓につとめてきた小川利夫らは、「教育福祉」問題の歴史的展開を解明するとともに（小川・土井、1978）、「児童の福祉と教育の同時保障」、すなわち「社会福祉とりわけ児童福祉サービスの対象とされてきた子どもたちの学習・教育権保障」の問題として捉え、これらの問題の改善をリードしてきた[注7]。具体的には、養護施設児童の高校進学

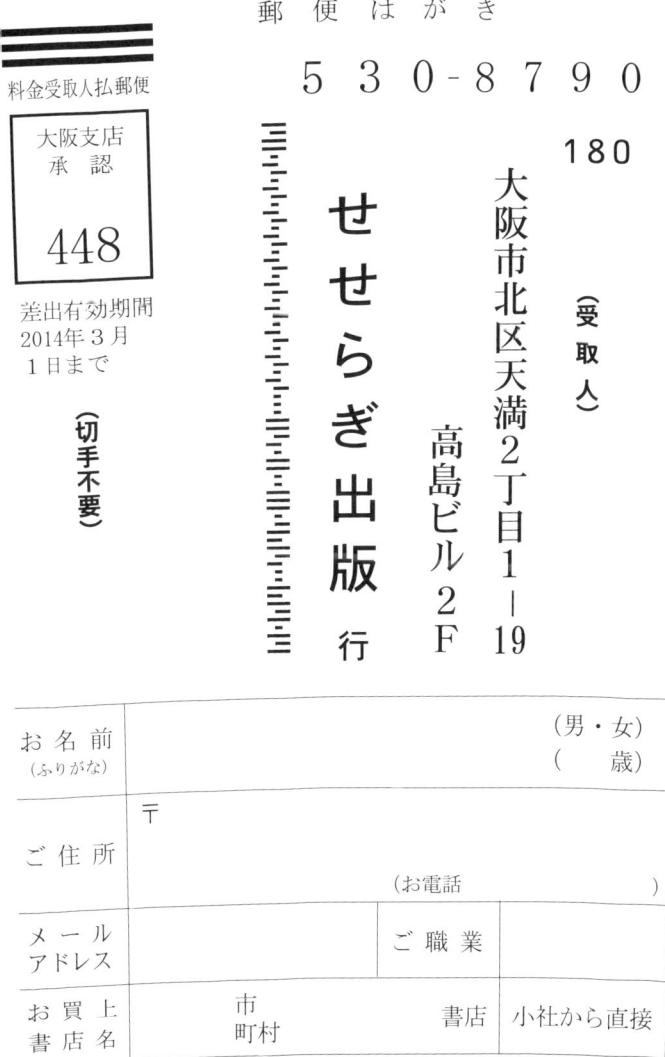

愛読者カード

ご購読ありがとうございました。まことにお手数ですがご記入のうえ、ご返送ください。今後の出版企画の参考にさせていただくとともに、新刊案内などをお送りさせていただきます。

書名　　**教育福祉学への招待**

● 本書をどこでお知りになりましたか

　　1．書店の店頭で見て
　　2．紹介記事・書評等を見て（紙・誌名　　　　　　　　）
　　3．新聞・雑誌の広告を見て（紙・誌名　　　　　　　　）
　　4．人にすすめられて
　　5．インターネットで
　　6．その他（　　　　　　　　　　　　　　　　　　　　）

● 本書のご感想をおきかせください

● 今後の出版企画について、ご希望をおきかせください

や学習支援、教護院・児童自立支援施設における「準ずる教育」の問題、障害の程度の重い子どもの教育保障の問題、等々である（第8章）。

　生きづらさの問題を、子ども自身の問題として捉えるよりも、背景にある貧困や虐待などの生活問題（福祉問題）として把握する重要性は、これまでも指摘されてきた。1990年代に『教育福祉研究』誌を創刊した青木は、さらにこれを生活問題のみならず、同時に教育問題として把握せざるをえなくなったところに問題の現代的性格があると言う（青木、1991）。学習権の保障が必要になっているのは、生活問題から学習機会が奪われてしまった福祉施設の子どもに限らず、現代では、過度の競争やストレスに曝された学校の教育問題が引き起こす、誰でも起こりうると言われる不登校や学習忌避が深刻だからである。このような学習からの逃避によって、就労困難者・貧困層が再生産される悪循環が新たな次元で生まれている（第5章）。この悪循環の輪を断ち切るためには、社会福祉的支援ともに、勝ち組と負け組を選別していくような学校での競争的学力ではなく、ユネスコ学習権宣言における学びのような、すなわち、生涯にわたって喜びをもって学び、よりよい社会をつくりあげていく歴史の主体となるような学びを保障していく支援が必要となっている。

4）　教育における福祉的支援

　福祉問題を（福祉的のみならず）教育的な問題として把握する必要についてみたが、同じように、教育問題を（教育的のみならず）福祉的に把握してアプローチする必要が高まっている。汐見は「教育の側のこれまでの発想では頻発する子どもたち・若者たちの育ちの諸問題に対応できなくなってきた」と述べ、「ケア」の視点からの社会福祉と教育の連携を呼びかけている（汐見、2004）。

　教育制度における福祉的な視点や支援の導入としては、学校給食（食育、栄養教諭の制度に展開）、学校保健（一例として第15章）、学童保育（放課後子どもプラン）、子育て支援や幼保一元化（子ども園、コラム3）等を挙げることができるが、特筆すべき近年の動きは、スクールソーシャルワークの導入である。

学校という教育制度のなかに、本格的にソーシャルワーク（社会福祉的援助）を取り入れるスクールソーシャルワークは、福祉と教育とが連携する「教育福祉」の一つの柱となるものである。第7章で詳述されるように、その現代的な背景として、貧困や孤立、虐待や発達障害といった困難を抱える子どもの問題が、けっして一部の特別な子どもたちのものではない状況にあること、これらの問題事例に対処するには学校教師による個別指導や家庭訪問など従来型の教育的対応だけでは物心ともに限界がきていること等がある。そのために、教育的対応だけではなく、ソーシャルワーク的な視点と援助技術——ミクロレベルでの面談・訪問によるアセスメント、メゾレベルでの学校組織のシステム構築、マクロレベルでの地域支援ネットワークや政策形成——をもつソーシャルワーカーが学校に入って教員と協働して対応することが求められるようになった。その成果がすでに報告され、地方や国レベルで制度化が進められている。
　もはや問題を教育的視点だけで捉えているだけでは不十分であり、福祉的視点やその技法から学ぶべきことが多くある。スクールソーシャルワークをはじめ、コミュニティスクール構想やソーシャル・インクルージョンの実践など、近代に制度化された学校が、これまでの自己完結的な発想から脱却して、根本的にその枠組みを組み替えていく方向を、以上のような「教育－福祉」が協働する理念と実践が示唆していると言えるだろう。
　さて、こういった福祉的な観点を重視しながら近代教育の制度そのものを組み替えていく方向を提案している論者に、ケアリング教育学の主唱者、ネル・ノディングス（1984＝1997）がいる。節を改めて以下、彼女の「ケア」に関する議論と、社会保障論や福祉社会論の立場から「ケア学」を提唱した広井良典（2000）の議論とを主に参照しつつ、筆者がフィールドとしてきた不登校やオルタナティブ教育をひとつの事例として、「教育－福祉（Educare）」を探求する人類史的な意義を考察しておきたい。

3．教育－福祉の「ケア」連携のもつ人類史的意義

　人間はいま、自らの個人としての立ち方と人とのつながり方、支え合い方——ケアのあり方——を、これまでの人類史にはなかった新たな次元で、模

索しているようにみえる。これは、根本的には、自然から外部化した人類という哺乳類の、種の起源から抱えていた問題が、いよいよその存続可能性をかけて顕在化してきた問いであり、歴史社会的には、共同体から個人を外部化してきた近代という時代の、その成立時点から抱えていた問題が、その社会の持続可能性をかけて先鋭化してきた問いである。そのように考えられる事情——それは「教育福祉」が要請される根本事情であるが——を、現代のケアをめぐる問題状況から出発して概観したい[注8]。

1）現代社会のケアをめぐる深刻な変化

人間は、生きるためにケアを必要とする。幼いとき、病気のとき、老いたとき、ケアを必要とする。もし生まれてきた赤子をケアするという営みを誰もしなくなるならば、そこで世代の継承は途切れてしまう。人類がここまで存続し、私たちがこうして今いのちを与えられているのは、面倒でもあるケアを、日々の暮らしのなかで黙々と営んできた先行世代がいたからである。シンプルな事実であるが、日常の奇跡であったとも言える。

日常の奇跡。そうとさえ思えるのは、それが自明なことではなくなってきた最初の時代を私たちが生きているからだろう。次世代を産み育てることは選択の問題となった。引き受けることも、引き受けないこともできる。個人の幸福の追求にとって、ケアすることが負担であれば、選択しないことも是認される。担われなかったケアは、その専門職が担い、社会システムが支えていく。そういう方向へ、社会は深く変化してきている。

ここでは、この方向の善し悪しを問わない。近代化、産業社会化、都市化、市場化……。共同体の桎梏から諸個人が解放される個人化のプロセス。その行き着いた地点にある、ケアをめぐるこの社会の決定的な変化の深度に、「教育（学）」がどの深さで対応できているのか、それが問われている[注9]。

「社会福祉（学）」の方が、この変化に対して早く対応している。子育て支援エンゼルプランから次世代育成支援対策推進法（2003年）を経て、各行政機関は、次世代育成支援計画を次々と打ち出してきた。「社会全体で子育てを支える」、「生活と仕事と子育ての調和」などが謳われ、少子化対策・保育

政策を中心とした取り組みに加え、子育て家庭（在宅での子育て家庭を含む）への支援や男性も含めた働き方の見直し（ワーク・ライフ・バランス）、「次代の親を育てる」観点による学習機会の提供などの事業が進められている。そして、幼保一元化[注10]、子育て支援事業、スクールソーシャルワーク事業など、子ども家庭福祉（厚生労働行政）および就学前教育・学校教育・社会教育（教育行政）が縦割り行政を越えて連携する「福祉と教育のコラボレーション」が、ここにきて端緒につきつつある。

それにしても、この社会の変化を、子どもの立場から受け止めていると言えるだろうか。大人の都合に子どもを合わせるのではなく、どれだけ子どもの視点に立って深刻に受け止め、その変化を促進し、あるいは押しとどめようとしているのだろうか。

2）社会に子どもを合わせるか、子どもに社会を合わせるか

子どもの声は小さく、大人の声は大きい。当事者である子ども自身が、自分の思いを言葉にして、社会に発信できれば、それが最も望ましいのだろう。しかし他のマイノリティ・グループに比しても、子どもが自分の思いを言葉にするのは難しい。だから、子どもたちの声を代弁する大人が必要になる。子どもが現に生きている世界に寄り添い、ケアする現場から、彼らの求めるものを理解しようとつとめて代弁する大人の存在。子どもをケアする教育（学）や児童福祉（学）の固有の任務となる。

大人が社会をつくり、社会の変化を生み出していく。子どもは、その社会の変化に適応できるように教育される。しかし、発想の順番を入れ替えるべきだ。

社会は、子どもの成長に適合するようにつくられるべきだ。次世代の成長なくして未来の社会はないのだから。子どもをケアする大人が、子どもの成長にとってふさわしい社会の変化を作り出していくエージェントである。この社会の深刻な変化が子どもにとってどのような意味をもつのか。この変化のなかで子どもが必要としているケア――大人が必要としている子どもへのケアでなく――は、どのようなものであるのか。子どものケアを置き去りにして深刻に変化する社会に対して、教育（学）と福祉（学）は、深く応答す

る責任がある。
　以下、その一つの事例として、不登校とオルタナティブな学び場づくりの現実を取り上げ、そこに福祉的支援と教育的支援とが補完的に協働する可能性を探りたい。

3）ケアリング・居場所機能とティーチング・学び場機能

　子どもを社会に合わせるのではなく、子どもに合わせて社会をつくる。かつて、「学校に子どもを合わせるのではなく、子どもに合わせて学校をつくろう」と述べたのは、サマーヒル学園を創設したA.S.ニイルだった（堀、1984）。自由学校として知られるこのサマーヒル学園は、実は、一般の学校には合わない不適応の「問題の子ども」の受け入れからはじまった。こうした学校づくりの意義を、児童中心主義的なロマンティシズムで理解するのでなく、福祉的支援と教育的支援の統合をめざしたものと理解してみたい[注11]。そのほうが、現在（21世紀）の社会の深刻な変化への、リアリスティックな対応としての意義を、再評価できるからである。

　日本でも20世紀の終盤から、既存の学校の枠にとらわれず、子どもの現実から出発した学び場づくりが、取り組まれてきた。フリースクール、フリースペース、適応指導教室（教育支援センター）、オルタナティブ学校、塾・サポート校、ホームスクール等。1980年代以降、一方で、急増し始めた不登校生徒の現実的ニーズに対応して、他方で、既存の学校で強まった管理教育や知識詰め込み型の画一的教育に対する代案として、これらは次第に広まりをみせてきた。民間（市民立）のものが先行し、1992年に文部省（当時）が「登校拒否はどの子にも起こりうる」という見解を出して認知して以来、行政・教育委員会の公設した教育支援センターも増えてきた。2000年代前半には、民間のものが数百校、公営のものは1千校に及ぶ（オルタナティブ教育研究会、2003）。

　これらの諸機関を、図0-2（次頁）のようにマッピングしてみることができる。
　まず横軸。福祉的支援（ケアリング・居場所機能）と教育的支援（ティーチング・学び場機能）を両極とする軸である。一方に、子どもがみずからの存

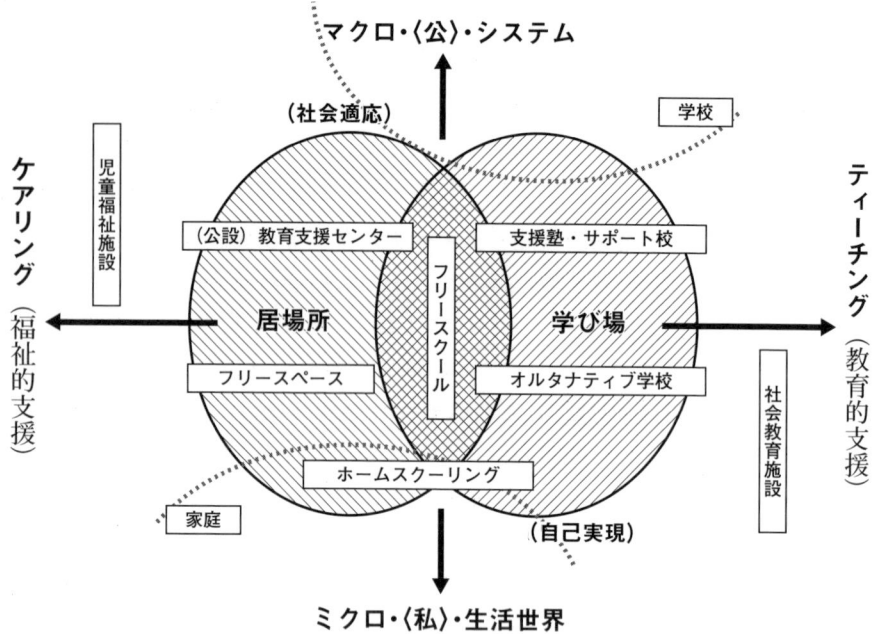

図 0-2　不登校とオルタナティブ教育の概念図（筆者作成）

在を受け入れられ、安心して元気を回復できるケアリングを中心とした支援、他方に、子どもの成長発達に即した学びを、ユニークな理念や方法で促進するティーチングを中心とした学習支援。前者の典型として「フリースペース」（居場所）が、後者の典型として「オルタナティブ学校（もうひとつの学び舎）」（シュタイナー学校、フレネ学校、モンテッソーリ学校など）がある（永田、2005）。日本のいわゆる「フリースクール」は、不登校のニーズに対応して出発し、次第に学習プログラムを整備するようになったものが多く、それはこの軸の中間に位置づく（フリースクール全国ネットワーク、2004）。

　次に縦軸。上方向に、マクロな視点から制度化されたシステムと社会への適応（進路保障）を重視する機能、下方向に、ミクロな視点から顔のみえる生活世界の関係性と子ども一人ひとりの自己実現を重視する機能、この二つを両極とする縦軸である。前者には、学校復帰を目的として公教育を補完する教育支援センター（適応指導教室）が、後者には、ホームスクーリング

が、そして、市民・NPOによる手づくりのオルタナティブ学校は、「私」と「公」の間に新しい公共領域を拓く第3セクターとして、この軸の中間に位置づけることができる（オルタナティブ教育研究会、2004）。

4）ティーチングとケアリングが協働する人類史的意義

　さて、このようにオルタナティブな居場所・学び場は、教育（ティーチング）と福祉（ケアリング）の谷間を架橋するように生まれてきた。そしてそれは、近代化・産業化を達成したあとの社会変化への、一つの深い応答の試みであると理解することができる。決して、20世紀前半の児童中心の新教育の焼き直しではない。それは、近代学校システムという教育機関が、近代化・産業社会化という大きな社会変化に対応して構想されたのに匹敵する意義をもつ。その理由を押さえよう。

　シンプルに言えば、近代学校システムの課題が、ポストモダン時代の社会変化の中で、変容せざるを得なくなったのである。丁寧に言えば、前近代的な共同体とそのケアリング機能を前提とし、自らはティーチング機能だけに特化してデザインできた近代学校が、その役割を果たして成功裏に牽引した近代化の末に、その前提的な基盤を掘り崩し、今度はケアリング機能とコミュニティ形成機能を意図的な教育課題——否まさに「教育−福祉」的課題として焦点化せざるをえなくなった、ということである。

　前近代から近代への移行期には、まだ子どもを養育するケアリング機能は大家族や村落共同体が担うことができていた。その無意図的・非制度的な基盤のうえに、近代学校は、それでは担えない新しい知識・技能を意図的に教えること（ティーチング機能）だけに集中していればよかった。学校で学んだ子どもたちは村落共同体を離れて都市に出て、個人単位で働く産業社会の担い手となった。それでも最初は、核家族がある程度機能していたし、終身雇用制の「会社」がコミュニティ機能を肩代わりしていたりした。

　しかし終身雇用制も崩れ、単身世帯や二人世帯が圧倒的に増加した現在に至って、ケアを支えるそのようなコミュニティ基盤がいよいよ崩れ始めて、むき出しになった個人が個立（自立／孤立）して生きていくことになった（第3章）。ティーチング機能だけでなく、ケアリング機能も意図的に制度化

する必要が、これまでとは次元の違う切実さで求められるようになってきたのである。

　こういった事態に対応して、個人を支えるための、さまざまなケアの専門職と制度が「福祉―教育」分野に登場してきた。本書の各章で検討されるように、たとえば、家族によって担われていた高齢者の介護は、家族以外のホームヘルパーや介護福祉士などの専門職にアウトソーシング（外部化）され、介護保険という財政的支援の制度も作られた（第14章）。家族によって担われていた子育ては、家族以外の保育士などの専門職に外部化され、保育園・子ども園や子育て支援制度が作られた（第18章）。学齢期の児童生徒に対しても、ティーチングを担う学校だけでは不十分になり、教科指導以外のケアリング機能（基本的な養育・生活支援や心身のケア――つまり、より全人的でホリスティックなケア）を担うことが一般教員職にも期待され、それ以外の専門職――養護教諭、スクールカウンセラー、栄養（食育）教諭、スクールソーシャルワーカーなどが次々と制度化されてきた。まさにこの歴史的必然性において、大規模な40人学級で時間割に従って一斉授業を行うティーチングを中心にデザインされた近代学校に代わる、より小規模で家庭的（アット・ホーム）な、居場所機能を備えたオルタナティブ学校やコミュニティスクールが誕生してきたのである[注12]。

5）ポスト個人化時代の新たな支えあい方

　こうして、冒頭の主題に立ち返ってくる。進化の果てに自然から自立してきた人間が、近代化の果てに共同体から自立して、個人となる（――広井（2006）が繰り返し用いる図0-3の①のベクトルを参照）。その個人が、しかし実際には自らの力だけでは生きていくことはできず、新たな支え合い方を模索している。助け合いケアしあうそのあり方。ポスト個人

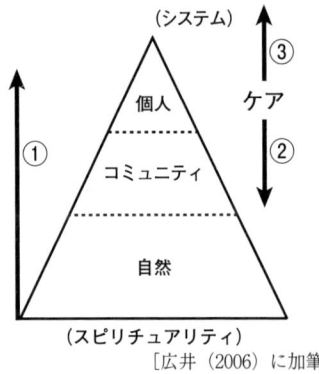

図0-3　人類史とケアのベクトル

化時代の、新たな関係の結び方。つまり、自らの立ち方とつながり方。自然から、共同体から自立してきた個人が、もう一度、自然とのつながり方、コミュニティとのつながり方（図0-3の②）、つながりを支えるシステムのあり方（図0-3の③）を模索している。その新たなつながりの原理を見出せないままこの社会が成長・開発を続けるなら、その社会は「持続不可能」。「ケア」を支える関係性のあり方は、持続可能な社会を足元から再構築していくうえで、一つの切実な拠点となる課題である。

　もう一度確認すれば、人間とは、ケアが、自然な（本能的・生物学的に決定された）営みではなくなった特異な動物である。人間とは、ケアしないこともできてしまう動物であり、意識的にケアしなければならない動物である。ケアする関係性を、自前でつくり出さなくてはならない動物であり、また、自前でつくり出すことのできる動物である。利己的遺伝子の戦略に対抗して、遺伝子の保存にとっては無意味な（コスト的にはマイナスにもなる）ケアをすることも可能であるし（高齢者のケア、障がい者のケア）、逆に、自己の遺伝子の保存よりも他の目的をもった創造的活動に一生を捧げることもできる。人間とは、ケアする・しないが、選択の問題となった動物である。

　自然から自立しても、まだ共同体の存続が、個人の幸福の追求よりも優先度が高かった時代には、共同体の成員としての次世代を育てることは、自明性をもっていた。だが、共同体から個人が自立して、共同体の存続よりも個人の幸福や自己実現が尊重されるようになったとき、次世代のケアは、自明のことではなくなった。だから今や、次世代のケアを放棄し、世代継承よりもより高次の価値を見出して、自己の世代を最後の世代とする選択を、人類は為すことができる。個人の幸福の追求と、社会の持続可能性の追求が、天秤にかけられたうえで、意識的に（あるいは無自覚のうちに）前者が選択されたとしても、それこそが「人間らしい」「人間ならでは」の選択であるのかもしれない。

　「人間らしさ」とは何であったのか。何が人間の尊厳であるのか。福祉や教育の営みを支える価値が、かつてない深さで根本的に問われているのである。人間にとってケアとは何か。いかにそれを実践し、社会的に支えることができるのか。ケアを主題化する教育福祉学という新たな探求が、この時代

に呼び求められる所以である[注13]。

注
1　本章で以下に参照する教育福祉学の主な先行研究は、
持田栄一・市川昭午編（1975）『教育福祉の理論と実際』教育開発研究所、
小川利夫・土井洋一編（1978）『教育と福祉の理論』一粒社、
小川利夫（1985）『教育福祉の基本問題』勁草書房、
杉本一義編（1991）『教育福祉の援助方法』開隆堂出版、
小川利夫・高橋正教編（2001）『教育福祉論入門』光生館、
川村匡由・瀧澤利行（2011）『教育福祉論 － 生涯学習と相談援助 －』ミネルヴァ書房。この最近2011年9月刊行の著書で川村も、「教育福祉（学）」の定義に定説は未だないと記している。なお筆者は、ホリスティック（包括的・全人的）なケアの観点による教育と福祉（および看護）の連携に関する共同研究を公刊した：吉田敦彦・平野慶次・守屋治代編（2009）『ホリスティック・ケア　－新たなつながりの中の看護・福祉・教育－』せせらぎ出版。
2　以下の定義および図0-1は、大阪府立大学に教育福祉学類を新設するため（2012年春開設）、同僚たちと協議して作成した設置許可の説明資料に基づく。
3　たとえば「福祉的なEarly Childhood Care (ECC)と教育的なEarly Childhood Education (ECE)とを分離せずに統合的に捉える努力のなかで、研究者たちはEducareという造語を生み出している」と紹介し、その統合の観点は「子どものホリスティックな発達child's holistic development」であると記されている。UNESCO Early Childhood and Family Education Section, Policy Briefs on Early Childhood, No.1/March 2002,UNESCO.
4　経済と福祉と教育との連関を探求するとき、アマルティア・セン（2002）の議論参照。人間の潜在能力（capability：各人がよりよい生を自ら選びとる力と自由）の開発と経済発展（＝財や所得が人々にどのような選択の自由をもたらすか）の連関から福祉を考える視点を提供している。
5　福祉国家の教育像や経済学（教育投資論）的にみた教育福祉について吟味した先行研究に、持田・市川（1975）がある。
6　広井（2006）を参照。経済成長期（右肩上がりの産業社会化）の教育（学校教育）が「人生の前半期の上昇機能」を担っていたのに対し、成熟社会（定常的な脱産業社会）の教育（生涯学習）が「生涯にわたる保障機能」を担うように移行すると予見しているのは、この点で興味深い。
7　小川（1985）、小川・高橋（2001）を参照。なお、この先行研究によれば、英国では早くから（19世紀終盤）「education welfare教育福祉」という概念が使われていたが、それは学校無断欠席児童や児童労働の監督業務などの就学保障・就学督励を中心とするものであり、「福祉サービスの対象となる子どもたちへの学

習権保障」という狭義の定義に当てはまる。
8 この事情について詳細は、吉田（1999）を参照。
9 ノディングス（1992＝2007）参照。本書の冒頭の章は「社会の深い変化への教育の浅い応答」というタイトル。
10 「教育－福祉」問題にとって幼保一元化は焦眉の現実的課題であるが、泉・汐見・一見編（2008）は、「就学準備型」幼児教育に対する「生活基盤（ホリスティック）型」保育の観点からEducareを統一的にとらえる世界的動向を紹介していて参考になる。
11 杉本（1991）『教育福祉の援助方法』において杉本は、とくに「ニールの教育実践の中に教育と福祉の統合化が見られる」と述べて、第2章2節をすべてこの検証に当てている。
12 吉田（2009）、とくに「第Ⅲ部オルタナティブな学校づくりの可能性」を参照。
13 さらに詳細は、吉田敦彦「ホリスティック・ケアの未来へ　－ケアの三つの位相とその補完関係－」（吉田・平野・守屋編（2009）所収）。

第Ⅰ部

教育福祉学の基盤
［人間の尊厳と多様性］

第1章　教育福祉における哲学と思想
－社会福祉学の視点から－

児島　亜紀子

　筆者に与えられたテーマは、社会福祉領域における哲学と思想について論じることである。社会福祉領域における哲学的・思想的基盤の淵源は、宗教的な動機に基づいた慈善・慈恵にまで遡ることができよう。論者によっては、遠く古代にまで遡ってその思想的淵源を捉える場合もある（岡田、1989、p.32）。しかし、慈善的関心が基底にあるとはいっても、社会福祉制度および社会福祉援助実践はすぐれて近代の所産であるから、その思想的基盤は、近代の啓蒙主義的な人間尊重の思想に求めるのが妥当であろう。本稿では、哲学と思想をめぐる社会福祉学の問題領域のなかでも、人間尊重の思想を中核とした社会福祉の倫理、とくに「社会福祉実践を支える倫理」に焦点づけ、それがどのようなものであるかを提示するのみならず、この領域における近時の理論動向を紹介することとする。

1．社会福祉の価値と倫理を学ぶということ

　社会福祉学を学ぶということは、究極的には人間と社会のありようについて考えをめぐらすことである。社会福祉学においては「価値」や「倫理」が重要だといわれる。それはなぜだろうか。その理由を考察するところから、この論考を出発させたい。

　人間をどのような存在として捉え、あるいはどのような存在であるべきだと考えるか、人間の集う社会（共同体）をどのようなものとして捉え、あるいはどのようなものであるべきと構想するのか。この考え方によって、社会福祉制度や実践の向かうべき方向は定められる。社会福祉の方向を定めるものが「価値」であり、価値に基づいて行う支援の「正しさ」や「善さ」の規準となるものが「倫理」であるといえよう[注1]。従来、社会福祉実践の行動

指針の中心となってきたのは、「正しさ」を基軸とする倫理であった。では、なにゆえに「正しさ」が重視されるのだろうか。

　社会福祉援助（以下、これをソーシャルワークという）とは、個々人の生活困難の緩和とその解決をめざした社会的な支援である。ソーシャルワーク実践が、困難に直面した利用者の生活の諸局面に向けた働きかけであり、利用者の生に介入するものである以上、「間違った」実践は、利用者の生を侵害し、その利益を甚だしく損なうであろう。社会福祉実践に携わる専門職（以下、これをソーシャルワーカーという）は、みずからの行為によって利用者を害することのないよう、また利用者に最善の利益がもたらされるよう、つねに心を砕く必要がある。これまでもソーシャルワーカーは、ソーシャルワーク実践において正しい行為とは何であり、間違った行為とは何であるかということに、多大な関心を払ってきた。このことは、今後も変わらないであろう。利用者の苦悩に寄り添い、その生を侵害するさまざまな問題を解決し、実践に際して立ち現れるジレンマに立ち向かうために、「正しい」行為の指針となる倫理は、ソーシャルワーカーに必要不可欠な道具である。倫理なしに、有効な支援は実現しえない。まずもって、社会福祉学を学ぶわれわれは、そのことを理解することが重要である。

2．伝統的な倫理学説とソーシャルワーク

　ソーシャルワークがその倫理的基盤としてきた考え方には、義務論と功利主義と呼称される2つの伝統的な立場がある。以下、この2つについて概観していく。

　義務論と功利主義は、社会福祉を実践する専門職のみならず、さまざまな援助専門職が、みずからの行為の正しさを判断する際に参照してきた倫理学説である。両者は、いずれも「公平」と「普遍化可能性」を重視するという特徴をもっている。

　義務論とは、単純化していえば、ある行為が正しいかどうかは、その行為が義務や規則にしたがっているかどうかで決まるとする考え方である[注2]。わけてもカントの義務論が、ソーシャルワークの援助理念に対しては大きな影響力をもつ。カントは、みずからが立てた道徳の規則に則って、みずから

の内面的な意志により行動することにこそ、「自由」の核心があると考え、人間の意志が自律的であるという点に道徳の最高原理を見いだした。この考え方を踏襲したものが、ソーシャルワークにおける利用者の「自己決定」原則である。

　くわえて、カントの重要な概念である「人格」およびこれに基づく「尊厳」についても触れておこう。カントは、理性的存在者としての人間は、「人格」を有すること、これはモノのように他の等価物に置きかえられない性格をもつこと、そのような交換不可能性は、人格が「尊厳」をもつことに由来すると述べている。嶺秀樹（1999、pp.65-66）もいうように、われわれは社会のなかで他の人びとと共に生活し、相互に依存しあっている。こうした相互関係のもと、われわれはともすればおのれの目的を遂げるために、他人を自分の利益のために利用し、モノのように扱ってしまう。カントは、「理性的存在者はすべて、そのおのおのが自己自身と他のすべての者とを決して単に手段としてのみ扱わず、つねに目的それ自体として扱うべし」という第2の定言命法によって、モノのように他人を扱うことを退けた。このようなカントの考えは人格の共同体を前提にしており、共同体においてわれわれ一人ひとりが道徳的にふるまうことの意義を強調していると捉えられる。ソーシャルワークもまた、この考え方を受け入れ、人間はそれ自体で「尊厳」をもつ、かけがえのない存在であるという前提に立っている。これは「人間の尊重」という、ソーシャルワークにとっての至高の倫理につながるものである。

　ソーシャルワークが重視してきたもう一方の倫理学説である功利主義は、しばしばベンサムの「最大多数の最大幸福」という言葉によって象徴される。功利主義は、義務論の最大のライバルともいえる倫理学説であり、義務論のように何らかの理念に基づいて倫理を考えることを排除し、幸福という経験的実質に即して、なるべく多くの幸福がなるべく多くの人びとに共有される結果をもって、その行為の正しさを判定しようとするところにその特徴がある（安彦、1999、pp.81-82）。功利主義の原理は、誰の幸福、誰の苦痛であろうと、区別することなく平等に計算するよう要請する。とすれば、各人は平等な取り扱いを要求する権利をもっていることになり、公平と平等は、

功利主義の原理から直接導き出される価値であるということができる（長岡、1989、p.216）。

ここまで述べてきたことをまとめておこう。義務論が行為の正しさを義務に適うものであるかどうかで判断するのに対し、功利主義は行為によってもたらされた結果によって行為の正しさを判断する。そのように、2つの倫理学説は一見したところ際だった対比を見せるが、両者ともに「正義に適う行為とはどのような行為であるか」に関心を寄せ、公平と普遍化可能性を重視するという点で共通している。これまでソーシャルワーク倫理に多大な影響を及ぼしてきた2つの倫理学説の共通項を整理するならば、以下のようになるだろう。

①両者ともに普遍的な（特定の文化、地域、集団や個人に限定されることなく、あまねく誰にでも妥当するような）「人間の本性」なるものがあることを前提に据えていること。②すべての人間に適用可能な（普遍化可能な）概念から、演繹的に行為の正しさを導き出そうとすること。③義務論も功利主義も、ヨーロッパの啓蒙思想およびそれと密接に関連した近代科学の精神を映し出すものであったということ。

この2つの倫理学説を含め、近代の倫理の特徴は、各人の自由な価値追求を認め、倫理をそれらの調整機能として捉え、またその機能を「規則」によって行うということである（安彦、1999、pp.91-92）。ソーシャルワークの倫理は、このような近代の倫理思想の特徴を共有しているだけでなく、20世紀の修正自由主義（これをリベラリズムという）を基本イデオロギーとして引き受けているところにその特質がある。

3. ソーシャルワークにおける中核的な価値としての「社会正義」

以下では、ソーシャルワークが、義務論と功利主義という近代を代表する規範のみならず、20世紀リベラリズム思想の代表者ともいえるロールズ（Rawls, J.）の考え方に強く影響を受けていることを述べたい。

ロールズの「正義の原理」は、その社会の基本構造が正義に適っているというための基準を設定するものである（内井、1989、p.290）。ロールズの「正義の原理」とは、①各人が平等に基本的自由に対する権利をもつこと、

②すべての人に公平な機会が保障されること（機会均等原理）、③社会的・経済的不平等は、最も不利な立場におかれた人びとの利益を最大にするという条件のもとに認められるべきこと（格差原理）を指す。このうち①②は自由主義の思想から導かれるものである。ここで特筆すべきは③であろう。ロールズは、社会のなかで最も恵まれない人びとに焦点づけて、財の再分配を主唱する。この考え方は、社会の構成員に利益と負荷をいかに適切に配分するべきか、ということを主眼としているため「配分の正義」と呼ばれる。ソーシャルワーク倫理においては、この「配分の正義」を「社会正義」とおき、ソーシャルワーク実践の中核的な価値であるとする。

「社会正義をおし進めていくことが、ソーシャルワーク実践において最も重要なミッションである」という声明は、ソーシャルワーカーの倫理綱領をはじめ、数多くのソーシャルワークのテキストに登場する。ソーシャルワークが、いかに「社会正義」に関心を寄せているかということを証し立てるように、社会正義の実現のためにソーシャルワーカーが行うべき事柄は、以下のごとくさまざまに描写されている。

ソーシャルワーカーは傷つきやすく、抑圧された人びとの傍らに寄り添い、機会の均等を進め、社会に蔓延する不正義に挑戦し、社会変革をめざす（Spencer, 2008, p.99）。あるいはまた、ソーシャルワーカーは文化や民族の多様性を敏感に受け止めつつ、差別や抑圧、貧困、その他さまざまな形態の不正義と戦う。あるいはまた、ソーシャルワーカーは、人びとがみずからのニーズを解決するための潜在能力を高めるよう働きかける（Reamer, 2006, p.20）。これらはすべて社会正義の名のもとに行われる、ソーシャルワークの重要な任務である。こうしたことから、ソーシャルワークは、ロールズの唱える「配分の正義」の基底にある平等主義を支持しており、社会のなかで不利な状況にある人びとの利益のために活動していることが浮かび上がってこよう。

4．普遍主義的な正義に対するいくつかの批判

問題は、近時、ソーシャルワークの基本的な構えの源である「正義の倫理」——2節および3節で述べたような、行為の正しさに焦点づけた倫理ア

プローチ——に対し、さまざまな疑念が提示されているということである。

前述した「正義の倫理」は、これまで見てきたように、それが誰にでも適用されること——普遍主義——を志向してきた。しかしながら、近年、社会のグローバル化に伴い、「通約不可能な価値の多元性が露わになってきた」(伊藤、2007、p.4) ことによって、多文化主義の陣営から、普遍主義の考え全般に対する批判が提起された。すなわち、さまざまな文化の違いを超越して、誰にでも当てはまる倫理や価値を構想することははたして可能なのかという疑問が提示されたのである。

普遍主義が前提する人間像は、さまざまな地域や文化、特定の集団や個人に限定されることなく、すべての人にあまねく妥当するモデルであるはずであった。しかしながら、「通常人」としておかれた普遍主義的なモデルは、実のところ支配的な多数派の文化によって作り出されたものに過ぎず、そのようなモデルを「普遍的」であるとして人びとに押しつけることによって、範型に収まりきらないさまざまなマイノリティの声を抑圧しているのではないか。多文化主義を唱える立場から提起されたこうした批判に呼応するように、フェミニズムの陣営からも、「普遍主義」のもとで「通常人」とされてきたものが、実際には一部の人間でしかなかったことを指摘する声があがった。ベンハビブの言葉を借りれば、ホッブスからロールズに至る伝統的な西洋の普遍主義道徳理論の系譜において「主体」——すなわち「まっとうな人間」とされてきたのは、「財産をもっているか、少なくとも専門職である成人の白人男性」(Benhabib, 1992, p.153) であったとされる。ここから漏れ出る人びと、女性・子ども・障碍者・高齢者などは、「通常人」とは認められない、いわば二級市民として貶められてきたというのが、フェミニズムの主張であった。

普遍主義に対するこうした批判は、道徳哲学領域において「普遍」を標榜してきた義務論や功利主義、ロールズ理論など、正義のアプローチにも向けられることになる。

義務論と功利主義に向けられた近年の批判のポイントは、この2つの倫理学説が、実際にさまざまなニードと価値観をもった人間のありようを、はたしてどこまで的確に捉えきれるのかということであった。この2つの倫理

は、あまりにも抽象的かつ一般的に過ぎ、状況のもとに生きる具体的個人の生の実相に迫りえないのではないか。義務論と功利主義に代表される啓蒙主義的な倫理学が、これまで強調してきた「正義」「公平」「普遍性」「理性」「人格」といった概念は、倫理における別の側面である「ケア」「文脈」「特殊性」「感情」「関係性」等といった事柄を、結果的に背後に追いやってきたのではないか。こうした疑念は、ソーシャルワーカーたちにも深刻に受け止められた。ハグマンは、ソーシャルワーカーを含むさまざまな援助専門職者たちが、長きにわたって行動指針として参照してきた義務論と功利主義が、「感情や関係性をとびこえて理性を強調するという考え方」に立脚しており、人びとのニーズに直面する専門職者にとって、この考え方のみでは十分な支援が行えなくなっていることを示唆している（Hugman, 2005, p.7）。

5．ロールズ理論に対する異議申し立て

ソーシャルワークの中心的な価値として自明視されてきた「社会正義」概念も、このような批判を免れえなかった。すでに冒頭において述べたように、ソーシャルワークにおける至高の倫理原則は、「人間の尊重」というカント主義者の概念である。同様に、「社会正義」もまた、ソーシャルワークにとって疑問を呈する余地のない教義でありつづけてきた。しかしながら近年、これまで述べてきたような普遍主義批判の影響を受け、ソーシャルワーク領域においても、ロールズ理論に登場する「個人」像や配分される財の性質など、その議論の前提に対し、疑義を抱く論者が現れてきている。

たとえば、オーム（2002）は、ロールズの社会契約概念の基礎となる人間像は「責任ある自己」、すなわち、他の人びとから独立した個人であり、コミュニティ・ケアの利用者のような、いわゆる依存状態にある人びとがあらかじめ取り除かれていると批判する（Orme, 2002, p.808）。さらに、オームは①ロールズ理論は、人間の生のさまざまな様相、すなわち生の複数性（plurality）について認識しているものの、そこにはジェンダー、民族、文化、階級、宗教などの多様性（diversity）の認識が欠けていること、②利用者を支援するための資源には、配分という概念になじまない非物質的なものが含まれていること[注3]、③ロールズ理論では、正義を公的な領域[注4]に適用

されるものとして限定しているが、その場合、DV（ドメスティック・バイオレンス）やレイプ、虐待など、家族や人間関係レベルで生じる不正義が顧みられないことになること（Orme, 2002, pp.807-808）などを批判した。

オームの批判は、フェミニズムの影響のもと、「依存状態」にある人びとと、まさしくソーシャルワークが対峙する人びとが、「通常人」「市民」「責任ある自己」としては描かれていないという点に注意を喚起する。社会のなかで最も恵まれない人びとに焦点づけて「格差原理」を提唱したロールズにおいても、これらの人びとをあらかじめ「通常人」の範型から除外している。こうした人びとは、「市民」の名に値しないのだろうか。おそらく、オームが批判したかったのは、普遍主義的な人間観をもつロールズの、「市民」の捉え方だったのではないだろうか。こうした批判の視点は、あとの節で論じる「ケアの倫理」の考え方につながっていくものである。

6．ソーシャルワークにおけるオルタナティヴな倫理アプローチ（1）――「徳の倫理」

以上のような「正義の倫理」アプローチに向けられた批判から、ソーシャルワーカーにとって必要な倫理とは何かという問題を考えていくことができるだろう。以下の節では、「徳の倫理」と「ケアの倫理」という、「正義の倫理」とは異なる倫理アプローチを紹介することにしよう。

「正義の倫理」の担い手として想定される「ひと」のモデルが、あまりにも抽象的かつ一般的に過ぎるのではないかという異議申し立ては、利用者の生のユニークさを尊重し、状況のもとで刻々と変化する具体的個人の生の実相に迫ろうとしてきたソーシャルワーカーらにとっては、共感できる指摘であったと思われる。

すでに見てきたように、普遍主義的な正義のアプローチは、「何が正しいのか」「この場合、自分はどう行為すべきか」という疑問に照らして、倫理的な正答に接近するための指針であった。もとより、正義のアプローチには、個々人の生の多様性を切り捨てようとする意図などあるはずもないのだが、社会のグローバル化やポストモダン化という変化によって、その限界が露わになってしまったのである。

普遍主義批判は、文脈・状況・感情など、ソーシャルワークにとってなじみ深い実践の要素を、ソーシャルワーカーらに再認識させることになった。ソーシャルワーク研究者であるバンクス（2004）は、倫理に関する理論的アプローチを、義務論や功利主義を含む「公平で超越的なアプローチ」と、「部分と状況を重視したアプローチ」とに大別し（Banks, 2004, pp.78-94）、後者の特徴を、行為する側が行為を通して表出する卓越性に重きをおく点にあるとした。「部分と状況を重視したアプローチ」とは、「正義の倫理」のように行為それ自体に道徳的価値を見いだすのではなく、実践の場で起こることや、行為する者のおかれている文脈を重要視する立場であるといえよう。このタイプの倫理アプローチのひとつとして、アリストテレスが提唱した「徳の倫理」を挙げることができる。

「徳の倫理」とは、義務とは別に、専門家がめざす理想であると一般的には解釈されている（Corey, 2003, p.18）。「正義の倫理」によって促されるものが、ソーシャルワーカーにとっての「いま、自分は正しいことをしているか？」という問いであるのに対し、「徳の倫理」によって引き出される問いは、「いま、自分は利用者に対して最善のことをなしているか？」というものである。換言すれば、正義の倫理アプローチが「正しいこと」を基軸とするのに対し、「徳の倫理」は「善きこと」に照準する。ソーシャルワーク領域においては、このところ、徳の獲得と卓越性、人間の陶冶を強調する「徳の倫理」の考え方をもとに、ソーシャルワークの固有性を説明しようとする論者も現れてきた。

たとえば、マクベスとウェッブは、「カント主義者と功利主義者の倫理は、それぞれ、正しさの要請を機械的に当てはめたり、義務に固執したり、予期される結果を比較することに頼っている」（McBeath & Webb, 2002, p.1018）として、2大規範のもつ形式性を批判しつつ、徳に基づく倫理を「多元的な社会の諸領域において、われわれの経験や反省、理解や判断を通じて『善き生を生きる』やりかたを陶冶するもの」であると評価する（ibid., p.1018）。

マクベスとウェッブによれば、刻々と変化する利用者の状況に合わせて、臨機応変に問題を把握し、具体的な文脈に照らしてその都度柔軟に対応していくことが、ソーシャルワーカーに求められる「徳」だということになる。

彼らが主張するのは、「何が正しいか」と問うとき、道徳法則が適用できるのは、行為する者の自発的意志によってコントロールが可能な領域だけだということである。しかしながら現実の世界では、行為者の意のままにならない領域がかなりの程度ある。そこでの判断を、義務論や功利主義といった一定の形式のもとで行うことは、到底不可能（であるし、無意味）だというのが彼らの述べるところである。マクベスとウェッブの議論は、利用者の生の営みが、規則や法則に当てはめることのできない、偶然性や流動性をもつものであることを強調するものである。

　実践知を称揚しつつ、「正義の倫理」ではカヴァーしきれない、文脈や行為者の感情などを倫理判断の要素として掲げる「徳の倫理」の主張は、ソーシャルワークの「アート（art）」としての側面を浮かび上がらせるものであるともいえる。ソーシャルワークは、これまでも、規則性や法則性を重視する科学的実践を志向する一方で、状況に応じた柔軟性や、再現不能性、文脈依存性などを大切にするといった側面をもってきた。こうしたソーシャルワークの姿勢に適う部分が、「徳の倫理」にはあるといえよう。

7．ソーシャルワークにおけるオルタナティヴな倫理アプローチ（２）──ケアの倫理

　これまで倫理を導くものは理性であると考えられ、感情はこれと対置されるものであって、信頼たりうる倫理基盤としては認められないというのが伝統的な見解であった。しかしながら近年、感情に捲き込まれてあるところの人生の各局面を扱う援助専門職が、感情という要素を軽視するわけにはいかないという考え方が広まり、感情を道徳的判断の源泉として捉えようとする動きが高まってきた。前節で述べた「徳の倫理」は、人びとの態度や動機、他者との関係のなかで構成される「状況のなかにおかれた」自己というモデルに関心をもつが、より傷つきやすく依存的な他者との関係や、そのような状況下にふさわしい援助者の特質や態度、実践──ケア、思いやり、信頼、共感といったものに焦点づける人びとも現れた（Banks, 2004, p.90）。

　こうした問題提起の嚆矢とされているのは、ギリガン（Gilligan, C.）によって主張された「ケアの倫理」である。ギリガンの問題提起については、

すでに多くの論者によって解説されているため詳述は避け、ここでは簡単にポイントを述べるにとどめる。

　心理学者であるギリガンは、心理学における道徳発達の諸理論が、道徳についてのある立場を堅持している点に注意を向けた。道徳発達の理論においては、道徳問題は競合する諸権利のなかから、抽象的な原則に基づいて優先順位を定め、解決を図るべきものだとされてきた。このような問題解決の方法に則り、答えを導き出しえた者が、道徳的に高い発達段階にあると見なされるのである。なお、この考え方においては、人間を他者から独立した自律的な主体として捉えるため、他者からの分離や個別化をなしえることが自我の成長の証しだとされる。しかしながら、ギリガンによれば、こうした発達モデルは、実は男性にこそよく当てはまるのであって、他者を気づかい、周囲の状況に敏感に反応し、さまざまな他者の事情を考慮しようとする女性のふるまいは、道徳的に劣ったものと見なされやすいとされる。

　彼女は従来の道徳理論が依拠していた、「何が正しいか」を主たる問いとする「正義の倫理」には、男性中心主義的な思考が隠蔽されているものとして、「正義の倫理」が正統とされることに疑問を呈した。ギリガンは、「何が正しいか」ではなく、「他者のニーズにどのように応答すべきか」という問いもまた重視されるべきだとし、「すべての人が他者から応答してもらえ、仲間に入れてもらえ、誰も見捨てられたり傷つけられたりしない」(Gilligan, 1982, p.63) ことを基本モチーフとする「もうひとつの」倫理を主唱した。この倫理アプローチが「ケアの倫理」と呼ばれるものである。

　ギリガンによって提起された「ケアの倫理」は、フェミニストたちに大きな影響を与えた。ギリガンにとって不幸なことに、一部のフェミニストたちは、ギリガンの考え方が、女性をケア役割に閉じ込めるような反動的な考えであると解し、異議を申し立てた。しかしながら、その後さまざまな論者によって「ケアの倫理」は理論的な飛躍を遂げ、「フェミニズム倫理学」という新たな分野が切り拓かれるまでに至る。ケアの倫理の影響力は、道徳哲学の領域にとどまることなく、法学、社会学をはじめとする人文社会諸科学の広範な分野に及んだ。このような広範な反応を引き起こしたのは、品川哲彦も指摘するように、「ケアの倫理」が近代の倫理学説のなかではあまり語

られることのなかった「異質な価値」を提唱しているからであろう（品川、2007、p.145）。人間が本質的に無力であること、傷つきやすいこと、たがいに依存せざるをえないこと、こうした前提に立つ「ケアの倫理」の人間観は、正統とされる倫理学説のなかにある自律的な人間観とは対照的なものであるからだ。

　ここまでのところをまとめておこう。従来の伝統的な倫理学説は、公平で普遍的な推論を行い、複雑な現実の状況から文脈を取り除いて抽象化する。このことによって、結果的に人びとの具体的で多様な生の現実が見えなくなってしまうことが、近年批判されるようになってきた。「ケアの倫理」においては、従来の倫理学説が重要視してきた「何が正しいのか」という問いよりも、「いかに応答すべきか」という問いの方が前景化する。そして、行為の正しさは、どのように「他者のニーズを認識し、本物の応答をする」(Noddings, 1984, 立山訳p.53) かにかかってくることとなるのである。

8．正義とケア、2つの倫理における人間像

　ソーシャルワークは、正義のアプローチが前提視する「自律的な個人」のモデルが、あまりに一般的で抽象的に過ぎ、そこには人間の本質的な傷つきやすさや相互依存性、かけがえのない特殊性や個別性に対する視座が欠落しているという点に着眼した。ソーシャルワーク論者たちは、ロールズの正義論（と、その思想的基盤になっている普遍主義的道徳理論）を疑うことで、ソーシャルワークにおけるもうひとつの重要な柱である「他者のニーズに応答すること」に目を向けることになった。こうした見解に惹きつけられたソーシャルワーク論者たちのなかには、ポストモダン哲学や社会構築主義に共感する人びとが含まれていた。

　たとえば、パートンは、「ケアの倫理」が主唱する「関係的な自己」という概念に着目し、人間の相互依存的な関係性や、その実践が内包する他者に対する注意深さ、敏感さ、反応、応答責任、交渉、相互承認といった価値を評価する（Parton, 2003, p.11）。パートンと同様、ロイドもまた、ケアの体験が普遍的なものであるという点に注意を向け、「ケアを人間の経験の基本的な相として捉え直し、ケアというものが弱さや『他者』を必要とすること

だけに関連しているかのような現在の考えを否定する」(Lioyd, 2006, pp.1182-1183) ことを強調した。

　こうした人びとは、「ケアの倫理」が前提とする人間像や、この倫理の基本的なモチーフである「関係性の重視」や「文脈依存性」などの概念が、ソーシャルワークに親和的であると捉えている。

　ここで改めて、私的領域で発現する暴力や支配といった不正義の被害者に対し、公的領域において——正義の名のもとに——支援するのがソーシャルワークであるということを思い返すべきである。ソーシャルワークとは、公的領域と私的領域の境界、換言すれば正義とケアの出会う場所において行われる実践である。

　筆者が見るところ、「ケアの倫理」の最も重要な意義は、人間が不断にケアを必要とする存在であることを明示したところにある。ソーシャルワーク倫理の基盤をなす道徳哲学を含む人文社会科学の諸領域で前提とされる人間像は、「自律／自立した個人」であった。すなわち、カント主義的な「人格」概念に強く結びついた、理性的・合理的で自己決定できる成人があるべき人間のモデルとして自明視されてきたのである。「ケアの倫理」は、そうした前提に根本から疑問を投げかけるものである。人間とは、そもそもケアを必要とする脆弱な存在であること、また、ケアを必要とすること自体は何ら人間の価値を貶めるものでないことを、「ケアの倫理」は明確に告げている。

　本稿では、ソーシャルワークの倫理のうち、正義のアプローチである義務論、功利主義、ロールズ理論、そしてこれらに対するオルタナティヴという視点をもつ「徳の倫理」と「ケアの倫理」を見てきた。ソーシャルワーク倫理の今日的課題に対応するためには、正義のアプローチのみではもはや十分に有効といえないことが明らかになったと思う。しかしながら、正義の倫理が完全に無力化したとも思えない。なぜなら、「徳の倫理」も「ケアの倫理」も、倫理判断をする際にはどこかで必ず公平性や普遍化可能性に訴えねばならないからである。

　ソーシャルワークにおいては、利用者の問題に対峙する際、その複雑な文脈を解きほぐし、倫理的判断が必要な部分を抽出した上で、公平という観点がどのような部分で必要となるのか、倫理的な決定にあたって複数の倫理原

則を用いるのか、それともひとつの倫理原則を適用するのかを吟味することが必要である[注5]。本稿で取り上げた「徳の倫理」も「ケアの倫理」も、ともにソーシャルワーク実践にとって重要な視点を提示するものであり、今後はさらに、これらの倫理の意義とその展望を検討していくことが求められる。

注
1 永岡正巳によれば、社会福祉制度および実践における価値と倫理を論じる場合、そこには3つのレベルがあるとされる。それは、①社会福祉思想の基盤となる思想や価値（社会のあり方や思想的基盤を指す）、②社会福祉そのものがもつ思想や価値志向性（知識と技術と価値の総合、あるいは社会福祉には価値が伴うという場合がこれにあたる）、③社会福祉の制度運用や実践において価値を具体的に行動規範として表した倫理（専門職倫理としてのソーシャルワーカーの職業倫理はここに含まれる）である。永岡の分類にしたがえば、筆者が本稿において論じるのは、主として①および②の領域ということになるだろう。永岡（2003, p.106）を参照されたい。
2 カントの定言命法として有名な「汝の行為の格率が普遍的法則となりうるよう行為せよ」という言葉は、義務の形式的原理を表したものである。
3 オームは、基本財が物でなくて良好な人間関係であるような場合には、具体的にどのような権利が配分されることになるのかと疑問を提示している。
4 近代以降、道徳哲学や法哲学、政治理論等の諸学問領域においては、自律／自立的な個人によって担われる公共的な世界と、家庭に代表される親密的な世界とを区別してきた。公共的な世界、すなわち公的領域は、「正義」の理念が貫通する場である。他方、家庭に代表される私的領域には「正義」の理念が適用されず、その構成原理はもっぱら「自然」な愛情であると捉えられてきた。このように、われわれの住まう世界を公的な領域と私的な領域に弁別すること、これを公私二元論という。
5 この点については、Kuhze（1997）を参照されたい。

第2章　教育福祉における哲学と思想
　　　　－教育と「幸せ」について－

　　　　　　　　　　　　　　　　　　　　　　　　　森岡　次郎

1．「教育は、誰のために行われるのか」という問いの前で

　ある日の授業で、こんな問いかけをしたことがある。
「教育とは、誰のために行われると思うか。」
　学生たちの多くは、「子どものため」であると答える。子どもの視点に立って、子どもの発達段階に即して、子どものために行われる教育。そうした主張は、学生たちに通りがよい。穿った見方をすれば、自分がまだ教育を受ける側（大学生）であるから、主観的に、「教育は子どものため＝自分のため」であると考えているのかもしれない。

　また、何人かの学生は、「親（大人）のため」「人類や人間社会の存続のため」であるという。教職を目指して教育学を学んでいるからには、「子どものため＝自分のため」といった主観に縛られるわけにはいかない。個人のため、というのではなく、もっと大きな視点で、教育の社会的役割を考えなければならない。そういった気負いも感じられる意見である。

　結論を出すことが目的ではない、ましてや、議論の勝敗や決着をつける必要もない、と前置きした上で、「なぜそう思うのか」の理由を問いながら、議論を進めていく。
「子どもの将来に役立たなければ教育じゃない」
「今まで受けてきた教育は、すべて自分のためになった」
「好きで勉強する子どもなんていない」
「教育なんて所詮は大人からの押しつけである」
　など、それこそ大激論。議論を深めて行くにつれて、学生一人一人の教育観や人生観にまで到達しそうな、スリリングな時間であった。

第Ⅰ部　教育福祉学の基盤［人間の尊厳と多様性］

　ひとしきりの議論を終えたあと、「じゃあ、先生（森岡）はどのように考えているのか」と問い詰められて、答えに窮する。
　教育は、誰のために行われるのか。
　教育思想史的にはどう考えられてきたか、であるとか、子どもの学習権と義務教育について、などと、それらしい説明はしてみるものの、学生たちは納得しない。
　そこで、「教育はすべての人が幸せに生きるために行われるのではないか」と答えた（煙に巻いた）ところで、時間切れ。その日の授業は終了した。

　「教育はすべての人が幸せに生きるために行われるべき」というのは、多くの人が同意できそうな命題である。
　教育という営みはすべての人間が「幸せ」に生きるために行われるものであり、また、そうあるべきだと、私は考えている。特定の「誰か」のため、あるいは特定の国家や民族や宗派のためだけに行われるべきではない。教える側と学ぶ側の双方が「幸せ」に生きていくために、そして、すべての人が「幸せ」に生きていける社会を実現するために、教育は行われるべきだろう。
　さしあたり、このように考えてはいるのだが、さらに続いて、ここでいう「幸せとは何か？」と問われると、それに答えるのは容易ではない。
　先取りすれば、本稿では「教育とは誰のために行われるのか」という問いにも、「幸せとは何か」という問いにも、答えることはできない。このような大きな問いに対して、クリアに答えを与えられるに超したことはないのだけれど、私にはその力量がないし、そもそもこの問いにクリアに答えることなど不可能であるように思われる。
　本稿の目的はその遥か手前。なぜこうした問いにクリアに答えることが出来ないのか、を確認することにある。
　難しい問いに取り組む際には、その問いの難しさを知っておくことが大切である。
　本来はとても難しいはずの問いを縮減し、安易な答え——教育の目的は「国際競争力を高めること」であるとか、人間にとっての「幸せ」とは「お金を手に入れること」であるとかいった類——を提示することによって、私たちの

教育（世界）に対する理解がどれほど豊かになるのだろうか。そうした粗暴な議論によっては、得られるものよりも失われるものの方が大きいだろう。

こうしたエクスキューズを用意した上で、教育と「幸せ」について考えてみたい。より正確にいえば、教育と「幸せ」をめぐる問いの難しさについて、考えてみたい。

2.『オリエンタリズム』という「ものの見方」

問いの難しさを確認するために、いったん、教育や「幸せ」に関するテーマからは離れて、『オリエンタリズム』という著作を紹介しておこう。

『オリエンタリズム』は、エドワード・W・サイード（1935-2003）によって書かれ、1978年に出版された著作である。この著作のテーマは、西洋からみた東洋（オリエント）について。

なぜ『オリエンタリズム』の議論を経由するのかというと、この著作でサイードが提示した「ものの見方」は、教育学を含めた人文諸科学に大きな影響を与えたからである。そして、ここで示された「ものの見方」は、教育の難しさ、「幸せとは何か？」という問いの難しさについて考える上で、とても示唆的である。ごく簡略ではあるが、その理路について説明しておきたい。

パレスチナ系アメリカ人であったサイード。彼がこの大著で主題としたのは、先に述べたとおり、西洋からみた東洋についてである。

彼はその著書のはじめに、「オリエンタリズム」について以下のように述べている。

> オリエンタリズムの出発点を18世紀末とするならば、オリエンタリズムとは、オリエントを扱うための—オリエントについて何かを述べたり、オリエントに関する見解を権威づけたり、オリエントを描写したり、教授したり、またそこに植民したり、統治したりするための—同業組合制度と見なすことができる。簡単に言えば、オリエンタリズムとは、オリエントを支配し再構成し威圧するための西洋の様式(スタイル)なのである（サイード、1993、上巻p.21）。

近代以降、西洋における歴史学や文献学などの学問領域では、東洋（オリエント）に関するテキストが大量に生産された。サイードは、そうしたテキストの集積（および、それによって創り出された言説）のことを「オリエンタリズム」という。ここではひとまず、オリエンタリズムとは西洋人による東洋研究（の集合）のことである、と理解しておこう。

　西洋人による東洋研究のなにが問題か。それは、そこで描かれた東洋（この著作では主に中東である）が、多様性を捨象したイメージに過ぎない、ということである。この点において、「オリエンタリズム（東洋研究）」と「オリエント（研究対象としての東洋）」が区別される。

　西洋人の描くオリエントは、エキゾチックであり、魅惑的であり、かつ、文明的に「未開」である。そして、そうした整合的なオリエントのイメージは、実際には多様な仕方で存在しているはずのオリエントを、縮減して描いたものに過ぎない。平たくいえば、「東洋らしさ」を単純化して描いたものに過ぎない、ということである。

　なぜそうした縮減が生じるのか。その要因の1つは、西洋人にとってオリエントは外在的（他者）だからである。

　自らとは断絶した外部に位置する、未知の存在としてのオリエント。そうした未知の存在（＝他者）についてのテキストが書かれるとき、そこには、西洋人のオリエントに対する願望・欲望が、無意識のうちに投影される。

　オリエントが他者であるがゆえに、書かれたテキストは独り歩きを始め、西洋人にとっての「真理」となる。言説やイメージの運動としてのオリエンタリズムは、多様性を縮減しながら、オリエントを自らのうちへと取り込んでいく。

　さらにサイードの議論の重要なポイントは、オリエントは、オリエンタリズムに対する異議申し立てを行うことができない、という点にある。

　先に引用した箇所で、サイードはオリエンタリズムを「西洋の様式(スタイル)」であると述べていた。すなわち、オリエンタリズムにおいては、オリエントは自らのイメージを、西洋人に対して「東洋の様式(スタイル)」で表象することはできないのである。

第2章 教育福祉における哲学と思想 －教育と「幸せ」について－

　オリエントはつねに、西洋にとっての局外者(アウトサイダー)であるとともに、西洋に合体させられた弱いパートナーでもあった。……中略……つまり、オリエントが議論の対象になる場合にも、オリエントは完全に不在なのであり、かわりにオリエンタリストと彼らのことばの方が実在として感じられたのである（サイード、1993、下巻pp.26-27）。

　オリエントの人びとは、自らをオリエンタリズムの中で描かれたオリエントのイメージへと当てはめていく。オリエンタリズムとは、「西洋人からの一方的なイメージの押しつけ」のみによるのではなく、オリエント自身がオリエンタリズムのイメージへと向けて自らを訓練するという、共犯関係の上に成り立っているのである。
　サイードは、西洋がどのようにオリエントを描いてきたのかを分析することによって、そこで描かれたオリエントは西洋人の願望に基づいて勝手に作り上げた、都合の良いイメージに過ぎないことを指摘した。サイードはこの点に、西洋と東洋という断絶と、支配関係・権力関係（植民地主義的な関係）を見出している。
　こうした関係の中では、支配される側であるオリエントは、西洋人が描いたオリエントのイメージへと自己を当てはめていく。そして、オリエントが不在のままに、オリエントに関する議論が積み重ねられ、オリエントのイメージが強化され、それが西洋における東洋の認識を規定していくのである。

　さて、ここまでの長い迂回を経たうえで、ようやく話題は教育へと戻ってくる。
　ここで、サイードの議論における西洋を「大人（や教師）」、東洋（オリエント）を「子ども」に置き換えて考えてみたい。
　私たちが教育について考える際に、そこで描かれる子どもは、大人の側が自らの願望を投影して作り上げた、勝手なイメージに過ぎない。本来は多様であるはずの子どもを、大人側が持つ「子どもらしさ」のイメージへと縮減し、教育学的な知見によって記述することで、それがあたかも「真理」であ

43

るかのように、教育の言説を形成していく。

子どもにとっての他者である大人は、自らの子どもイメージが恣意的に縮減されたものであることを認識することができない。なぜなら、子どもは「大人の様式(スタイル)」で自らを描くことができないからだ。そして、教育によって植民地化された子どもは、大人の持つ子どもイメージへと自らを当てはめていくことによって、支配関係・権力関係を共犯的に強化していくことになる。

と、『オリエンタリズム』の議論を教育に当てはめると、以上のようなことがいえるだろう。

子どものために、子どもに即して、教育を行うためには、どのような教育方法が適切であるのか。どのような教育が子どもにとって最善であるのか。

教育学が（大人たちが）このように考えるとき、そこで議論の対象とされる子どもは、私たちが無意識裏に作り上げた、都合の良い、勝手なイメージに過ぎない。そこに現実の子どもは不在のままである。

私たちがどれほど客観的であろうとしても、教育のオリエンタリズムに巻き込まれている限り、私たちの子ども観や教育観には、自らの願望・欲望に基づいたバイアスがかかっている。私たちが子どもや教育について語るときには、「大人の様式」を用いるほかなく、その外部には抜け出すことができない。

この立場拘束性に対する反省と自覚が、『オリエンタリズム』という「ものの見方」なのである。

3．他者による「幸せ」の先取り

ここでさらに、教育とは異なる事例をもう一つ。

次に取り上げるのは、健常者による障害者の「幸せ」の先取り、という問題についてである。前節の議論を踏まえた上で、さらに、他者の「幸せ」を考える際の難しさについて確認しておきたい。

優生学史の研究者である松原洋子によれば（2000、pp.169-236）、1960年代

後半から、北海道、青森県、福島県、福井県などの自治体で、「不幸な子供を産まないための運動」が推進されたという。特に兵庫県は、他の自治体に先駆けて1966年に「不幸な子どもの生まれない対策室」を開設し発生予防を重視する母子保健対策のモデルケースとなった。

　ここでいう「不幸な子ども」とは、遺伝性精神病の子ども、誰からも希望されない子ども、妊娠中絶された子ども、胎児期に障害を持った子どもなどである。

　こうした運動が、行政主導で行われていたという当時の時代状況にも驚かされるのだが、ここでの問題はその内実。望まない妊娠や、先天的な障害を持って生まれてくる子どもは「不幸」なのか、ということである。

　むろん、たとえ障害を持っていたとしても、すべての人間は等しく存在する価値がある、ということはできる。しかし、明らかに誕生が望まれていない状況にある子どもや、非常に重篤な先天性の障害を持つことが分かっている子どもの場合、その子どもが誕生し、社会の中で生きていくことが「幸せ」である（「不幸」ではない）、といえるのか。

　生殖への人為的介入や、出生前診断という技術を利用することの是非、障害を理由とした存在の抹消（人工妊娠中絶）などの優生学的処置については、その技術的動向も含めて丁寧に議論をしなければならない論件であるが、ここでは、さしあたり、他者の「幸せ」の先取りについて、という議論に限定しておこう。

　「不幸な子供を産まないための運動」という施策を推進する立場からすれば、「不幸な子ども」と定義された障害児や病児は新たに誕生してはならない存在である。したがって、検査によって先天的な障害が発見された場合、子どもの「幸せ」を考慮するならば、妊娠中絶以外の選択はあり得ない。そして、「不幸な子ども」を誕生させないために、近親結婚を避け、性の価値観を守り、出生前診断（羊水検査）を受けることが目標とされた。

　親や大人が、不在の子どもの「幸せ」を願って、「不幸」な子どもを産まないようにする。そのための技術を利用する。このことの問題性は、どこにあるのか。

第Ⅰ部　教育福祉学の基盤［人間の尊厳と多様性］

　『オリエンタリズム』の議論を思い出してみよう。
　サイードは、私たちが他者を形象化するときの、そのイメージの恣意性を指摘した。
　ここで議論の対象となっている他者とは、すでにこの世に存在している健常者／大人にとっての、（不在の）障害者／障害児である。
　障害を持って生まれてくるのは「不幸」なことである、という主張は、それがどれほど重篤な障害であり、当事者が苦しんでいるように健常者から見えるとしても、健常者の恣意的な価値判断によるものである。子どもの「幸せ」をどれほど強く願っていたとしても、それが親の「善意」によるものだとしても、私たちは恣意的な「ものの見方」から逃れることができない。
　健常者の側からの、障害者の「幸せ」という価値判断・イメージに対して、同意する障害当事者もいるかもしれない。しかし、それは健常者－障害者が、支配－服従関係にあるからであり、健常者のスタイルに合わせて障害者が自己イメージを変容（形成）しているからである。私たちは「健常者の様式（スタイル）」から抜け出すことはできない。
　ユルゲン・ハーバーマスは、生殖医療技術の利用に関する議論の文脈で、「善意」による価値の先取りに対する違和感を以下のように述べている。

　　…着床前診断の方法を場合によっては可能とするような規則に賛成する人々は、生命保護の規範に対抗して、何よりも将来においてこの病気に苦しむ人が耐えがたいまでに限られた生活を回避したいと思うであろうという本人の利害を察知し代弁しているのだという議論を持ち出すであろう。
　　とはいえ、他者のために、生きるに値する生と生きるに値しない生とを区別するという状況は、やはりどことなく不安な気にさせる。……中略……そうした場合の両親は、生まれてこない子供に対して、もちろん確認のしようのない空想上のことでしかないが、―もし生まれてきたとしたらその本人自身が、特定の障害のゆえに制限された自己の生に対して「ノー」と言うであろうと考えることで―第二人称に対するのと同じ態度をしていることになるのだろうか？　この点は、私自身も明確な考えを持っていない（ハーバーマス、2004、pp.115-116）。

生まれたあとに、本人が自身の生を否定するだろうから、その視点を先取りし、生まれてくる前に存在を抹消する。

　ハーバーマスは、不在の他者の視点を先取りし、「生きるに値する生／値しない生」を区別することへの不安（違和感）を表明している。

　また、1970年代の日本における「障害者解放運動」で中心的な役割を果たした、脳性マヒ障害者団体「青い芝の会」の横田弘は、優生保護法改正案に対する反対声明の中で次のように訴える。

> 　私達「障害者」も生きています。いや、生きたいのです。
> 　事実、数多くの仲間達は苦しい生活の中を懸命に生きぬいています。
> 　そして、その生き方の「幸」「不幸」は、およそ他人の言及すべき性質のものではない筈です。まして「不良な子孫」と言う名で胎内から抹殺し、しかもそれに「障害者の幸せ」なる大義名分をつける健全者[注1]のエゴイズムは断じて許せないのです（横田、1979、p.71）。

　ここで横田は、幸／不幸の価値基準を簒奪される立場、殺される（存在を否定される）側から、健常者のエゴイズムを強く批判している。

　「教育はすべての人が幸せに生きるために行われるべき」であると、心の底からそう願っている。
　けれども、それは私が教育のオリエンタリズムの中で、支配する側の論理と価値基準の中で思考しているに過ぎないのではないか。
　「すべての人」のなかには、私に対する不在の他者は含まれていない。論理的な必然として、含めることが出来ない。
　「幸せ」もまた、私がイメージする限りにおいての「幸せ」に過ぎない。主観的には「幸せ」な状況であるように見えても、それが他者にとっての「幸せ」であるとは限らないし、同様に、「不幸」に見える状況が「不幸」であるとは限らない。
　教育は価値的な営みである。実用的な知識や技能の獲得を目指すとして

も、既存の社会秩序の維持を目的としても、大人の側が作り出した恣意的な子どもイメージと、先取りした幸／不幸（善／悪、正／邪）の価値基準からは逃れることは出来ない。

『オリエンタリズム』の議論を通過したあとでは、教育によって実現される「幸せ」のイメージを素朴に語ることが、少なくとも私には、出来ない。

教育によってすべての人が幸せに生きる社会を実現する、という方略は、私自身の立場拘束性に対する反省と、他者からの異議申し立てによって、非常に困難なものとなるのである。

4．「居直ること」は可能か—元高校教師の主張

元高校教師の諏訪哲二は、「教育は誰のために行われるのか」という問いに対して—教育全般というよりも学校という制度や教師という職業について論じたものであるが—、明快な答えを示している。それは端的に、「教育とは社会や国家や人類のために行われる」というものである[注2]。

諏訪は、教育が権力関係であること、教師－生徒が支配－被支配関係であることに自覚的である。先の議論でいえば、教える側が教育のオリエンタリズムに巻き込まれていることに対して自覚的である。そうした自覚の上で、「教育は子ども（生徒）のため」というのは、（諏訪が敵視する戦後民主教師たちの）欺瞞に過ぎない、と主張する。

> 教師は、とりあえずは、社会共同体の維持・発展のために分担された仕事をしているにすぎないのだが、生身の人間を相手にして強制的なことをしている以上、自分がやっていることの正当性の確認を迫られることになる。
> そのとき、第一に出てくる正当性の主張は、「自分がやっていることは生徒のためになる」という物語である。この物語はとてもわかりやすいし、生徒のためという呪文を唱えれば、すべてが浄化されてしまうような気がしてとても便利である（諏訪、1997、p.77）。

本来的に、子どもたちは学びたがってなどいない。学校での勉強など「人類史的苦行」である。それでも、学校や教師は社会の代理人として、権力の

手先として、子どもを無理矢理にでも教室に収容し、教え込まなければならない。「子どものため」などというのはフィクションであり、自己正当化のための欺瞞である。諏訪の批判は手厳しい。

> 誰もが学びたがっているわけではない。生徒たちは、まず学校に通うべきだと決まっているから学校に来るのである。……中略……生徒たちが学校に来ざるをえないのは、ひとからひとへ文化を伝えるという原初的な教育のすがたが、共同社会の発展にともなって「公教育」の体系に組み込まれていったからなのであり、当然、そこに不自然が生じるのは当然である（諏訪、1997、p.101）。

　教育とは大人の側の価値の押しつけであり、他者に対する抑圧行為である。それは、結果としては「子どものため」になるかもしれないが、そのための条件として、既存の（大人たちが構成する）社会への適応が不可欠である。
　大人が先取りした価値基準や既存の社会規範を身につけることを目的とする、という条件をつけることで、教育は「子どものため」になる。しかし、そうした条件を取り払ってしまえば、教育は子どもの内発的な欲望に基づくものでも、主観的な幸せを追求するものでもない。したがって、（学校における）教育関係には、教育者−被教育者の緊張関係、敵対関係が潜在している。そして、権力者、支配者としての教師には、生徒に対して有無を言わせずに価値を押しつけるダーティさが求められるのである。このような諏訪の主張は、教育の実定性へのある種の居直りであるともいえよう。
　「教育はだれのために行われるのか」。それは大人や教師や社会のために行われるに決まっている。「子どものため」などというのは欺瞞にすぎない。教える側は、自らの権力性に自覚的であるべきだ。かといって、価値の押しつけを躊躇して、教育を行わないわけにもいかない。
　いささか挑発的な文体で書かれた諏訪の論には、日々、教室の中で他者としての子どもたちと向き合わざるを得ない教師としての苦悩が感じられる。

5.「幸せ」な社会の実現に向けて

「教育は、すべての人が幸せに生きるために行われるべき」という命題をめぐって、本稿では、その難しさ（不可能性）を強調した議論を中心に、考察を進めてきた。

本稿で取り上げてきた論を見る限り、教育は他者に対する価値の押しつけであり、その価値を「あなたのため」といって正当化することは欺瞞であり、そして、往々にして、権力者としての教師は、その欺瞞に気づくことすらできない。だから、教育者は「他者（子ども）のためになる」という自己正当化のフィクションにすがるか、実定性に居直るかの二者択一を迫られる、ということになる。

このような結論に到達して、このまま本稿を閉じてしまったのでは、あまりにも希望がないような気がする。

諏訪が実感を持って指摘したように「人間は本性的に、学びたがっている」などと、素朴に前提にすることはできない。そうした恣意的な人間観を不用意に前提とすれば、無自覚に、「善意」によって多くの他者を傷つけることになるだろう。それは私にとって、大変な恐怖である。

しかし「人間は本性的に、学びたがっていない」ということもまた、絶対のものとして前提とすることはできないのではないか。

世界は驚きや発見に満ちている。学ぶことによって視界が開け、世界と自己が拡大していく。そうした愉悦的な体験が、私にとっての学びである。私はそうした体験を通して、「自分には知らないことがたくさんある」「自分の当たり前が通用しないような領域がある」という自己の限界と無知を、悦びとともに思い知らされた。

だからといって、「人間はみなそのように学びたがるものだ」とも、「そうした体験はすべての人にとって価値のあるものだ」とも思わない。とりわけ、現代の学校における知のあり方—「詰め込み／ゆとり」といった貧しい二項図式の対立や、受験のための競争主義など—が、学ぶ側から知的な喜びを奪っているであろうことも、想像に難くない。

第2章 教育福祉における哲学と思想 －教育と「幸せ」について－

　ただ、工夫次第によっては、教える－学ぶことによって教育者－被教育者の双方が、また、同時代に生きる「すべての人」が「幸せ」となるような関係を教育の中に創り出すこともできるのではないか。そのことによって、世界を少しでも倫理的な、居心地の良い場所に変容することができるのではないか。そうした野望を抱いているのである。

　無反省に、自分の正しさばかりを大きな声で主張するような人が少なくなること。自分の価値を疑い、自分の「ものの見方」の限界を見極めながら、節度を持って、自分とは意見を異にする人びとと対話し続けるような人が増えること。それが私にとっての「幸せ」である。
　教育という営みは、知識の伝達を通して、そうした社会の実現に向けて行われるべきだと考えているのである。

　　注
　1　「健全者」というのは「青い芝の会」独自の用語で、健常者のことをさす。
　2　本稿が引用する著作が書かれた当時、諏訪は現役高校教師であった。河上亮一らとともに「プロ教師の会」という教師グループを主催し、1990年代には、数多くの著書の他にも、雑誌やテレビなどの媒体で意識的に「反動」を装った活発な発言を行っていた。

第Ⅰ部 教育福祉学の基盤［人間の尊厳と多様性］

第3章 家族とジェンダー
― 教育福祉の社会学的基礎 ―

田間　泰子

1．家族って何だろう

　家族とは、何だろうか。
　たとえば、あなたが13歳だったとき、あなたの家族は誰と誰で、どこにいて、何を一緒にして過ごしただろうか。もしそのとき、あなたに「家族」だと思える人がいなかったとしても、あなたが小さな赤ん坊だったときには、誰かがあなたを生き延びさせるために世話をしてくれたはずである。そうでなければ、今、あなたはここにいない。
　人は、どこかに産み付けられた卵から勝手に生まれるのではなく、機械のように工場で大量生産されるのでもなく、およそ40週のあいだ母親の胎内で育まれて、ようやくこの社会に生まれ出る。生まれたあとも、しばらくのあいだ、這うことも、自分で寝返りを打つことさえできないため、誰かに乳を吸わせてもらい、寒ければ服を着せてもらい、暑ければ汗を拭いてもらい、排泄の世話もしてもらわねばならない。そして、泣いていれば抱いてあやされ、笑いかけてもらうのである。このように妊娠中から幼少期までに人が受けるケアは、人生の出発点における、最も重要な社会関係である。そして、誰もが、誰かからそれを受けたことがある。しかし、ほとんどの人は、誰もが経験するこの事実を、大人になったときには忘れている。
　私が本章で論じるテーマは、2つある。1つはこの事実を手がかりとして、家族とは何かを考えることである。もう1つは、今の日本ではその家族のあり方がジェンダーに大きく影響されていることを指摘し、家族と、家族を取り巻く社会がかかえている問題の幾つかを示すことである。そして最後に、それらと教育福祉学とのかかわりを述べる。

2．家族の現状

身近で日常的なケアの関係

　では、もう一度、本章の冒頭の問いに戻って「家族とは何か」を考えてみたい。

　さきほど述べたケアの関係性を起点にして考えてみると、私と他の人々との関係は、まず人の誕生期、つまり胎児から乳幼児にかけての時期に、生存のためのケアをしてくれる人々との関係として始まる。多くの場合、その人々が私の子ども時代にも面倒をみてくれて、私たちはその人々を家族と呼ぶ[注1]。私たちは、家族とは何であるかをこのようにして学んでおり、したがって、身近で日常的なケアの関係性が家族であるための重要な要素となる。

　しかし、ケアの関係性は、乳幼児期や子ども時代に限らず、私たちの人生においてしばしば必要とされるものである。なぜなら、私たちは病気や怪我をしたり、日常生活を過ごすのに障がいがあったり、また高齢となって介護が必要になったりするからである。牟田和恵は、この期間が「人生のおよそ四分の一」をも占めると指摘する（牟田、2011、p.160）。私たちの人生には、ケアが必要なのである。

　しかしそのような必要がない場合でも、私たちは生活でストレスや悲しいことがあると、ストレスを和らげたり慰めてもらったりする他者を必要とすることがある。また、喜びの体験を肯定してもらい、分かち合うことも、私たちが生きていくためにとても必要な体験である。

　さらに、夫婦や同棲相手など性的パートナーとの関係は、セクシュアリティが重要な要素となるが、これも性的関係を超えて（あるいは性的関係そのものとして）上に述べたようなケアの関係性が発生しうる。ケアの関係性とは、人が今日、明日を生きていくために必要な、そして生涯を通じてさまざまに発生する、他者との関係だといえる。

　そのような生涯にわたる他者とのケアの関係性のなかで、特に親密な関係性をここでは「家族」と呼んでみたい[注2]。もちろん、ここでいう家族は、家族的関係性の本質だと考えることができるが、しかし一つの理想的関係性

でもある。なぜなら、現実の私たちの家族生活には、意見の違い、争い、どうしても理解し合えない関係、無関心、さらには憎しみや暴力も存在するからだ。

では、理想と現実が異なるとき、どのように家族をとらえることができるのか。

形から「家族」を考える

家族の現実を、理想的な関係性からだけではとらえられないとすれば、現実の形からとらえてみてはどうだろうか。日本の法律には、家族の定義がない。しかし、政府は、「世帯」を定義し、その下位に「家族類型」という分類をつくって、家族の形を把握している（総務省統計局）。

図3-1には、この政府統計から家族の形のありようの推移を示した[注3]。ここからまず、家族のあり方が歴史的に変化することが分かる。現在、世帯の形のなかで最も多い家族類型は、単独世帯である（一般世帯の31.2%）[注4]。単

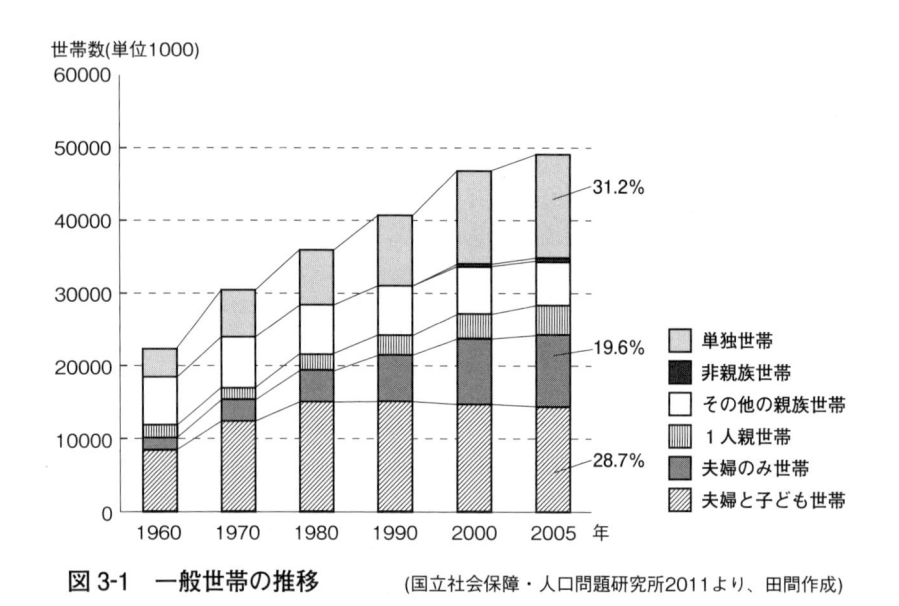

図 3-1　一般世帯の推移　(国立社会保障・人口問題研究所2011より、田間作成)

独世帯は、50年前の昭和35（1960）年から比較すると、4.4倍増えた（一般世帯全体の増加は、2.3倍）。日本は今、人々が１人で居住し生計を営むことが当たり前な社会になりつつあるのだ。

しかし、単独世帯だからといって家族がいないわけではない。たとえば、若者が大学に進学して１人暮らしを始めたとしたら、多くの場合、生活費を送り、困ったことがあれば相談に乗り、夏休みに帰省すれば食事を作ってくれる家族がいるのではないだろうか。だとすれば、家族は、政府の「同居や生計を共にする」という世帯の定義とずれていて、何らかの関係性をもつ人々を意味するのである。

家族であるというためには、生きるのに必要な金銭的援助を含め、心身両面からの何らかの有形無形の支援、ケアの関係性が人々によって想定されているように思われる。

ただし、ここではもう少し、家族の形から見えるものについて考えておきたい。「単独世帯」といえば、上の例のように20歳代の若者が結婚前に生活しているイメージがあるかもしれない。しかし、実際には、29歳以下の若者は26.3％であり、30歳から40歳代が26.7％、65歳以上の単独世帯も単独世帯全体の26.7％と、単独世帯はあらゆる年齢層にわたっている。

また、「単独世帯」の次に多いのが、「夫婦と子どもから成る世帯」である（28.7％）。おそらく、この家族の形は、現代の人々が抱く家族のイメージに近いに違いない。実際、その多くは夫婦と未成年の子どもである。しかし親が65歳以上（したがって子どもの多くは成年）の世帯が６組に１組以上を占める。３番目に多いのは、「夫婦のみ世帯」である（19.6％）。「夫婦のみ世帯」と言えば、婚姻して間もなく、子どもをもたない夫婦を想像するかもしれない。しかし、高齢者の夫婦のみ世帯が約半数を占めている。

したがって視点を変えて、以上のデータを、たとえば65歳以上の人がいる世帯に注目してまとめなおしてみると、それらは年々増加し、現在では一般世帯の37.8％を占めているのである。高齢者は、そのほかに病院に入院したりなどして暮らすこともあるが（65歳以上人口の5.4％。国立社会保障・人口問題研究所編、2011、p.125）、一般世帯の多くにも高齢者が住まっている。

このように家族の形を見てみると、現代の日本は、一人暮らしの人々が多

いことや、高齢社会であることが分かる。したがって、家族のあり方を考えるとき、ひとまとめに論じてはならない。なぜなら、1人暮らしの人々にとっての家族、高齢者にとっての家族など、さまざまな家族の形があり、それらにおけるケアの関係性を丁寧に考えていく必要があるからである。たとえば、単独世帯の人が病気になったとき、高齢者夫婦がともに介護が必要になったとき、どこに、ケアする誰がいるのか。また高齢の両親と中年の未婚子の世帯で介護が必要になったとき、未婚子1人だけでケアを支え切れるのか、といったことである。

家族の形を手がかりにすれば、人々の暮らしの現状の一端を見ることができ、そこで生じているさまざまなニーズを推測していくことができる。

家族の形の多様性

さらに、政府統計で占める割合が小さい家族の形にも注目してみたい。たとえば1人親家庭は、一般世帯の8.4%である。しかし、昭和35年から平成17年までの45年間に一般世帯が2.2倍に増えたなかで、1人親家庭は2.7倍となり、特に1980年に比較すると単独世帯・夫婦のみ世帯とともに約2倍の増加を示す。近年急に増えているのである。

他方、減少している形は「その他の親族世帯」である。この世帯には、日本の昔からの家族の形だと考えられてきた三世代同居の家族や、祖父母と孫のみ、きょうだいのみ、などの多様な形が含まれている[注5]。

ここで、近年増加してきた1人親家庭の世帯について、もう少し見ておこう。日本の1人親家庭の多くは母子家庭であり（84.9%）、そのきっかけは未婚状態での妊娠・出産や、夫との死別によるのではなく、多くが離婚である（79.7%）[注6]。しかし、もし離婚が増加しても、子どもを父親が引き取って育てたり、あるいは父方や母方の三世代同居世帯で育児するのであれば、1人親家庭、特に母子家庭は増加しないはずである。実際、1960年代中盤までは、離婚時の子どもの引き取り手は父親であったし、3世代同居世帯の占める割合は高かったため、離別母子家庭は、大きな問題とされなかった[注7]。だが現代では、子どもの養育は母親が行うべきものとされているうえ、3世代同居世帯の減少が進んでいるため、離婚の増加が母子家庭の増加に直結し

ている。これをケアの関係性から考えると、母親自身、ケアしてくれる配偶者を失った状態のままで子どもをケアしなければならない状況である。

　そのほかにも、形から家族の多様性を見てみると、近年の傾向として幾つか指摘できることがある。子どもを産み育てることとともに、性的パートナーをもつことは家族を形成する契機の一つなので、ここではどのように夫婦になるか、という点から見てみよう[注8]。すると、たとえば1965年に夫婦いずれか、あるいは夫婦両方が外国籍であった婚姻届出数は、総数のわずか0.86%だったのに対して、2008年には5.66%、つまり新婚の20組に1組以上が外国籍となっている。

　また、離婚や死別のあと、再婚する人については、4組に1組以上となっている（国立社会保障・人口問題研究所、p.99、p.105）。夫婦になる形は、親子関係にも影響を及ぼすから、親が外国籍である婚姻が増えれば子どもも増えることになり、また再婚家庭で育つ子ども（いわゆるステップファミリー）も増加することになる。これらの家族においては、たとえば形が〈親子と未成年の子ども〉といういわゆる核家族[注9]となっていても、その契機には多様性がみられるので、やはり多様なニーズが存在すると見なければならない。

　以上をまとめよう。誰にとっても、その生存のために生涯の一時期において他者からのケアが必要である。このケアの関係性のうち、もっとも親密な関係性をここでは「家族」と定義した。しかし、現実の家族のあり方、人々の暮らし方、そして家族を形成する契機となる結婚や出産といった生き方は、変化する。それにしたがって、どのようなケアが誰にとって必要なのか、ケアが誰によって担われうるのか、どのような家族の形にどのようなケアのニーズがあるのかが多様になっている。

3．家族をめぐる問題とジェンダー

家族における父親と母親の役割

　家族をケアの関係性を中心に考える視点からは、次の三つの問題を指摘できる。第一に、夫婦間のジェンダーの問題である[注10]。なぜなら、現代日本では、家族のありかたが非常にジェンダー化されており、ケアのほとんどは

第Ⅰ部　教育福祉学の基盤［人間の尊厳と多様性］

女性によって担われているからである。第二に、急増する単独世帯のように直接的な家族の形をもたない人々にとって、ケアの関係性がどのように保障されうるかという問題、第三に、ケアの関係性が失われている家族の問題である。そして、後者二つの問題にも、ジェンダーが大きくかかわっている。

さて、第一の問題であるが、たとえば、親が育児に費やす時間を他国と比較してみよう（図3-2）。日本の父親がいかに子どもをケアしておらず、大きく母親に偏っているかがよく分かる。総務省調査によれば、夫婦と子どもがいる世帯での育児時間は、妻の1日平均64分に対して夫は12分であり、たとえば食事の世話を、「主に母親」が行うのは日本では85.9%、父母「両方でする」のが7.6%で圧倒的に母親のみが世話をする。参考までに、スウェーデンでは前者が53.4%、後者は29.6%である（総務省『平成18年社会生活基本調査』（http://www.stat.go.jp/data/shakai/2006/）、牧野他、2010、p.31）。

さらに、日本の父親が小さい子どもと過ごすとき、特徴的な点は時間の少なさだけでなく、内容の偏りにもある。入浴、スポーツや趣味が中心であって、排泄の世話などもっとも生存にかかわる身の回りの世話や、食事の準備・後片付けといった、ケアそのものではないがケアの実践に不可欠なこと

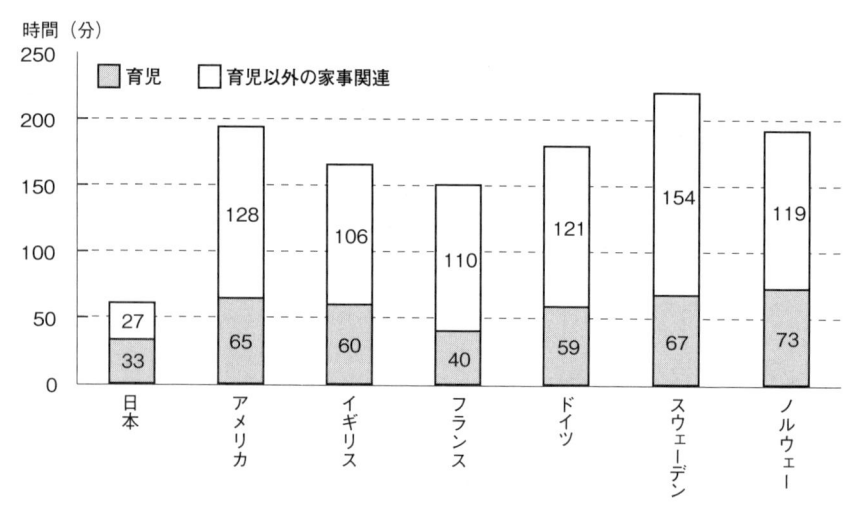

図3-2　6歳未満児をもつ男性の家事・育児時間（内閣府（2009）から田間により再構成）

国	育児	育児以外の家事関連
日本	33	27
アメリカ	65	128
イギリス	60	106
フランス	40	110
ドイツ	59	121
スウェーデン	67	154
ノルウェー	73	119

を、ほとんど行っていないのである（牧野他、2010、p.54）[注11]。

　他方で、日本の父親は経済的に大きな責任を担っている。これは、就業している既婚女性の約42%が妊娠・出産を契機として退職し（したがって無収入になる）、第1子の出生時には8割近くが無職という現状とあいまって、子どもが特に幼少期には家族の生計が父親1人の肩にかかる状況だからである（厚生労働省大臣官房統計情報部、2004、p.25）[注12]。結果として、父親が就労に費やす時間は長くなりがちであり、子どもの幼少期に身近にいて育てることが困難となる。これは「男性1人稼ぎ手モデル」と呼ばれている（大沢、1993）。

　ここで、ケアの関係性という視点から、母親が主に担っているものが何なのか、父親が失っている体験が何なのかについて、もう少し考察しておきたい。本章の視点からすると、主に母親が担っているケアは、「身の回りの世話」などと表現するだけでは、その行為の意味が十分に捉えられない。なぜなら、たとえば、親が食事を与えるときには、ただ口に食べ物を入れるのではないからである。食べることが生きるために必要であること、喜びでもあること、食べてはいけないもの、咀嚼のしかた、さらにスプーンや箸の使いかた、こぼしたり投げ捨てたりと食べ物を粗末に扱ってはならないということなど、生きていくために必要な、非常に基礎的な感情やふるまいのルールを教えているのである。排泄の世話も同様で、子どもに泣かれたらオムツをただ替えるだけではない。体のケアをしつつ、そうすれば体が気持ちよくなるのだと教え、排泄物から体調を窺い、処理する。さらには、子どもが自分でトイレに行き、トイレを汚さず使用できるよう教えなければならない。

　とりわけ、忘れてはならない重要なことは言葉であって、食事を与えるとき、オムツを換えるとき、朝起こして服を着替えさせるときなど、子どもをケアするときには常に言葉と、そして人間同士のコミュニケーションのしかたを、教えているのである。

　赤ん坊の身近にいてケアをするとは、このようなことであり、人間を育てることのもっとも基礎的な部分を家族は担う。それは、福祉的な行為であるが、同時に教育的でもある。ケアすなわち福祉、なのではなく、人間としての全人的なかかわりのなかで、必要なものごとを与え行うことを通して、子

どもが生きることを支え、他者との関係性のなかで生きていく力を育てるのである。この、他のものに代えがたい体験を、父親は失っている。

夫婦が非常にジェンダー化している今の日本の家族は、戦後数十年の歴史しかもたない（落合、2004）。しかも、上に述べたように、その形も単独世帯の増加や高齢社会化、離婚や再婚の増加とともに変化している。夫婦間のジェンダーのありかたも、再び変わらざるを得ない時期に来ているといえよう。

家族と同居しないということ

第二の問題としては、何よりも単独世帯の増加が一番の問題である。単独世帯の増加は、第一に晩婚化や非婚化によって起こる。それには二つのルートがある。まず今の20歳代や30歳代の単独世帯は、そのまま婚姻しなければ、数十年後には50歳代、60歳代の単独世帯となり、より若い世代の単独世帯がそれに加わって増加する。もう一つのルートとしては、今は単独世帯でなく高齢の親と同居している成年の未婚子は、数十年後には親の死亡によって単独世帯となる。

また、単独世帯は高齢社会の進展によってもおのずと増加する。上に述べたように、現在、高齢者の夫婦世帯が増加しているが、それらの世帯で配偶者が死亡して子どもと同居できない場合には、高齢者の単独世帯となるからである。

増加が予測されるこれら単独世帯についても、ジェンダーがかかわっている。まず介護というケアの役割は妻や嫁など女性に大きく偏っているが（同居家族介護者の71.9%。内閣府、2010、p.75）、それ以前に、寿命の長さの違いから単独世帯として生き残る高齢者は圧倒的に女性が多いからである（65歳以上の単独世帯の74.7%。国立社会保障・人口問題研究所、2011、p.123）。また、女性は無職もしくは非正規労働者となることが多いため、経済力を十分にもっていない。その結果、介護される側としても、介護する側になっても、貧困となる可能性が高い[注13]。他方、男性は正規雇用された場合、そのような経済的困窮の心配は少ないが、育児や家事などのケアの経験がないと、現実のケアのしかたが分からず非常に困ることになる。

それまでの人生において、ケアと金銭を稼ぐことが夫婦間で大きく偏って担われてきたことの結果が、女性と男性に異なった問題をつきつける。これからは、このようなジェンダーの問題も考慮しつつ、単独世帯にある人々が標準型家族（いわゆる核家族）に比して決して不利にならないよう、そして誰もが、同居家族の有無にかかわらず必要なケアを受けることができるよう、社会をつくり変える必要がある。

ケアの関係性が失われた家族
　第三の問題については、もっとも重要な問題として暴力を挙げることができる。ケアの関係性からもっともかけ離れた関係性が、暴力だからである。具体的には、子どもを虐待すること、配偶者など親密な関係性における暴力、さらに介護者から要介護者へ、子どもから親への暴力などである。ケアが他者を生きさせるための行為であるのに対して、暴力は暴力をふるう者が他者を犠牲にして自分のみが生きるための行為である。
　だから、たとえば配偶者間の暴力（DV）の定義には経済的暴力が含まれうる[注14]。金銭がなくては生きていけない今の日本社会で、経済力をもつ者がその家族に金銭を渡さないのは死活問題だからである。
　親密な関係性における暴力は、誰を被害者にすることもありうるが、ここにもジェンダーがかかわる。現実にはその被害者の多数が女性なのである（70.4％。内閣府、2010、p.84）。そして、上述したように、特に既婚女性の場合には経済力をもたず、育児責任を一身に引き受けているため、暴力から逃れることが困難である場合が多い。しかし、女性は男性と同じく暴力の被害を受けずに生きていく権利をもっており、その権利を私たち自身が守らねばならない。もちろん、被害者には少数ながら男性（男児も含む）が存在することも、見落とされてはならない。
　以上、家族をジェンダーに配慮しつつ考えたとき、その関係性が非常にジェンダー化されていることによって、男性と女性にとって異なる問題を引き起こしていると指摘できた。また、その親密な関係性をもたない（しかしケアが必要となりうる）人々が存在し、あるいは家族に親密性ではなく暴力的な関係性が存在する場合もあるが、それらもジェンダー化された社会の構

造のために、かかえる問題が男女で異なっている。したがって、現代日本において家族をめぐる問題を考えるときには、ジェンダーが引き起こす問題に十分注意しておかなければ、有効な解決策を見いだすことはできない。

4．現代日本の家族と、教育福祉学

　本章では、ケアの関係性をてがかりにして家族とジェンダーを考えてきた。哲学者でフェミニストのキテイは、人間はその本質として他者に依存することが必要な存在であり、それによって発生するケアの関係性こそが人々をつなぎ、社会を形成するものであると述べている（キテイ、2010）。家族はそのためのもっとも親密な関係だといえる。

　しかし、夫婦や親子といったセクシュアリティと血縁による関係だけがケアの関係性を構成するものではなく、また構成できるわけでもない。家族は、私たちにとって大切な関係性であるが、そのすべてを担う力をもっているとは限らない。家族が貧困や暴力などの問題をかかえることによって、ケアを担う力をもたない場合には、家族は家族として十分機能していないと考えねばならない。夫婦や親子といった家族の形の外に出てはじめて、生存が保障される場合もある。

　また、単独世帯で、身近な性的パートナーや血縁者がいない人々も、また子どもや親がいるが事情によってケアを受けられない人々も、ケアを受ける必要は同様にあり、その権利がある。とすれば、私たちの社会はそれを保障していかなければならないし、それこそが社会の存在意義なのである。

　いずれにしても、人はただ生きているのではない。人間らしく尊厳をもって生きることが必要であり、私たちの生存は、家族のなかだけでなく、地域や学校、職場など、さまざまな他者とのつながりのなかで可能となっている。したがって、家族だけに目を向けるのではなく、家族が置かれている社会全体をみすえつつ、家族のありかたと、私たちのより良い生きかたを探求していかなければならない。家族は（そしてジェンダーも）変化するものであるから、そのありかたを、人々がそのなかにあって尊重されて生きていくことができるように、私たち自身が変えていくことが必要なのである。

　最後に一点、述べておきたい。本章は、ケアの関係性を述べるにあたっ

て、特にケアを受けることが必要な子どもや高齢者に焦点をあててきた。しかし、ケアの関係性は、決して福祉的な意味のみに回収されるものではなく、より全人的な関係性であることにも言及してきた。そのようなケアを受けることが私たちにとって必要不可欠であるとすれば、私たちが誰か他者をケアすることもまた、必要とされていることだといえよう。ケアの関係性から考えるということは、このように他者からケアを受けるだけでなく、ケアを他者に行うものとして社会の成り立ちを考えることでもある。教育福祉学との関連で言うならば、その学問的な出発点には、人を尊厳をもって生きるべき社会的存在と考え、その生を支えあうという思想がある。そのきずなの一つが本章で述べてきたケアの関係性であり、その一部を、もっとも親密な関係性において担うのが家族なのである。

注
1 ここで「多くの場合」というのは、そのほかに、出産後に養子となる場合や、養護施設等で育てられる場合、そして近年の生殖補助技術の普及によって、妊娠・出産をしてくれた女性が代理母である場合などがあるからである。
2 近年、「家族」を含むより広い関係性として「親密圏」という概念を用いることがある（ギデンス、1995　齋藤、2003　筒井、2008）。また、このような「家族」のとらえ方にもとづいて「家族」の元型を母子関係にもとめるフェミニストもいる（ファインマン、2003）。
3 『平成22年国勢調査概要』総務省統計局（http://www.stat.go.jp/data/kokusei/2010/sokuhou/pdf/gaiyou1.pdf）。
4 「世帯」とは住居及び生計を共にする者の集まり又は独立して住居を維持し、若しくは独立して生計を営む単身者をいう。より詳しくは、総務省統計局（http://www.stat.go.jp/data/kokusei/2010/users-g/word2.htm）、国立社会保障・人口問題研究所、2011、p.115。「一般世帯」とは全世帯のうち、「施設等の世帯」（寮・寄宿舎、病院・療養所、社会施設、自衛隊の営舎、矯正施設等）の居住者を除いた世帯である。単独世帯は、全世帯の29.2%である（2005年国勢調査結果。典拠は同上。）
5 国立社会保障・人口問題研究所前掲書、p.119。三世代同居家族は、実際には、昔はそれほど多くなかった。近代になるまで、現代よりはるかに寿命が短かったことや、また地域によって慣習として家族の形が大きく違っていたことが理由である（鬼頭、2000　速水、2001）。
6 厚生労働省『平成18年度全国母子世帯等調査結果報告』（http://www.mhlw.go.jp/bunya/kodomo/boshi-setai06/）

7 国立社会保障・人口問題研究所前掲書、p.104、厚生労働省大臣官房統計情報部『人口動態統計』(http://www.e-stat.go.jp/SG 1 /estat/)。1960年代までの母子家庭の大半は、父親の戦死を含む死別によっていた。離別母子家庭の貧困は社会問題となっていて、非常に不十分ながら1961年に児童扶養手当制度が設立されている。

8 性的パートナーが同性の場合、日本では正式な婚姻が認められていないが、ヨーロッパを中心として幾つかの国々では法的権利が保障されている（杉浦他、2007）。

9 「核家族」とは、日本政府の統計においては〈夫婦もしくは１人親と未婚子〉をさし、そのうち特に〈夫婦および未成年の未婚子〉は、第二次世界大戦後の社会保障制度において家族の標準型と位置付けられた。最近の家族社会学では、これが社会規範的な機能を果たしたことを認識し、「標準型家族」「典型的家族」と呼ぶ。

10 ジェンダーとは、人々を男性と女性という二つの性に分類し、両者のあいだに社会的・文化的に構築した差異的関係性である。したがって、その差異のありかたは生物学的に決定されたものではなく、社会的・文化的な多様性がみられ、歴史的に変化する。

11 「遊び」は『子どもの権利条約』第31条にあるように大切な子どもの権利である。

12 最近、離職した母親が出産後に再就職する時期が早まっているという指摘があり、父親１人が経済的責任をになう期間は短くなっている可能性がある（本田、2010）。しかし、再就職後の母親の収入は、大半が非正規雇用となるために低く抑えられるから、父親の経済的な責任がそれほど軽くなるわけではない。

13 20～24歳以外のすべての年齢階層で、男性より女性の貧困率が高い（内閣府、2010、p.78）。

14 「配偶者からの暴力の防止及び被害者の保護に関する法律」では、暴力とは「身体に対する暴力」および「心身に有害な影響を及ぼす言動」である。

第4章　人権とヒューマンセクシュアリティ

東　優子

1．性と社会

セクシュアリティの定義

性器官（sex organ）、性差（sex differences）、性役割（gender role）、性同一性障害（gender identity disorder）、性教育（sexuality education）など、日本語ではすべて「性」という語が使われている。言葉の英語訳をみると、セックス、ジェンダー、セクシュアリティという3つの異なる概念に置き換わることがわかる。研究分野によってそれらの定義は微妙に異なるが、性科学（セクソロジー）では、生物学的次元と社会・文化的次元にわけてセックスとジェンダーが用いられる。そして、こうしたセックスやジェンダーを含む包括的概念がセクシュアリティである。

「セクシュアリティは、人間の生涯を通じた中核的な特質のひとつで、セックス、ジェンダー・アイデンティティおよびジェンダー役割、性的指向、エロティシズム、喜び、親密な関係、生殖のすべてを含む。セクシュアリティは、思考、幻想、欲望、信念、態度、価値、役割、行動、実践、役割、人間関係などを通じて経験され、表出する。セクシュアリティは上記側面のすべてを含みうるが、これらのすべてが経験され、あるいは表出するわけではない。セクシュアリティには、諸要素（生物学的・心理学的・社会的・経済的・政治的・文化的・倫理的・法的・歴史的・宗教的・スピリチュアルな側面）の相互作用が影響する。」（WHO・PAHO/WAS、2000）

セクシュアリティは、「自然」や「本能」によって規定されるものではない。1964年にSIECUS（米国性情報教育協会）が創設された当時、教育学者カーケンダール（Kirkendall, L.A）と産婦人科医カルデロン（Calderon, M.S）は、そのことをわかりやすく「セックスは両脚の間に、セクシュアリ

ティは両耳の間にあるもの」と表現した。両耳の間にあるものとは大脳新皮質を指す。

私的領域と公的領域の連関

セクシュアリティは「自分らしさ」を構成する中核的な特徴のひとつである。そして、個人のありようや行動は、学習された態度・行動パターン、社会地位や経済状況、社会的役割期待・規範など、社会ありよう（社会的環境・構造）と深く結びついている（図4-1）。ごく個人的に思える問題、個人が直面する「生きづらさ」や対人関係や家庭内で起こる問題にも、つねに社会のありようが影響している。こうした私的領域と公的領域の連関を簡便に表現したのが、1960～70年代に展開された第二派フェミニズムの有名なスローガン「個人的なことは、政治的なこと」（The personal is political）である。

たとえば、DV（ドメスティック・バイオレンス）という問題について、「喧嘩するほど仲がいい」、「夫婦喧嘩は犬も食わない」という言葉がある。従

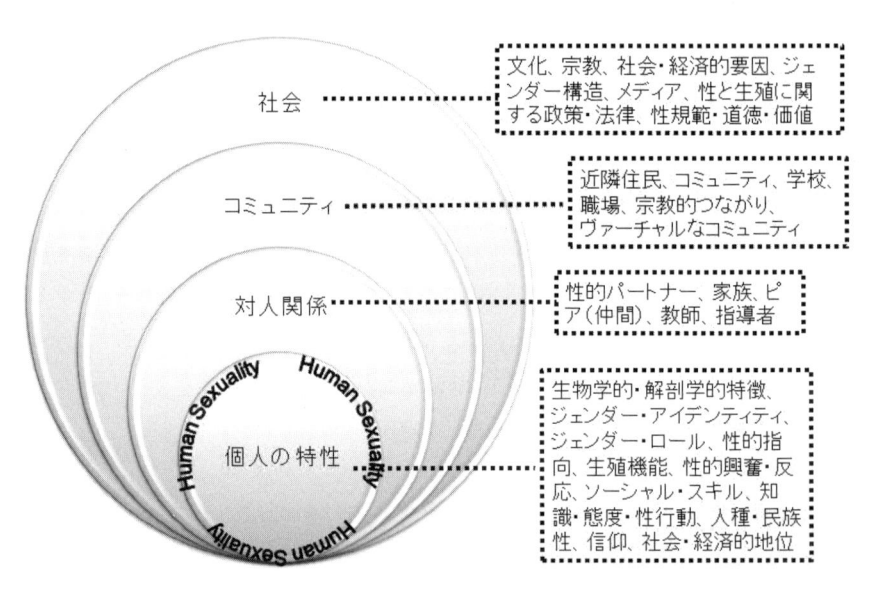

図4-1　セクシュアリティの多次元性と、私的・公的領域の連関

- 社会：文化、宗教、社会・経済的要因、ジェンダー構造、メディア、性と生殖に関する政策・法律、性規範・道徳・価値
- コミュニティ：近隣住民、コミュニティ、学校、職場、宗教的つながり、ヴァーチャルなコミュニティ
- 対人関係：性的パートナー、家族、ピア（仲間）、教師、指導者
- 個人の特性：生物学的・解剖学的特徴、ジェンダー・アイデンティティ、ジェンダー・ロール、性的指向、生殖機能、性的興奮・反応、ソーシャル・スキル、知識・態度・性行動、人種・民族性、信仰、社会・経済的地位

来、夫婦や恋人などの間で起こる問題は、社会が取り上げるほどのことではなく、「民事不介入」が原則とされてきた。

　暴力に悩む被害者に対して、「嫌なら別れればいい」、「そんな相手を選んだのはあなた自身」と批判することを犠牲者非難（自業自得論）という。しかし、DVにおける暴力とは、パワー（力・立場）の違いを利用した一方的な支配的言動を意味する。「逃げれば済むこと」と言うが、苦痛や痛みを伴いながらも被害者がその場、その関係から逃げないのは、「逃げられない構造」があるからである。そして、そうした二者のパワーの違い、被害者が置かれているディスエンパワメント（disempowerment）[注1]およびパワーレス（powerless）な状態というのもまた、個人およびカップルを取り巻く社会的環境・構造が生み出すものなのである。

　国連「女子差別撤廃条約」（1979年）は女性に対するあらゆる暴力を人権侵害と位置づけた。こうした国際社会の動向が後押しとなって、日本でもようやく、2001年に「DV防止法（配偶者からの暴力の防止及び被害者の保護に関する法律）」が成立し、施行されている。しかし、国内で夫婦間の暴力が人権侵害であると認識された歴史が浅いだけに、課題も多い。犠牲者非難は当事者にも内面化され、暴力の被害者が「私（僕）も悪かったから」とか「私（僕）が悪いから」ということは珍しくない。またこの法律は、婚姻関係や事実婚（内縁）関係にはない恋人間のDVについて対応できておらず、同性カップルなど性的マイノリティの直面している問題も不可視化されたままである。社会が明確に「人権問題」と認識しない事柄については、負の影響を被っている当事者でさえ、それを「問題」として認識することが難しくなる。

誰の、何が問題なのか

　望まない妊娠と人工妊娠中絶、エイズと性感染症、性暴力、DV（ドメスティック・バイオレンス）やデートDV、人身取引と強制的性労働、援助交際や児童買春、セックスレス、若者の草食化とセックス嫌いなど、国内で話題になっているものだけを取り上げても、「性の諸問題」は枚挙にいとまがない。

　こうした「問題」をめぐるさまざまな言説を丁寧にみていくと、あるこ

とに気づく。たとえば、「10代の性行動」をめぐり、それを「問題」としてする立場と自己決定の問題だとする立場の違いがある。「蝕まれる若者の性の健康」、「子どものセックスが危ない」（過激化・さかんな性衝動・失われたモラルと自尊心）、「私たちの性を取り巻く恐ろしい危機の実態」など、近年刊行された書籍のタイトルを列挙するだけでも、10代の行動が「問題」とされている程度が伝わってくる。性の低年齢化が引き起こす負の影響を懸念する社会では、初交年齢の遅延が性教育の効果評価における重要な基準のひとつになる。当人である若者たちは、セックスをするかしないかは自分たちの勝手だと考える。「援助交際」についても、それを性的自己決定の問題だと主張する声もある。

さらに興味深いことに、初交年齢が遅延され、10代が性的に不活発になることだけが大人社会の理想とするところではない。最近の流行語である「草食化」に関連して、若者の間で広がる「性の不活発層」を「問題」とする声がある。厚生労働省研究班「男女の生活と意識に関する調査第5回」の報告書によれば、「セックス（性交渉）への関心に関心がない・嫌悪している」と回答した人は男性18％、女性48％で、2008年調査との比較で男性（7ポイント）・女性（11ポイント）ともに増加している。また年代別で最も高かったのが16〜19歳（男性36％・女性59％）で、前回調査（男性18％・女性59％）から倍増しているという。この調査を実施した北村邦夫は若者の間に広がるセックス嫌いを重大な問題とし、「日本は『性』で滅びる」と警告する（北村邦夫、2011）。

ちなみに、「性の不活発層」でとくに問題とされる対象は、もっぱら若い男性である。伝統的性役割観、性規範を背景として、若い女性が性に対して無知・無関心であることに関して社会はそれを「問題」とは指摘しない。このように、性の諸問題における「誰の、何が問題なのか」は発言者の立場によって、あるいは社会の都合によって、さまざまに異なってくる。

国際社会における異なる価値観の対立

異なる文化・宗教を背景とする国際社会では、性と人権をめぐる価値観の違いがさらに明確になる。日本のように堕胎法が存在しながらも、母体保護

の観点から条件つきで人工妊娠中絶を認めている国・地域が多いなかで、宗教上の理由で強姦された被害者が中絶する権利を認めていない国もある。合法的に中絶することができない状況に置かれた少女や女性たちは、国外に出るか、そうした経済的余裕がなければ国内で不安全な「闇手術」を受けるしか選択肢がない。WHO（世界保健機構）の推計によれば、2008年に施行された不安全な中絶手術は約1260万件で、その結果死亡した件数は全妊産婦死亡の13%を占めるという。

　1973年の連邦最高裁判決で中絶が合法化された米国でも、中絶を殺人だとする反対派（プロ・ライフ派）と基本的人権だとする賛成派（プロ・チョイス派）が激しく対立している。過去には一部の過激派が中絶クリニックを爆破する事件も数件起こっており、「中絶戦争」という言葉まで生まれている。2009年にも中絶を行なっていた医師が射殺される事件があり、これをきっかけに論争が再燃化した。

　1994年にエジプト・カイロで開催された国際人口開発会議（ICPD）では、「リプロダクティブ・ヘルス／ライツ」という概念が公式に提唱された。リプロダクティブ・ヘルス／ライツを直訳すると「生殖に関する健康と権利」となる。しかし、この会議ではそれ以上の内容が議論され、次の事柄が重要課題として確認された。1）普遍的な教育の提供、2）乳幼児および妊産婦死亡率の削減、3）家族計画の推進・介助者のもとでの出産・HIV/AIDSを含めた性感染症の予防を含めた包括的ヘルスケアへの普遍的アクセスの確立、を具体的目標として各国が取り組んでいく必要性。

　ところが、家族計画（避妊）や中絶、あるいは性の自己決定権を含む内容について、世界179カ国の代表が出席する会議で合意を形成するには困難が伴う。たとえば名称について、草案の段階で提案されていたのは「性と生殖に関する健康と権利」である。ところが「性の健康と権利」には、未婚・婚外性交渉、同性間性交渉、同性婚など、参加国によっては禁止政策や刑罰の対象としている事柄が含まれてくるため、強い反対意見が提出された。そこでさまざまな政治的かけ引きの末、名称については「リプロダクティブ・ヘルス／ライツ」とし、その説明において「性の健康と権利」に言及する、という玉虫色の決着をみることになった。

第Ⅰ部　教育福祉学の基盤［人間の尊厳と多様性］

教育界の市民戦争

　米国で「教育界の市民戦争」と呼ばれる、性教育（禁欲教育vs.包括的セクシュアリティ教育）をめぐる論争にも、異なる価値観の対立を確認することができる。この国では、全妊娠の半数近くが望まない妊娠で、毎年1900万人（15〜24歳人口では約半数）が性感染症に罹患し、HIV陽性者の推定数は110万人にのぼる。18〜44歳の女性11％と男性2％がセックスを強制された経験をもち、女子大学生の20〜25％が大学生活においてレイプの被害（未遂を含む）を経験するなど、性に関連する社会問題が山積している。

　HIV感染が社会問題化して以降、それまで性教育に反対していた人々でさえ、子どもたちへの情報提供・指導など、積極的介入が必要だという認識を共有するようになった。しかし、「性教育に関する6W2H」、つまりWho（誰が）・What（何を）・When（いつ）・Where（どこで）・Why（何を目的に）・To Whom（誰に）・How（どのように）・How much（どれだけ）の情報・教育を提供すべきか、をめぐる立場の違いによって、米国における性教育は、禁欲教育派と、包括的セクシュアリティ教育派に大別されるのである。

　一般には、性的に開放的で自由なイメージがもたれる米国だが、初期入植者である清教徒（ピューリタン）がそうであったように、結婚している男女が生殖を目的に行なうセックス以外を否定する態度は根強い。「禁欲のみ教育」（Abstinence-only Education）に分類されるプログラムでは、これに参加する若者が「結婚までセックスをしない」という誓いをたてる。セックスがもたらす負の影響（望まない妊娠、性感染症、性暴力、心理・精神的ダメージなど）に特化した情報は提供されるが、避妊や性感染予防に関する情報や手段の提供はおこなわれない。一方の包括的セクシュアリティ教育プログラムでは、リスク・リダクション（危険因子の減少）を重視し、コンドーム教育を含めた具体的な情報・手段の提供および指導がおこなわれる。

　米国では政権が交代するたびに、こうした性に関する情報・教育を取り巻く環境が大きく変化する。レーガン政権時代のSay No to Sexキャンペーンに象徴されるように、共和党政権は禁欲教育推進派である。民主党・クリントン政権の初代公衆衛生長官エルダース（Elders, J.）は、早期セクシュアリ

ティ教育を積極的に推進した。次の共和党・ジョージ・W・ブッシュ前大統領は、禁欲教育を行なわない国内外の性教育やヘルス・ケア・プログラムには国家予算を支出しないという政策を実施した。これによって、運営に支障をきたした団体・組織は少なくない。

　性をめぐる価値観の対立は、政治の道具となる。毎回の大統領選挙では、中絶や同性婚に対する賛成・反対の立場が公表され、それが得票数を左右すると考えられている。最近では「同性婚を禁止するのは違憲」とする声明を出し、同性愛者の若者のいじめ・自殺問題にも政治的リーダーシップを発揮している民主党・オバマ大統領だが、選挙中は同性婚に反対する立場を表明していた。前出の公衆衛生長官エルダースは、これも政治的かけ引きの犠牲となって、任期半ばにして要職から罷免された。その直接的理由とされたのは、「HIV予防のためにマスタベーションを奨励すべき」という、国連エイズ会議での発言だった。避妊・中絶、同性婚と同じく、マスタベーションも宗教的・社会的禁忌事項のひとつなのである。

2．エイズ30年の教訓

　1980年代に始まる人類とエイズの闘いも、1999年をHIV感染の世界的流行（パンデミック）のピークとして、近年は明るい兆しが見えてきたとされる。その主要な要因は、アフリカなどにおける予防対策の成果と抗レトロウイルス薬（ARV）治療の普及にある。

　エイズの歴史には人類vs.ウイルスとは別の、伝統的価値観との闘いが存在してきた。約20年前、WHO世界エイズ対策本部長（当時）は「HIV感染は私たちの弱みにつけ込んで拡大する。性について語りたがらない私たちの文化を滋養に成長する。人間社会が古くから抱えるさまざまな弱みを利用し、（中略）私たちの精神的な弱点、とくに恐怖心と心の狭さをもてあそぶ」（p.13）と述べた。2001年の国連エイズ特別総会（UNGASS）「HIV/ AIDSに対するコミットメント宣言」でも、パンデミックの拡大パターンの分析から得られた教訓として、以下が明記されている。

- スティグマ、沈黙、差別および拒絶、ならびに守秘義務の欠如が、予防・ケア・治療に向けた努力を阻害し、個人・家族・地域社会および国

家に対する影響を増大させる（第13段落）
● ジェンダー平等および女性のエンパワメントが、女性および少女のHIV/AIDS に対する脆弱性を軽減する上で根本的な要素である（第14段落）

パンデミックの拡大パターンには2通りある。そのひとつは、サハラ砂漠以南のアフリカ諸国にみられる女性の間で拡大するHIV感染であり、もうひとつが、その他の地域に共通してみられるMSM（男性とセックスする男性）・IDU（薬物使用者）・SW（セックスワーカー）における感染拡大である。HIV感染の影響をもっとも受けているのは誰か、その要因は何かを分析していくと、「人権問題としてのエイズ」が浮かび上がってくる。

ジェンダーの不平等と女性のエンパワメント

パンデミックの最も強い影響を受けている地域は、サハラ砂漠以南のアフリカ諸国である。2240万人というHIV陽性者数は、世界の全陽性者数の67％に相当する。2008年1年間の新規感染は190万人で、世界全体の71％を占める。この地域における死亡原因の第1位はAIDSであり、世界におけるエイズ関連死亡者数（2008年）の72％がこの地域に集中している。とくにHIV陽性者の約60％は少女・女性である。15〜24歳のHIV陽性率では、少女・女性は少年・男性の8倍にものぼる。そこで、国連事務総長（当時）は2002年に「アフリカにおけるAIDSは女性の顔をしている」という声明を発表した（図4-2）。

UNAIDS（国連エイズ合同計画）では、毎年12月1日の「世界AIDSデー」に向けてキャンペーン・テーマを発表している。1990年のテーマ「女性とエイズ」（Women and AIDS）、2000年の「エイズ、男性が違いをつくる」（AIDS Men Make a Difference）、2004年の「女性、少女、HIVとエイズ」（Women Girls HIV and AIDS）など、「ジェンダーの不平等」は世界が取り組むべき重要課題として繰り返し取り上げられている。しかし、UNAIDSは2004年に「HIV感染予防戦略は、女性・少女を守ることに失敗してきた」という声明を発表し、従来の取り組みにおける問題点を次のように指摘している。

HIV感染予防戦略の典型例は、ABCアプローチと呼ばれるものである。

ABCは、禁欲（Abstinence）・相手に誠実・忠実であること（Be faithful）・コンドーム（Condom）の頭文字を組み合わせたもので、これらを実践することが感染予防になると呼びかけられている。ABCに代表される従来の戦略は、誰もがセックスをするかしないか、コンドームを使うか使わないかを自由・平等に自己決定できる（現状ではできていなくても、やればできる）ということを前提としている（その前提が現実である場合は、有効性を発揮する）。しかし実際には、世界の女性陽性者の典型的な感染経路は、一人の相手（夫やボーイフレンド）との性行為なのである。少女・女性がABCを実践できない理由の背景には、彼女たちが置かれている社会的環境・構造があるのであって、個人の行動や選択に影響を及ぼす、ジェンダー役割やその他もろもろの不平等に配慮しない戦略メッセージは、現実的な意味をもたない。

UNAIDSは女性たちが被っている被害を人権問題に具体的にアプローチすべく、「女性とエイズに関する世界連合」を立ち上げた。そして、新しい戦略における重点課題を１）女性に対する暴力を減らすこと、２）女性と少女の財産権・相続権を守ること、３）女性と少女のためのケアと治療への平等なアクセスを確実にすること、４）女性と少女に焦点を当てた改善された地域密着型ケアを支援すること、５）女性用コンドーム、殺ウイルス剤など新しい予防ツールへのアクセスを促進すること、６）すべての少女へ教育

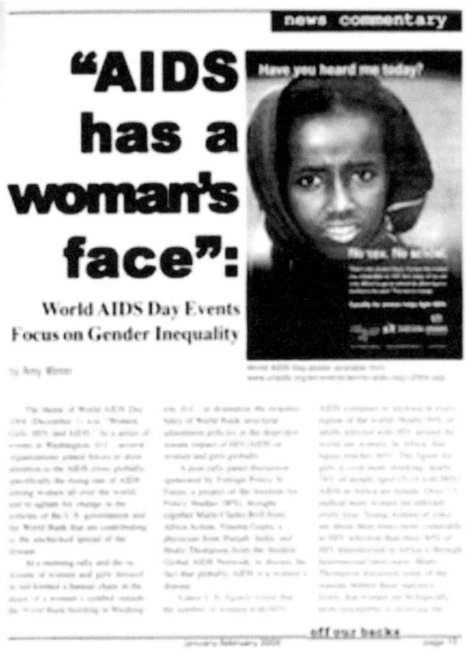
news commentary

“AIDS has a woman's face”:

World AIDS Day Events Focus on Gender Inequality

Have you heard me today?

off our backs

図4-2：エイズは女性の顔をしている

出典：Amy Winter“AIDS has a woman’s face”: World AIDS Day Events Focus on Gender Inequality. Off Our Blacks, Jan/Feb2005, Vol. 35 Issue 1/2, p15.

を提供する努力を支援すること、としている。

スティグマ、沈黙、差別および拒絶がもたらす影響

サハラ砂漠以南のアフリカ地域を除く、世界のほとんどの地域において「もっとも影響を受けている人口集団」（most affected population）として指摘されているのが、MSM（男性とセックスする男性）・IDU（薬物使用者）・SW（セックスワーカー）である。

日本を含むほとんどの国では、薬物使用やセックスワークに対する禁止政策がとられており、ハーム・リダクション（harm reduction）[注2]やリスク・リダクション（risk reduction）[注2]が十分な効果をあげられずにいる。同性間性交渉を犯罪化し、刑事罰（罰金刑、鞭打ち刑、石打ち刑、絞首刑など）の対象としている地域も、世界に数十カ国存在している。

法制度、スティグマ・沈黙・差別・拒絶のありようは、HIV感染を悪化させる。こうした要因は当該集団を「接近困難層」にし、保健医療などHIV関連サービスへのアクセスを阻害する。国連の報告書によれば、「自国で提供されている、HIV抗体検査やコンドーム配布など、HIV関連サービスへの認知度」を調査したところ、対象となった世界27カ国の平均値で、SW（60.4％）、IDU（46.1％）、MSM（40.1％）はいずれも低い値を示している。トランスジェンダー、服役者、エスニック・マイノリティ、移住労働者、避難民、ホームレスや路上生活者などもまた、HIV感染への高い脆弱性にさらされている人々として、注目されている。

日本の新規感染の7割は男性同性愛者

アフリカにおけるエイズの「顔」が女性ならば、日本の場合はMSMである。2011年に発表された厚生労働省「エイズ動向委員会」の報告における新規感染の、じつに7割が男性同性愛者で占められている。

ところが、「新規感染の7割」という深刻な事態にもかかわらず、国会でこの問題が取り上げられたことは一度もない。つまり、この問題に対する政治的リーダーシップおよびコミットメントの欠如を指摘することができる。さらに、若者へのHIV感染予防戦略が積極的に展開されるなかで、それが

対象とする「若者」には同性愛者の存在が、まるで想定されていないかのように、不可視化されている。健康保険制度や医療サービスがいかに整っていようとも、宗教的理由から同性愛を非合法とする諸外国とは状況が異なっているといえども、「7割」という数字は、この国における同性愛者の人権が重大な問題に直面していることを物語っている。

「少女・女性たちを守ることに失敗してきた」というHIV感染予防戦略が今後の課題としたのは、「ジェンダーの平等」と「女性のエンパワメント」、つまり人権問題への取り組みである。女性に限らず、同性愛を法律で禁止している国・地域に限らず、社会的に排除されている人々が直面しているディスエンパワメント（disempowerment）[注1]やパワレスネス（powerlessness）[注3]な状態が、彼らの性の健康を危険にさらす重大な要因となる。

3．性を健康と権利

「健康」戦略

健康を享受することは、国内外の公文書で保障された基本的人権である。「性の健康」を推進することの重要性は、前出のカイロ会議のほかにも、さまざまな国際会議で言及されている。1995年に北京で開催された第4回世界女性会議「行動綱領」においても、「女性の人権には、強制、差別および暴力のない性に関する健康、およびリプロダクティブ・ヘルスを含め、自らのセクシュアリティに関する事柄を管理し、それらについて自由かつ責任ある決定をする権利が含まれる」と明記されている。さらに、世界性の健康学会（WAS）では、「性の権利宣言」（1999年）および「モントリオール宣言」（2005年）を発表している。以下は、WHOによる「性の健康」の定義である。

　　性の健康とは、セクシュアリティに関連して、単に疾病や機能不全がないとか虚弱でないというばかりでなく、身体的、情緒的、精神的、社会的に良好な状態にあることを指す。性的に健康であるためには、セクシュアリティと性的な関係について肯定し、尊重することが必要とされ、同時に楽しく安全な性的経験が持てる可能性を持つこと、強制、差別、暴力から自由である

ことが必要とされる。性の健康が達成され、維持されるためには、あらゆる人々の性の権利が尊重され、保護され、実現されなければならない。

「性の権利」が登場する公文書では、もっぱらそれが「健康問題」であることが強調される。公衆衛生という文脈では、「誰の、何が問題なのか」が政策にどう反映されるかによって、ある人たちにとって問題解消に有効でも、べつの人たちの人権侵害につながることがある。健康という概念には、つねにある種の危うさが伴う。

それでもなお、性に関する事柄が「健康問題」として語られるのには、それなりの理由がある。「健康を享受することは基本的人権である」という上記の説明もその通りではあるが、それと同じくあるいはそれ以上に、セクシュアリティをめぐって異なる価値観が対立する社会においては、健康概念が戦略の有効な道具になる。

国内の「性同一性障害」をめぐる動向は、その証左となる代表例である。「自然は多様性を好むが、社会がそれを嫌う」と言う言葉があるが、伝統的な性別概念に収まりきらない性のありようは、差別・偏見・スティグマの対象にされやすい。それが「多様な性のありようのひとつ」というだけでは、社会はこれを人権問題とは認識しない。当事者の苦悩を正当化し、性別適合手術の実施を正当化する「性同一性障害」という疾患概念が導入されたからこそ、保守的といわれる日本がこれを社会的に認知し、「性同一性障害特例法」が成立したのだといえる。つまり疾患／健康概念は、従来「変態性欲問題」としか認識されてこなかった事柄を「人権問題」に変換させる文化的装置になるのである。

セクシュアリティに関する言説とリテラシー

ところで、2012年と2015年に国際的診断基準（DSMとICD）が改訂されるにあたり、1980年代以降に登場した「性転換症」あるいは「性同一性障害」という精神疾患概念に対する批判が高まっている。1970年代までは、同性愛もまた精神疾患のひとつと考えられていた。しかし、「医学的知識の応用は技術的に中立的なものではなく、政治的な営みである」という近代精神医学

への批判を背景に、同性愛は国際的診断基準から削除されることになった。これと入れ替わるようにして、国際的診断基準に登場したのが、「性転換症」あるいは「性同一性障害」である。

「何がどうである」「何がどうであるかもしれない」「何がどうであるべき」ということは明確に区別されるべきである。しかし、実際はそうではないことが多い。一般に、私たちは性について語ることが苦手である。性に関する「語り」で、個人のある種の感情や態度が伴わないものはない。それは日常の雑談であれ、科学的言説であれ、である。そして個人の感情や態度あるいは社会の都合は、「事実」さえも変色させることがある。さらに「何がどうあるべきか」は常に意見がわかれるところであり、流動的なものである。[以上は、私の恩師である性科学者ミルトン・ダイアモンド（Milton Diamond）の教えである。]

医学的知識の応用をめぐる意見の対立、性教育をめぐるアプローチの違い、セックスワークは女性の人権侵害か労働権の行使かといった意見の対立、中絶は殺人として禁止すべきか、権利として認めるべきかといった古くて新しい論争など、セクシュアリティあるいは性の諸問題をめぐる「語り」はさまざまにある。性を扱う際は、こうした言説に付与された諸要素を読み解く力（リテラシー）を向上させることが重要である。そのためにも、まずは、自分自身の感情や態度、価値観とまず向き合うことが重要となる。

注
1　エンパワメントの対義語。差別的・抑圧的な環境によって、人々が無力な状態に追いやられること。
2　ハーム・リダクションやリスク・リダクションの字義は、「危害」（harm）や「危険」（risk）を「減らすこと」（reduction）である。しかしたとえば、薬物使用者を対象とするプログラムでは、薬物使用そのものではなく、薬物使用に伴う諸問題（過量摂取による生命の危険、血液由来の感染症、家族・友人との人間関係の不調、就業・就労など社会的機能不全など）を「危害」や「危険」とみなし、これらを解消することに特化した教育・予防・治療をおこなう。
3　差別的・抑圧的な環境によって、個人の素質や能力（power）が発揮できない状況にあること。

第5章　子どもの貧困
－社会的排除と学校教育－

西田　芳正

1．貧困の拡大とその背景

貧困問題の深刻化

　1990年代の半ば以降、「格差社会」への関心が高まり、「不平等」「格差」といった言葉をタイトルにした本や特集した雑誌が相次いで出版された。そして近年では「貧困」という言葉まで使われ始めている。「日本社会はたいへんな事態に立ち至っているのではないか」、そんな危惧を抱く人も少なくないだろう。

　「豊かな社会」「平等な社会」だと多くの人々が感じていた日本社会で、こうした現象が起こるに至った要因、背景は何なのか、そもそも貧困とはいかなる生活を指すのかについて整理し、それらを踏まえて、学校教育として貧困問題に対して何ができるのか、なすべきなのかを検討することが本章の課題である。その際、手がかりとして「社会的排除」という考え方を提示する。排除という視点からは、困難な状況で育つ子どもたちに対して学校教育がこれまでどのような存在であったのかが検討課題として浮かび上がってくる。

TVに映し出された貧困

　問題として広く語られ始めているが、人々の生活のなかで貧困がどのような姿をとって現れているのか、具体的にイメージできる人は限られている。安定した生活を営む人々が困難な生活状況に置かれた人たちと接する機会は限られているためである。

　そこで、テレビの報道番組で紹介された事例を取り上げ、そうした生活を生み出した要因について考えてみよう[注1]。

第5章　子どもの貧困　－社会的排除と学校教育－

事例１）妻と死別した男性は、勤めていた会社の業績不振でリストラされてしまった。40代という年齢のため正社員の職は見つからず、やむなくガソリンスタンドで深夜に長時間アルバイトをして生活費を得ている。子ども２人のために蓄えていた進学資金も取り崩してしまったが、「子どもを大学にやるのは親の責任、自分がもっとしっかりしなくては」と言葉をつまらせた。

事例２）幼い子ども２人を抱えて離婚した母親。パートの仕事しか見つからず、それさえも子どもの看病で休んだことが理由で解雇された経験を持つ。現在は昼間と深夜のパート仕事を掛け持ちし、児童扶養手当も合わせてようやく生活を成り立たせている。「子どもが巣立っていくまであと10年、たとえ自分の身体がボロボロになっても」と語る彼女は、国が進める自立支援策が自分にとっては利用できない仕組みであることに憤り、「自分たちにはまだ自助努力が足りないということか」と「自立支援」の意味を問いかけている。

事例３）夫は勤めていた会社が業績不振で退社に追いこまれ、現在は電気工事の請負の仕事。妻は３人目の子どもができたため続けていたパート仕事を辞めざるを得ず、生活費がギリギリの状態。子どもの医療費も切り詰め、小学生の子どもは学校で必要な習字道具をがまんしている。

事例４）小学校の保健室の風景。家庭での食事がままならない子どもに、ストックしていた牛乳と栄養補給食品を与えて教室に戻す養護教諭の姿。

事例５）繁華街でゴミ箱に捨てられた漫画本を集めて金に換える30代半ばの男性。中学時代に両親が離婚、母子家庭となり、その後母親が家に帰らなくなる。高校時代はアルバイトに明け暮れて生活費を稼ぎ、就職活動もできないままに卒業。30過ぎてバイトも見つからなくなり、ホームレス生活に至る。「子どもの頃、他のことなら負けないけど、お金がかることはどうしようもない。夢を見ることもなくなっていった」と語っている。

現代社会の貧困を捉える見方

ホームレスの若者を除く他の事例では、家族が住んでいる部屋には電器製品がそろい、普通の食事風景などが映し出されていた。そんな映像を目にし

て、「貧困」と表現されることに違和感を覚えるという人もいるかもしれない。「貧困という言葉からは、たとえば栄養失調で今にも息絶えそうなアフリカの難民の子どもの姿が浮かぶのですが、、、」と。また、離婚したことがそもそもの原因ではないか、父母が無責任ではないか、ホームレスの若者については「部屋を借りるくらいできるだろうに」といった感想を抱く人もいるだろう。

　貧困問題を議論する際、生存すら脅かされる生活のあり方と先進国で現れる貧困を区別するために、「絶対的貧困」と「相対的貧困」を分けて考えることが通例である。大多数が豊かな暮らしを実現している社会では、人間として当然とされる最低限度の生活水準があり、それを実現できていない生活を貧困と見なす立場が後者である。現在世界的に通用している貧困のモノサシである「貧困率」は、この考え方を採用したもので、平均的な所得水準[注2]のさらに半分の線より低い所得で生活する人が占める比率で示される。ちなみに、最新（2009年時点）の日本のデータは16％、子どもに限ると15.7％で、悪化傾向が続いており、先進国の中ではアメリカに次いで、ヨーロッパ先進諸国と同程度のレベルに至っている。

　また、医療サービスを受けられない、食事を満足に摂れない子どもや大人がいるという現実は、「人として恥ずかしくない程度」どころか、文字通りの「最低限度の生活」すら実現できていない人々が確かに存在することを物語っている。

社会が生み出す貧困とその帰結

　それでは、こうした生活をもたらす要因はどのようなものだろうか。事例1）と3）のケースに見られるように、リストラ、倒産などにより安定した仕事が失われたことが最大の原因である。「フリーター」問題として注目されている状況も、正社員としての雇用が急減したことではじき出された若者が増加したことでもたらされた。

　このように、安定した正社員の働き口の減少が貧困の原因であると言うとき、そうした雇用からはじき出されてきた層が以前からいたことを忘れてはならない。男性に比して、女性に開かれた正社員の働き口は狭いものであり

続け、特に子育て中の女性が就労可能なのは低賃金のパート仕事がほとんどである。母子家庭の7割が貧困ライン以下の生活を強いられているが、母親たちは福祉給付に依存して生活しているわけではなく、長時間就労している母親が大半であるという実態にこそ目が向けられる必要がある。

　ところで、事例2）の母親が深夜に働いていたのはコンビニの売り上げデータを弁当工場に伝達する事務仕事だった。その情報が届けられる先では深夜の時間帯でもラインが稼働し、そこで働いているのは母子家庭の母親や外国人、リストラされた中年男性や「フリーター」の若者など条件の悪い労働を強いられる非正規労働者である。真夜中であっても安い弁当を買うことができる、便利で豊かな生活を私たちは当然視しているが、そんな暮らしを支えているのは長時間働いても貧困状態から脱することが困難な「ワーキングプア」の存在である。さらに、そうした構造から利益をあげている企業社会のあり方についても私たちは気づいておく必要があるだろう。

　また、事例のなかには離婚したケースがあった。離婚・家族の不安定化という近年の動向の背後には多様な要因があるが、安定した雇用と収入の減少がそのうちの大きなものの一つである。

　もう一点、企業とともに家族が人々の生活を支える重要な土台、つまりセーフティネットとして大きな働きを担ってきたこと、そして近年ではそうした支えが脆弱なものになってしまったことが、先の事例から、また多くの研究から明らかである。

　「部屋くらい借りることができるはずで、ホームレスになるなんて信じられない」という疑問については、街の不動産業者に問い合わせたことがある。その返答は「フリーターだと、家賃滞納を嫌がって家主が貸したがらない。源泉徴収票をつけて連帯保証人を立ててもらえば」というものだった。

　「大学の学費を出すのは親の責任」、「子どもが巣立つまで、自分がボロボロになっても」という親たちの切実な言葉は、子どもの生活、育ちが家族・親の頑張りに委ねられている「家族依存社会」としての現実を浮かび上がらせる。そして、「家族依存」の仕組みが変わらないままに、雇用の不安定化が進んだことなどが原因となり家族・親を頼れない子どもたちが急増しているのが実態である。表面的にはそう見えることがあったとしても、「親の頑

張りの不足」を問うことは見当はずれであり、また、若者本人の頑張りも認められないという現実に、多くの人が気づく必要があるだろう。

事例にはそれぞれ、貧困状態の中で育つ子どもの姿があった。貧困が子どもの身体面、精神面そして学力に至る非常に多くの側面で深刻な影響を及ぼすことを、欧米を中心に蓄積されてきた研究が明らかにしている。そして、子ども期に貧困を経験することは、その後の長い人生の全般にわたりさまざまなかたちで阻害要因となり続ける。それは、事例5）のホームレスの若者の姿に集約的な形で示されている[注3]。

2．排除型社会としての現代日本

見過ごされてきた貧困問題

第2次世界大戦の前、そして戦後も高度経済成長が本格化する1960年代までは、日本社会でも主要な社会問題として貧困は位置づけられていた。たとえば給食費を払えないため昼食をがまんする子どもは珍しい存在ではなかったのであり、「子どもの貧困」は教育研究、教育運動のなかでも重要なテーマとして掲げられていた。

しかし、こうした関心はその後急速に薄らぎ、テーマとして取り上げられることもなくなってしまう。経済成長を果たし「豊かな社会」を実現した日本では、「総中流社会」の到来などが語られていた。

では、日本社会で貧困問題は解消され、困難な生活を強いられる子どもはいなくなってしまったのだろうか。実態はそうではない。生活保護率、就学援助率などの指標を見ると、今日と比べれば非常に低い水準とはいえ貧困状態にある子どもは存在し続け、それに連続する層を「生活不安定層」として合わせて捉えるなら、社会の中である程度の比率を占め続けていたと言うべきだろう。

近年行われた貧困家庭に対する調査等において、対象者である親の世代が子ども時代に厳しい生活背景のなかで生まれ育ったという語りやデータが示されている。「豊かな社会」のただ中で「見えない」ところに追いやられていたとはいえ、貧困層・生活不安定層は存在し続けていたのである。

第5章　子どもの貧困　−社会的排除と学校教育−

格差拡大・貧困層増加の背景

「豊かな社会」の中で見えない存在となっていた貧困は、1990年代半ば以降日本においても急速に顕在化、深刻化の一途をたどり今日に至っている。その要因として3つの言葉を紹介しよう。

「グローバリゼーション」は国境を越え世界規模で経済活動が進められる事態を指している。そして、モノの作り方・売り方が、20世紀に主流であった大量生産・大量消費から、その時々に売れる最先端の商品を売れる限り生産し、素早く次の製品に乗り換えるかたちに姿を変えている（「ポストフォーディズム」）。さらに、これらの変化と並行して世界を席巻しているのが、企業の自由な経済活動、利潤追求を最大限に許すべきだとする「ネオリベラリズム（新自由主義）」の動きである。

これらが相まってもたらされたのは、製造業が海外に流出し、国内に残る事業所についてもコスト削減と柔軟な生産体制を可能にするために正規雇用の労働者を大幅に削減し、その時々に必要な労働力を安価に利用できる非正規雇用への代替が進むという事態であった。そして、雇用と生活を守るルール、セーフティネットは「規制緩和」と「民営化」の動きの中で次々に取り払われ、あるいは弱体化し、結果として社会の底辺部分にはじき落とされる人が増加している。その表れが貧困の増加に他ならない。

社会的排除という見方

欧米では貧困の拡大が日本より10年ほど早くに進み、それに対応して調査研究が蓄積され支援施策が展開されてきた。その中で、問題を捉える新しい概念として登場し、今や欧州の社会政策の主要なテーマとなっているのが「社会的排除」である。

「貧困」ではなく「排除」を切り口とすることのメリットとしては、経済的な苦境に限らない多様な側面で困難を抱える人々を対象とし、誰によって、どのようなプロセスで排除されるかを問題化することが可能になることがあげられる。そして、排除された人々が特定の地域に集中し、そこでの生活がさらなる排除をもたらすという、排除の地域的な顕れについても検討すべきテーマとなる。

ここまで描いてきたように、困難な状況にはじき落とされた人々が増加し、子どもたちの生活を脅かしている実態が広がっている。それでは、排除状態を軽減し、貧困を縮小していくために必要な手立てはどのようなものだろうか。

3．排除する学校

排除の悪循環と学校

貧困状態に置かれた人々が生み出されるプロセスを見ると、家族生活の困難が理由となって学校教育を十分受けられず、早期に学校を離れ、学歴・資格面の不利さによって不安定な職業にしか就けない、そして低い収入が新しく作る家族の不安定さにつながってしまうという、家族・学校・職業それぞれにおける不利、不安定さが原因・結果としてつながっていることがわかる。それらのつながりを、排除の悪循環と言い換えることができるだろう。

貧困を解消するためには、家族生活、職業生活での安定化が不可欠であり、福祉、労働における支援の充実、制度の改変が求められる。ここでは、悪循環を構成するもう一つの場である学校教育での支援について検討していこう。

以下で、社会の不平等なあり様と学校教育の関連を検討していくが、1960年代までは不平等を解消するための有力な装置として学校が期待されていたことを指摘しておこう。どんな親の元に生まれるかで子どもの職業が決められていた近代以前の社会（地位の配分原理が属性主義であった時代）から、学校教育が普及・拡大することにより、学校で努力し高い成績をあげれば、生まれに関わらず高い地位を達成できる（業績主義の）社会が実現すると多くの人々が期待し、実際に、「教育爆発」とまで呼ばれるほど多数の子どもたちが長期間にわたり学校で勉強を続ける時代が到来したのである。

しかし、「平等化を押し進める」という期待は現実によって否定されてしまう。確かに教育水準は上昇したが、生まれ育つ家庭の生活水準からくる有利不利が子どもの学歴水準を大きく左右し続けていることが、1960年代以降欧米先進国では繰り返し確認されている。そして日本においても、「東大生の保護者の学歴、収入が最も高い」といったデータに典型的に顕れている通

り、生まれ育つ家庭が恵まれた位置にあるか否かが次の世代の地位達成を規定し、不平等が世代間で再生産されている実態が欧米と同様に見出せるのである。

そのメカニズムを明らかにする研究は、教育社会学において「再生産論」と呼ばれるジャンルとして蓄積されている[注4]。ここでその知見について詳述する余裕はないが、生まれ育つ家族の経済資本と文化資本の多寡が教育達成を大きく規定している点が主要な知見である。

このように、家庭における排除が学校における排除につながっているのだが、それは自動的に進むプロセスではない。子ども本人、親、教師、周囲の人々など多様な人間の意識と行動がこのプロセスに関わっている。そこで次に、学校教育において教師が再生産のプロセスにどのように関わっているのかについての研究を紹介しよう。

再生産・排除プロセスにおける教師の存在

労働者階級出身の子どもたち、そして黒人の子どもたちの教育達成が低いままなのは何故か。主としてこれらの問いを巡って、再生産のメカニズムを解明する研究が欧米で盛んに取り組まれてきた。学校内に目を向けた研究も進められ、そのうちのいくつかは教師が再生産プロセスにおいて重要な働きをしていることを示している。

教師の大半は中産階級的な出身背景を持ち、比較的恵まれた条件のもと、勉学面で努力し学校で成功をおさめてきた。そうした教師たちにとって、黒人や労働者階級の子どもたちが学校に持ち込む振る舞いはなじみの薄いものであり、「乱暴」、「学習への関心が薄い」などと映ってしまう。教師が個々の子どもに対して抱く期待やそれにもとづく実際の教授行為が、こうした文化的な背景の違いによって左右され、学校外で不利な条件に置かれた子どもたちの学校での達成を低いままに留めてしまうという知見が調査によって得られている。

では、日本の教師の場合、そうした傾向は見られるのだろうか。先に述べたように、貧困、不平等問題が「見えない」ままにされてきたために、日本社会で再生産メカニズムを解明しようとする研究は手薄であり、教師が再生

産プロセスにどう関わっているのか、具体的に言えば、困難な家庭背景の子どもたちに対して教師たちがどのように接してきたのかについての調査研究は乏しい。

被差別部落の人々や在日韓国・朝鮮人に対するインタビュー調査を継続してきた筆者は、特に年長世代から「学校で露骨な差別に遭った。先生も差別する側だった」という語りを繰り返し耳にした。年長世代と言っても、戦後、1960年代に学校を経験した人々である。また、貧困が可視的な問題であった50年代には、貧困家庭出身の子どもたちについて教師が記した指導記録の記述に否定的なものが多いという研究も残されている。

これらの知見は、戦後のある時期までは、被差別マイノリティや生活困難層の子どもたちに対して教師たちが偏見、否定的なまなざしを向けていた実態があったことを物語っている[注5]。それでは、今日においてはどうだろうか。

学校における排除

この問題を考える手がかりとして、児童養護施設での生活を経験した子どもたちが記した手記を取り上げてみよう[注6]。近年では虐待によるものが注目を集めているが、子どもたちが施設に措置される背景要因として、生まれ育つ家庭の貧困、不安定な状況が大きいことに変わりはない。手記の内容は、施設に措置される以前の困難な暮らしの中で、そして施設から通うようになった子どもたちが学校をどう経験したか、教師がどのように接していたのかについて記したデータとして読むことができる。

勉強がわからないことからくる疎外感に加えて、一人親、親がいないことを理由に差別的なまなざしを向けられる。それは子どもの間でだけ経験されているわけではなく、両親の離婚が知られていじめられた際担任教師が守ってくれなかった、さらには教室で盗難事件が起きた時にまっさきに疑われたなどの経験が記されている。そして施設入所後には、「税金で食べさせてもらっている」などといった言葉を教師が口にすることがあるという。

学歴や収入など多様な資源を保有する度合いで個人や家族を社会の中に位置づける階層という指標を用いて子どもの学校経験を調べてみると、親の階

層的位置が高いほど子どもの学力が高く、教師との関係も良好で、学校生活に対する満足度も高くなることが知られている。これらの知見を上記した手記と突き合わせると、不利な条件に置かれた子どもたちが学校で十分なサポートを提供されておらず、さまざまな形で肩身の狭い思い、疎外的な経験を強いられていることが、そしてさらに、教師の振る舞い、子どもたちに対する（低い）期待や言動がそうした経験に関わっていることが十分予想できる。

　こうした事態は何故生まれるのだろうか。貧困など困難な状況に置かれた子どもたちを、生活背景を異にする教師たちが理解できず、疎ましく思う傾向や、貧困を表面的に捉え、親や子ども本人の責任を問う意識が、教師のこうした関与の背景として指摘できるだろう。そしてさらに、子どもたちが経験している困難な状況についてある程度認識していたとしても、教師の役割を「他の子と同じように勉強を教える」ことだと捉え、多少の励ましやサポートを試みたとしても実効性のある支援を提供するまでには至らない。結果として、不利な状況に置かれた子どもたちが学校で経験する疎外を軽減できず、学業面の低達成をそのままに放置し、早期に学校から離れてしまうというプロセスも考えられる。

学校からの排除

　英国で貧困家庭の子どもたちの経験をインタビューによって再構成した研究では、「学校における排除（exclusion within school）」という言葉で学校内での疎外経験を表現している。そして、対になる「学校からの排除（exclusion from school）」は、英国においては義務教育段階の学校で実施される停学・退学処分を指して用いられることが通例だが、同書はより広く捉え、十分な学力を身につけないまま早期に学校を離れる子どもたちの状況をも指す言葉として用いている[注7]。ここまでの記述から、日本の子どもたちも「学校における／からの排除」を経験していると言うことができるだろう。

　学校からの排除、つまり早期の学校からの離脱について付言すれば、以前から低学歴で資格等を持たない者が不安定な仕事しか得られなかったという状況が厳存していたが、先に触れた雇用の不安定化はこうした職業群にも及

んでいる。つまり、建設関係の現場仕事、零細工場や商店など、低学歴でも就労可能で不安定とはいえ生活の土台となってきた、言わば「受け皿としての労働市場」が急速に縮小しており、こうした「底抜け状態」とも呼べる事態が、若年層のホームレスの増加などの現象として現れているのである[注8]。

4. 排除に抗する学校

困難な状況にある子どもを支える学校の実践

児童養護施設で生活する子どもたちの生育過程を見ると、施設に措置される以前の困難な生活で蓄積された不利な状況に、措置された施設でのケア水準の低さが重なり、さらに学校においても十分なサポートが得られず、周囲の子どもや教師からの疎外的な経験も加わっている。まさに排除を典型的に被っている層だと言うべきだが、そうしたなかで、学校として施設の子どもたちを支援する実践を重ねている中学校があることを調査を通して知ることになった。そこでは、施設に教師が出向いての指導など徹底した学力保障と高校進学を可能とする進路保障がなされる他、施設についての認識を他の生徒に持たせる施設学習、卒業を前に自身のこれまでの人生を振り返らせる作文指導などが行われ、卒業後も追跡指導として高校との連絡、本人へのサポートが続けられている。

「排除する学校・教師」について前節で指摘したが、困難な状況に置かれた子どもたちを支える教師の取り組みがなされ、そうした実践を組織的に行っている学校もたしかに存在していることを付け加えておこう。不利な条件にある子どもたちに十分な基礎学力を定着させ、つながりを強め、子どもだけでなく親、教師をもエンパワーする取り組みを進めている学校を、志水宏吉らのグループは「力のある学校」[注9]と呼んで注目しているが、先にあげた中学校を含めて、本章の言葉を使うならば「排除に抗する学校」と表現することができるだろう。

排除に抗する学校への変革の契機

「排除に抗する学校」、「力のある学校」は少数であるとはいえ実在する。これらの学校での実践から学ぶべきポイントの一つは、そうした実践に取り

組むことになった契機を探ることである。

　先に紹介した、施設の子どもを支えている中学校の場合はどうだろうか。90年代に入ってもなお中学卒で施設を離れることが施設側の方針になっており、中学の後半になると子どもたちは学校で問題行動を起こしたり学校に来なくなるという状況が例年続いていた。そんな中、保健室に来た子どもの様子から施設内で繰り返されている子ども間の陰惨な暴力の実態を教師が知ることになり、「学校として子どもたちを支える」ことが確認されたという。事件以降、教師が施設に頻繁に通い、施設での暮らしと子どもたちの思いを知ったことが、そうした認識が共有される大きな契機であったという。

　以前には、子どもたちの高校進学が施設の方針で阻まれ、子どもたちが荒れざるを得ない事態となっていることを教師たちは知っていたが、「自分たちはあの子たちの親じゃない。あの子たちの人生にどこまで関われるというのか。親代わりの施設長が言うことに従うしかない」といった会話がなされていたという。暴力事件という不幸な事態が、教師の姿勢を問い直し、子どもとの関わりを重ねる中で認識が深まり、学校を挙げての支援体制につながったのである。

　実は、他の「力のある学校」にも、同様の経過をたどったケースを指摘できる。子どもたちが学校内外で示す「荒れ」に向き合い家庭訪問を繰り返す中で、また、切実な願いであった子どもの高校進学がかなわなかった保護者の嘆きを耳にしてなど実際の経過はさまざまだが、子どもたち、親たちが抱える現実に向き合い、そこから深く学び取る経験を教師が共有することによって、困難な状況に置かれた子どもを支える組織的な実践がうみだされたのである。

　そしてもう一点、先の中学の例でも見られたように、学校としての取り組みに着手する段階で交わされる教師たちの議論の中で、学校、教師がどこまで関わるべきかの線引きがテーマとなることが少なくないようだ。「学校・教師は勉強を教えるのが役割で、貧困など家庭の問題にまで関わることはできない、関わるべきではない」などの意見が出されるなか、「それでも子どもの現実をそのままにしてはおけない、学校・教師としてできることはあるはず」といった声が消極的意見を押し返していったと、他の学校で学力保障

を進めた教師から聞いたことがある[注10]。

　空腹なまま教室に座っていても勉強にはならないし、親が離婚するかもしれないといった不安に苛まれている子どもも同じであることを、教師たちはよくわかっている。貧困の問題や家族の不安定化の問題に、学校・教師は向き合わざるを得なくなっているのだという記述を、カナダの学校教育の現状をめぐる本の中で見つけた。これまでの学校は、家族の安定を前提とし、教科の知識だけを伝えればよかった。しかし、貧困の拡大、家族の不安定化が進む状況のもとでは、従来型の学校イメージでは対応できず、学校・教師の役割、守備範囲についての再設定が不可欠なのだと同書は指摘している[注11]。日本の学校・教師は、家庭訪問、生徒指導など教科指導を超えた守備範囲を従来から担ってきたが、本章で描いた現実を前に、生活の理解と支援についてもなおいっそう重要な役割を担うことが求められている。その際、「学校・教師が丸抱え」する体制ではなく、スクールソーシャルワーカーが導入され、他の関連機関と連携しながら子どもと親への支援を進めて行くことが重要である。

　「排除」と「包摂」を乗り越える

　学力面で底支えをしても、親からの支援を期待できない者にとって安定した仕事の条件である高等教育にまで進むことは困難である。「就労支援」「自立支援」施策の対象者の多くも、雇用の在り方が改変されない限り不安定就労のうちの「よりましな」仕事を確保するに留まるのが実態だろう。「排除」対策として目指すべき状態を「包摂」と表すことが通例だが、現実に進められている施策は、「排除水準から脱却」できたとしても安定した生活を営むことは困難なままであり、「包摂」とは事態をごまかす言葉だという批判もある。

　では、「排除に抗する学校」の取り組みの意義をどこに見出すべきだろうか。子どもたちに学力を身につけさせ、可能な限り高い教育達成を実現することが望ましいことはその通りである。ただし、そこで伝えるべき内容は、学歴や資格取得につながる教科の知識だけではなく、貧困・排除をもたらす社会の在り方とその中での自らの位置を認識し、より望ましい状況を作り出

すために行動する力、絆を育み支え合う力を身につけるよううながす働きかけが重要であろう。この点で、非常に困難な家庭背景の生徒が多数通学する高校で実践されている「反貧困学習」は大きな可能性を持っている[注12]。

　排除状況の深刻化に伴い、学校教育が担うべき課題は非常に大きなものとなっている。それは、現状でも過重である教師の負担をさらに倍加させることにつながりかねない。公教育の資源を配分する際、均等にではなく、困難な状況にある家族、親子が集中している地域にウェイトをかけ手厚く配置する体制が必要だろう。そしてもう一点、「力のある学校」での教師たちの動きをいくつも目にする機会を得た筆者の印象に残るのは、「しんどい」日々の実践のなかで教師が疲弊している、というよりも、同僚教師との支え合いのなかで生き生きと子どもたちと接している姿であった。

　若い教師たちは、子どもたち、親たちの生活の「しんどさ」とその背景について、直接に出会い、また先輩教師から教えられながら、共感的に理解していくことになるのだろう。こうした契機を、教師養成のカリキュラムの中に、そして現職教師対象の研修プログラムの中に豊富に織り込むことも重要な課題である。

注
1　番組名は「NHKスペシャル　ワーキングプア」ⅠⅡⅢ（2006年7月23日・12月10日・07年12月16日放送）、「NHKスペシャル　セーフティネットクライシスvol.3.しのびよる貧困　子どもを救えるか」。番組を書籍化したものとして、NHKスペシャル『ワーキングプア』取材班編（2007）、同続編（2008）がある。
2　平均値では一部の高額所得者のために数値が上方に引きずられるため、所得の中央値が用いられる。
3　子どもの貧困の実態、それをもたらす要因と帰結、支援施策について広く扱っている文献として、阿部（2008）、山野（2008）、子どもの貧困白書編集委員会編（2009）、が好適である。
4　不平等と学校の関連に焦点化したテキストとして若槻・西田編（2010）、がある。
5　西田（1996）はこの書で関連する研究のレビューを行っている。
6　児童養護施設に関しては、4節で言及する学校の実践も含めて、西田編（2011）、を参照。
7　リッジ（2010）、参照。

8 西田（2010）、を参照。
9 こうした学校の実践と調査研究に関しては、志水編（2009）、を参照されたい。
10 1960年に貧困家庭が集積した地域の小学校に赴任した校長が、町内会の支援を受けての給食費の補助、保育園幼稚園に通えない子を対象とした小学校教師による就学前教育の実施、低学力児童への特別学級編成などの実践を行った事例がある。その実践記録には、職員会議での議論が再現されており興味深い（浜中、1966）。
11 Levin & Riffel(1997)、参照。
12 大阪府立西成高等学校（2009）、に授業実践が紹介されている。

column 4　　公的扶助からみた子どもと貧困

嵯峨　嘉子

　公的扶助には、子どもの問題はどのように現れるのだろうか。

　公的扶助制度（Public Asisstance）とは、最低生活保障制度であり、社会保障制度において最後のセーフティネットと位置づけられる。日本の場合は、生活保護制度がこれにあたり、憲法第25条が定めた「生存権」を具現化する制度である。近年、特にリーマンショック以降、確かに受給者は増加しているものの、国際的に見ると、日本の生活保護制度の受給率は、依然として低い水準にある（2009年時点で人員保護率は13.1‰、千人あたり13.1人が受給している）。生活保護制度を受給している「子ども」について注目すると、「0～5歳」の保護率は7.35‰、「6～19歳」は12.4‰と、全体の保護率13.1‰を下回る。一方で、子どもが含まれていると想定される「母子世帯」の保護率は、132.4‰と全世帯保護率26.5‰の約5倍となる。それでも、「母子世帯」の相対的貧困率（等価可処分所得の中位値の50％未満世帯の割合）54.3％（2007年）からすれば、「貧困母子」世帯のうち生活保護受給に結びついているのは、約4分の1程度だということになる。ちなみに、貧困率54.3％という高さは、国際的にみても突出している。貧困であるにもかかわらず生活保護未受給の母子世帯の存在は、時として、かたや「生活保護を受けずに頑張る」母子、一方、生活保護に依存し、高額の保護費を受給する生活保護受給母子という構図を生み出し、生活保護受給している世帯へのバッシングにつながる（母子加算廃止をめぐる議論を参照）。さらに、日本の問題は、税・社会保障制度による「再分配後」の貧困率が、「再分配前」のそれより高いことである。本来、貧困を軽減するはずの税・社会保障制度が逆に貧困率を高めるという結果となっている（阿部、2008）。

　制度内でみると、受給者全体に対する「子ども」の比率がそれほど高くないこともあって（19歳未満は、全体の15.2％）、生活保護制度の「子ども」に対する処遇は、これまでさほど重要な位置を占めてこなかった。生活保護のケースワーカーか

らすれば、母親の就労指導が優先され、家庭訪問をしても子どもは学校に行って不在のため、子どもとはほとんど顔を合わせない、というのが実情だった。

　生活保護制度には、生活扶助や住宅扶助など、全部で8種類の扶助があるが、そのひとつである教育扶助は義務教育に限定されていることもあり、高校進学にかかる費用は奨学金を活用するなど、自分でなんとかするしかなかった。結果として、経済的理由から定時制高校を選択する子どもも多く、全日制高校の進学率でみると、一般世帯90.3%に対して、被保護世帯では72.7%と一般世帯との格差が存在している（2006年、東京都（一般）、板橋区（被保護世帯）のデータ（浅井他編、2008））。高校進学の就学費用が認められるようになったのは、学資保険の保有に関して争われた福岡の中嶋訴訟を契機としている。中嶋さんや、子どもの高校進学に備えて学資保険に加入していたが、福祉事務所は、学資保険の解約を求め、その解約金を収入認定して保護費を減額する処分を行った。福岡高裁は、保護費の使い方は原則自由であり、学資保険の返戻金を収入認定することは違法であるとして処分取消請求を認めた（尾藤他編、2006）。2005年、学資保険の保有が認められ、公立高等学校の就学費用が「生業扶助」から支給できるようになった。教育扶助の課題は、まだ残されている。例えば、民族学校に通う場合、学校教育法上、各種学校扱いとなっていることから、教育扶助の対象外となっている。

　近年、貧困の世代的再生産といった「子どもの貧困」への社会的関心が高まったこともあり、生活保護制度においても、2009年から参考書代やクラブ活動費を目的とした「学習支援費」支給や、「子どもの健全育成支援事業」が展開されている。「子どもの健全育成支援事業」は、「自立支援プログラム」などを活用し、高校進学支援や引きこもりや不登校の子に対する支援などを想定したものである。

　生活保護制度における「子ども」支援への取り組みは、やっと始まったところといえる。子どもが生まれた家庭の経済状況によって、選択する将来が制限されることはあってはならない。子どもが経済的な負担を心配することなく、自由に将来を思い描くために何が必要か。生活保護ケースワーカーも、より一層、子どもへの「視点」を持つことが求められている。

column 2　　　　　　　　　　社会政策と子ども

中山　徹

　ここでは、日本の社会政策学の変容とその構成の概要を指摘した上で、子どもと貧困に関わる論点を示す。なお、紙幅の関係で「ソーシャル・ポリシー」論については触れていない。

　日本における社会政策学は、戦前ドイツの社会政策学を輸入する形で始まった。後進国であったドイツは社会問題が深刻化していたため、社会政策学が発展していた。輸入時の日本の社会政策学は、「社会問題」研究とそれらへの政策的対応について政策提言を視野に入れ、実践的観点から論じることが課題とされていた。社会政策学会の歴史も古く、戦前期を入れると100年を超えている。第1回社会政策学会(1907年)の研究テーマは「工場法と労働問題」であった。その後、大河内一男が「社会政策の経済理論」を展開し、社会政策の究極の目的を「労働力の保全・培養」にあるとした「大河内理論」が確立する中で、社会政策学は「労働問題」研究の学として発展することになった。戦後、いわゆる「社会政策本質論争」、氏原正治郎「社会政策から労働問題研究へ」の提唱、隅谷三喜男による「労働経済学」の確立といった展開がなされてきた。社会政策の研究の中心は労働問題研究であった。社会政策とは、働く人々に対する国家政策であるという点はある程度共有できる理解であろう。大阪市に典型的にみられる地方公共団体による「〈都市〉社会政策」(大阪の市営社会事業―職業紹介、簡易食堂、共同宿泊所、託児所などの設立と経営)が国の政策に先行する状況があったという認識から「〈都市〉社会政策」も指摘されてきた。

　近年の社会政策論は、労働問題だけでなく生活問題にも着目して展開するようなってきている。つまり、労働過程と生活過程をトータルにとらえる視点である。近年の社会問題を踏まえたオーソドックスともいえる社会政策論の構成内容は、社

会政策の考え方（歴史的展開、「福祉国家」体制の原理と社会政策等）、賃金と社会政策、労働時間、雇用・失業、労使関係、高齢社会、生活と社会保障、男女平等、外国人と社会政策、となっている（石畑・牧野編著、2009）。また玉井・大森編（2007）では、「雇用」（労働基準、労働市場、企業社会）、「社会保障」（年金、医療、貧困線と公的扶助）、「生活」（家族責任、住宅、社会サービスと市民参加）となっている。伝統的社会政策論の労働過程における政策と生活過程に関わる社会保障、住宅政策、雇用政策、家族政策等が包含されている。そして、雇用政策と社会保障政策を統一的にとらえる「生活保障」論（宮本、2009）、という考え方も登場している。

　社会政策の労働過程に対する政策として子どもが問題となったのは、産業革命期における過酷な児童労働とその規制であり、「工場法」がその典型といえる。アジア諸国等の発展途上国に目を向けるとそれは過去のものではなく、クレールブリセ（1998）等の想像を絶する過酷な実態がある。IOM（国際移住機構）のトラフィッキング（人身売買）に関するレポート、子どもの売買・奴隷・強制労働、売春・ポルノ製造等への子どもの使用等の禁止を謳っているILO（国際労働機関）「最悪の形態の児童労働の禁止及び撤廃のための即時の行動に関する条約」（第182号）（日本は2001年6月18日批准）や「国際労働基準」にも着目すべきであろう。表題の今日の日本のこどもと貧困を巡る論点は極めて多い。上記の社会政策論の構成の中で指摘するならば、第一に、労働市場における低学歴労働市場の崩壊のもとで様々な領域に拡大している「個人請負労働者」、「非正規労働者」等の低賃金・低所得問題やとパート労働法やいわゆる「労働者派遣法」といった雇用政策の在り方の検討、第二に、第一と関連して社会保障制度の多段階的「セーフティネット」機能の綻びをどのように繕っていくのか、といった社会保障制度の在り方の検討が必要である。特に、医療保障や所得保障制度の機能不全によって医療から排除される子どもの存在が浮き彫りとなっている今日重要な論点である。第三に、新しく社会福祉士の資格科目となった「就労支援」における生活困難者に対する雇用・就労に関する諸制度や「自立」支援の仕組みの在り方の検討、なども社会政策の観点からは必要とされるであろう。

第6章　福祉と教育の組織連携に向けて
－法政策的観点から－

関川　芳孝

1．子どもを取り巻く環境変化と政策課題

(1) 保護の対象から権利の主体に

　子どもは、家庭および社会から、保護され、育てられるものであるが、同時に自ら主体的に育つ存在でもある。これに対して、児童福祉法は、子どもを保護の対象としてとらえてきた。たとえば、親が就労などの理由から養育できない場合に、保育所において保育する仕組みを設けて、親に代わって社会が子どもの育ちを守っている。虐待から子どもを保護する仕組みや、育児不安を抱える母親を支援する仕組みも存在する。児童福祉法は、子どもに特別な保護を与え、親による子どもの養育に関与する構造になっており、子どもを権利行使の主体として捉えるものではなかった。

　こうした児童福祉の法政策に対して大きな転換「パラダイム・シフト」を迫ったのが、子ども権利条約である。1994年に、わが国も、子どもの権利条約を批准した。子どもの権利条約は、子どもの権利を包括的に保障していることが特徴である。これについて日本ユニセフは、子どもの権利を、①生きる権利②守られる権利③育つ権利④参加する権利を柱として分類し、子どもを包括的な権利の主体として捉えている。

　もとより、日本国憲法は、第13条「個人の尊厳」、第14条「平等権」、第21条、「表現の自由」、第25条「生存権」、さらには、第26条「教育を受ける権利」や「児童の酷使禁止」を定めている。こうした憲法上の基本的人権は、大人と同様に、子どもにも保障される。

　また発展途上国と比較すれば、義務教育をはじめ教育制度も充実している。社会保障・社会福祉の制度や労働基準法が確立し、児童虐待、児童労働

も禁止されている。こうしたことから、当初政府は、子どもの権利条約の批准に当たって、新たな国内法の整備は必要ないと考えていた[注1]。さらに、条約批准後も、子どもの権利を保障するために、児童虐待防止法の改正、児童福祉法の改正、教育基本法の改正、こども・若者育成推進法の制定などに取り組んできた。

　しかしながら、今日の現状を見る限り、子どもの権利条約が批准されてなお、子どもの権利が効果的かつ具体的に守られるようになったとはいえない状況にある[注2]。増え続ける子どもに対する虐待は、子どもの尊厳を傷つけ、「生きる権利」「育つ権利」「守られる権利」を侵害するものといえる。親であるから許されるものではない。また、学校現場における子ども同士のいじめも、子どもの尊厳を踏みにじるものである。「生きる権利」「育つ権利」「守られる権利」に対する侵害である。実際に、子どもの自殺につながる場合もある。さらには、不登校なども、その原因はいろいろ考えられるが、「育つ権利」からみて、学校が家庭や関係機関と連携し、問題の解決に当たることが望まれる問題といえる。この他にも、外国籍の子どもに対する差別の存在。子どもの意見表明の機会が十分に与えられていないこと。児童養護施設や児童自立支援施設における生活環境を改善する必要があること。さらには、障害をもつ子どもの教育を受ける機会がいまだ十分に保障されていないことなども、子どもの権利条約から見た課題といえる。こうした子どもの権利をめぐり課題が山積しているにもかかわらず、いまだわが国では、包括的な子どもの権利法が制定されていない。国民の子どもの権利に対する理解は、条約批准からおよそ20年が経過しようとしているにも関わらす、必ずしも十分とはいえない。

（2）子どもを取り巻く環境の変化

　毎年増え続ける子どもに対する虐待。親が地域社会において誰とも関わりをもたず孤立して育児していることも、児童虐待の背景となっている。親自体が、子どもとの接触経験に乏しく、親の養育力が低下している。子どもの遊びについても、テレビゲームなど一人で遊ぶことが増えている。基本的な生活習慣の乱れから子どもの心身の育ちへの影響が懸念されている。子ども

が健全に育つ当たり前の環境が与えられていない事例が増えている。
　また、インターネットなどを通じて、子どもにとって有害な情報が氾濫し、子どもをめぐる環境は悪化している。ひきこもり、不登校の子ども、発達障害を抱える子どもの問題が顕在化している。そして、経済格差が拡大するなかで、親が失業する家庭、親が不安定な非正規雇用で働く家庭が増えている。
　「子どもの貧困」といわれるように、低所得の家庭における子どもたちの育ちにも、社会経済の変化が深い影を落としている。たとえば親の貧困が、子どもに対する虐待につながり、子どもの健康や学力に大きな影響を及ぼしている。貧困な家庭に育つということが、「世代をまたがる貧困の連鎖」といわれるように、子どもの将来の仕事や所得にも影響する。経済的な理由から、「医者に行きたくても行けない」「進学したくても、進学できない」など、子どもに当然保障されているべき権利の内実が十分に伴っていない現実が拡大している。
　子どもが直面している問題の多くが、子どもの権利が完全に保障されていない結果として立ち現れている。すべての子どもの権利を守るためには、「社会的包摂」の立場から、社会生活を営む上で様々な困難を有する子どもたちに対する地域社会全体で支える体制づくりが課題となっている。子ども達が大人になった後に、著しい社会的な不利を負わせないように、健やかな子どもたちの育ちの環境を、家庭・学校・地域相互の協力のもとでつくっていく必要がある。

（3）自治体における子ども条例の制定に向けて

　わが国には、こどもの権利を定めた包括的な法律が制定されていないが、幾つかの都道府県や市町村において、子どもの権利について条例を定める自治体がある[注3]。たとえば、大阪府は、政府が条約を批准した翌年1995年に「こども総合ビジョン」を策定し、条約の趣旨にそった子どもの権利の尊重を施策の基本方向として掲げた。さらには、児童虐待やいじめ、非行など、子どもの尊厳を損なう出来事が相次いで起きたことを受けて、2007年に「大阪府こども条例」を策定した。

「大阪府こども条例」では、前文で「すべての子どもは、かけがえのない存在であり、性別、国籍、障害の有無、家族の形態等を問わず、人としての尊厳を生まれながらに有している。子どもの尊厳を守り、健やかな成長を支えることは、社会を構成する大人全体の責務である」とし、「大人は、子どもにとっての最善の利益を常に念頭に置き、日本国憲法で定められた基本的人権や児童の権利に関する条約に定められた内容すなわち人としての尊厳を改めて深く認識し、行動すべきである」と定めた。

さらに、子どもに対しては、「自らの大切さを認識し、主体的に生きる力、社会のルールや仕組み、他者を思いやり他者の尊厳を守る心を身につけ、自ら考え責任をもって行動する社会の一員であることを自覚する」ことを求め、他方で、①大阪府の責務、②保護者の責務、③学校の責務、④事業者の責務、⑤府民の責務を定め、それぞれが分担・協力・連携し、子どもが健やかに成長することができる温かい地域社会づくりをめざすことを宣言した。その上で、特に子どもの尊厳を損なう児童虐待、いじめなどから子どもを擁護する取り組みの充実を明記した。大阪府の条例は子どもの人権尊重の理念や関係者の役割を宣言するタイプの条例といえる[注4]。

これに対し、条例を制定し子どもの権利侵害に対し救済手続きを定める自治体もある。たとえば川崎市は、2001年に「川崎市子どもの権利に関する条例」を制定している。川崎市の条例は、前文において、子どもが「権利の全面的な主体である」ことを認め、国連の「児童の権利に関する条約」の理念に基づき、子どもの権利の保障を進めることを宣言し、条例を制定した。

条例では、子どもの権利として、①安心して生きる権利②ありのままの自分でいる権利③自分を守り、守られる権利④自分を豊かにし、力づけられる権利⑤自分で決める権利⑥参加する権利⑦個別の必要に応じて支援を受ける権利が、保障されなければならないと定めた。その上で、こうした権利の侵害に対して、子どもが、川崎市人権オンブズパーソンに相談し救済を求めることができるとした（高梨、2001）。

さらには、川西市も子どもの人権擁護に取り組む自治体として有名である。川西市は、子どもの人権の尊重の立場から、川崎市に先駆けて、1999年に人権オンブズパーソン条例を定めている。同条例は、子どもに権利救済の

申立てを認め、救済機関であるオンブズパーソンの権限および役割について、条例により法的な根拠を与えている。条例において、子どもが人権侵害を受けた場合などに、オンブズパーソンに申立てることができることを定め、オンブズパーソンには、申立てについての調査を実施し、必要に応じて是正措置の勧告をする権限を与えている。

　子どもの権利救済の手続きを定める条例に対して、子どもの育成に関する条例を定める自治体も少なくない[注5]。条例の類型としては、大阪府の条例にみるように、行政、保護者、学校、住民、事業者の責務や役割を定め、自治体が取り組む子どもの育成に関する幾つかの政策を列挙するタイプの条例である。たとえば、2005年に制定された池田市子ども条例では、①子育て負担の軽減②健康の確保及び増進③教育環境の整備④生活環境の整備⑤仕事と子育ての両立の推進⑥子どもの安全確保を挙げている。子どもの人権尊重という立場から、児童虐待やいじめや、不登校など子どもの育ちに関する様々な課題に対して、自治体が、保護者、学校、住民、事業者と役割を分担・連携し、基本となる施策を推進するというものである。

　自治体には、子どもについて所定の施策を推進する責務があるが、あらためて別途に条例を定める意義は、子どもが健やかに育成される地域環境づくりに対して、保護者、学校、地域住民、事業者に対し特定の役割を求める法的根拠を明確にすることにある。子どもの育成を目的とする条例が定める基本施策の内容は、次世代育成支援対策推進行動計画における記載内容とも重なるものとなっている。自治体が、こうした行政計画を作成しても、計画自体には当該自治体以外の市民などに対し、法的な拘束力を伴うものではない。自治体が、保護者、学校、地域住民、事業者に対し協力を求め社会全体で子どもを守ろうとするならば、明確な法的根拠が必要である。

2．尼崎市の子ども育成条例の制定をめぐって

　尼崎市は、子どもの育成に関する条例を制定し、「子どもの育ち支援ワーカー」を配置した初めての自治体である。また、子どもが抱える問題の解決に対して、人権オンブズマンによる権利救済という手法をとらずに、「子どもの育ち支援ワーカー」を配置し、学校など当該の関係者と共に協力し問題

の解決に関わる手法を選んだ。子ども条例のなかでも、オンブズマン制度を権利擁護モデルとするならば、尼崎市の「子どもの育ち支援ワーカー」制度は、同様にこどもの人権尊重の立場をとりながらも、環境調整・支援モデルと呼ぶことができよう。

尼崎市の子どもの育ちを支援するために配置した「子どもの育ち支援ワーカー」とは、①学校に配置され支援を要する子どもの育ちの環境改善に取り組む専門員（スクール・ソーシャルワーカー）、②地域社会全体の子育て力向上の支援に取り組む専門員（コミュニティ・ソーシャルワーカー）からなる。条例の理念である子どもの健やかな育ちを保障するために、こうした福祉と教育が連携し支援に当たる仕組みが必要と考えた。筆者は、尼崎市の条例作成に委員として関わったことから、あらためて福祉と教育の組織連携という視点から条例制定に至る政策立案の経緯を振り返ってみたい。

（1）尼崎市子どもに関する条例等検討委員会報告書のとりまとめ

子ども権利条例の制定に熱心であった白井市長は、子ども権利条例の制定を公約として掲げていた。市長に当選した直後から、尼崎市は、市長の公約実現に向けて、子どもの条例の制定に取りかかったわけではない。子ども権利条例制定については、とりわけ教育委員会を中心とする学校サイドの警戒心は強かった。そのため市長は、学校サイドと何度も話し合いを重ねながら、条例制定に向けて庁内のコンセンサスの形成に取り組んだ。

2006年に、当時のこども青少年部長から、子ども権利条例の制定に取り掛かりたいとの相談を受けた。そこで、検討委員会の委員長として協力してほしいと依頼された。同年、「尼崎市子どもに関する条例等検討委員会」が設置され、条例制定に向けた検討を始めた。条例の具体的な検討を行うために学識経験者と市民公募委員から構成される部会が設置された。

部会長には、川西市の子ども人権オンブズパーソンに就任していた桜井智恵子氏が選任された。さらには、大阪府のスクール・ソーシャルワーカーの配置に関わっていた山野則子氏が委員として加わっていた。今から振り返ると、事務局では、条例の落とし所として、どちらかの仕組みを参考にしようと考えていたのかもしれない。

第６章　福祉と教育の組織連携に向けて　−法政策的観点から−

　委員会や部会などの委員構成では、市民公募委員が含まれていた。市民の利益に関わる政策の検討プロセスに市民公募委員にも参加してもらい、市民の立場・視点から検討・議論するというのが、白井市長のスタンスであった。市長は新たな政策の立案にあたり、委員会を設置し、市行政に物分かりの良い学識経験者と事務局とで政策の枠組みを決めるという手法に対して批判的であった。各部局は政策決定のプロセスにおいて市民委員が合意できない政策案を市長のもとにあげてはならないという市長の考えであったのであろう。

　また、白井市長は、条例制定に当たって、「子ども自身からも意見を聞くこと」を求めていた。そのため、子ども会議を設置、学校においてティーンズ・ミーテイングを開催した。小学生や中学生に集まってもらい、「子どもどうしでいるとき、いやだなと思うことは、どんなこと？」「よりよい社会にするためにはどうすれば良いと思いますか」などと質問を投げかけ、子どもの意見や考えを聴取し、これを部会や全体会議で報告し協議した。

　部会は、二年にわたり計10回開催し、検討を重ねた。全体会議も７回開催し、意見書を取りまとめた。部会は、第二回から第五回まで、親の役割・家庭の役割、地域の役割、子ども同士の関係、子どもの育ちと子どもの人権、子どもの育成に関する大人の責任、子どもの健やかな育ちと地域社会のあり方について検討し、想定され条例の基本的コンセプトを固めていった。

　部会での検討では、他都市の条例についても比較検討したが、「子どもの権利条例」制定の方向を探るよりも、むしろ子どもの人権を尊重しつつ、大人が子どもの育成に果たすべき役割を明らかにする「子どもの育成条例」制定の方向へと傾いていった。

　市民委員からは、「子どもの育成についての基本理念や、大人の責任や役割を宣言するだけの条例であるなら、条例を制定する意味がない」との意見が出されていた。こうした意見を受けて、部会でも、子どもの貧困、不登校やいじめなど、子どもが直面している問題を解決できる実効ある仕組みが必要であることが確認された。最終報告をまとめなければならない段階で、子どもの健やかな育ちを保障する仕組みについての検討を行った。第九回の部会おいて、事務局から、「子どもの育ち支援専門員」制度創設が提案され

た。学校および地域に子どもの問題について専門に関わる「ソーシャルワーカー」を配置するという提案であった。

部会では、意見書のなかで市に対して子育て家庭、地域、保育所・幼稚園・学校、事業者及び関係機関等がつながりを深め連携し、総合的に子どもの健やかな育ちを保障していくため、「子どもの育ち支援専門員」を整備することを求めた。

「子どもの育ち支援専門員」の役割としては、第一に、学校などにおいて、「支援を要する子どもについて、情報の共有、地域の社会資源の活用等をもとに、適切な支援のための総合調整等を行い、支援を要する個々の子どもの育ちの環境改善を図ること」、第二に、「子育て家庭、地域が有する子どもの育ちを支える社会資源としての機能を一層高めるための支援等を行うとともに、大人、子どもによる主体的なネットワーク形成の支援等を行うことを通じて、すべての子どもの育ちの環境改善を図ること」をあげていた。

全体会議では、こうした部会の検討経過、条例の基本的な方向、意見書の内容などが報告された。全体会議には、尼崎市小学校校長会、尼崎市中学校校長会からも委員が選任され出席していた。小学校や中学校を代表する委員からは、学校現場における子どもの状況や教員の取り組みについて語られたものの、条例制定に正面から反対する意見は出されなかった。「尼崎市子どもに関する条例等検討委員会」は、2008年3月に「子どもに関する条例等の検討について」を取りまとめ、市長に提出した。

（2）条例制定にむけた庁内調整

市は、この報告書を受けて、条例案の作成に取りかかった。庁内に、同年4月に「子どもの育ちを支える体制等あり方検討会議」を設け、健康福祉部と教育委員会とが連携して体制づくりに向けて協議に入った。学校現場が課題解決のために有効と考える仕組みづくりをめざし、健康福祉局担当課および、教育委員会担当課の各係長による作業部会を設け、学校現場からのヒアリングをもとに、ボトムアップで仕組みづくりが検討された。こうした協議の上で、条例によって創設される新たな仕組みとして、家庭児童相談支援体制における学校現場への対応を強化するため、学校現場へのアウトリーチを

第6章 福祉と教育の組織連携に向けて －法政策的観点から－

基本にしたソーシャルワークシステム導入が提言された。

具体的な内容は、学校からの相談に対応する子どもの育ち支援専門員を配置し、①学校に出向いて現場で子どもや教員から相談を受ける、②問題を抱える子どもに対する支援のアセスメント、プランニングをする③教員とケース会議を行う④関係者間の介入・調整を行う⑤関係機関へつなぐ・連携するなどし、学校と共同して問題解決に当たる仕組みづくりを協議した。

報告書をまとめる過程において、こうした仕組みについて、学校現場に対してもヒアリングをしている。学校現場からの意見は、ソーシャルワーカーの配置に対して、問題解決の権限が与えられていないなどの理由から、問題解決の手法に懐疑的な意見もみられる一方で、学校担当のソーシャルワーカーを配置し、問題解決のコーディネイトに当たることは有効と評価する意見も述べられていた。しかし、子どもの問題を解決する上で、現在の学校現場の取り組みで十分であるという強い反対意見はだされなかった。

同年11月に、作業部会では、こうしたヒアリング・意見交換における子どもの育ちを支える体制に対する課題を整理した上、学校現場にソーシャルワーカーを配置することを含め課題解決に向けた基本的な枠組みについて合意した。それについて、中間まとめを作成し、庁内の全体会議で報告し、学校現場にソーシャルワーカーを配置することが承認された。

こうして2009年3月「子どもに関する条例制定に係る子どもの育ちを支える体制のあり方」がとりまとめられた。報告書のなかでは、学校現場にソーシャルワーカーを配置することについて、「学校現場で相談を受けるため、教員との信頼関係が構築しやすく、教員と個々のケースについて情報交換がしやすい環境ができることにより、初期段階での掘り起こしが容易になるとともに、機動力を生かした迅速な対応ができるようになる」とソーシャルワーカー配置の意義が認められた。教育委員会・学校教育部の委員参加のもとで、ソーシャルワーカー配置についての庁内コンセンサスがまとまった。そして、2009年9月「尼崎市子どもの育ち支援条例素案」が作成され、市民に広くパブリック・コメントを求めた上で、同年の12月に議会において条例が成立した。

白井市長が、子どもの条例に対して、どのようなイメージ、構想を持って

第Ⅰ部　教育福祉学の基盤［人間の尊厳と多様性］

いたのかについては、知らされていない。川西市のようなオンブズパーソンを考えていたのかもしれない。あるいは、子どもの権利を守るという地域住民の合意形成のために、大人の役割を条例という形で規範化しようと考えただけであったかもしれない。市長が望んだ子ども条例の制定であったが、政策形成のプロセスのなかで、市長が当初求めたものとは異なる内容になってしまった可能性はある。

（3）子どもの育ち支援条例の内容

尼崎市子どもの育ち支援条例は、条例の基本的な考え方は、大阪府の子ども条例と共通している。条例では、前文において、子どもが育つなかで子どもの権利が尊重されなければならないことを宣言した。子どもの権利条約との関係を意識し、子どもには、①生きる、②育つ、③守られる、④参加する四つの権利が認められる必要があることを確認した。

子どもに対しては、子どもの主体性、子ども自身の力を高める努力を求めている。すなわち、子どもは、①他者を大切にし、思いやりの心をもつ②社会生活上の決まりを守る③他者との関わりを大切にして、主体的に生きる力を高めるために、学び、自分で考え、行動するように努力することを、求めている。

こうした子どもの育ちの過程においては、大人のサポートが必要であり、子どもに直接関わる大人の責務として、①子どもの人格を尊重する②年齢や成長に応じた思いや意見を聴く③子どもが主体的に考え、行動するように支えることが大切であることを確認している。大人の責務としては、①保護者の役割②地域住民の役割③子ども施設の役割④⑤事業者の役割、⑥市の責務を具体的に明らかにした。さらには、市は、子どもが育つための、安全かつ良好な生活環境づくり及び子どもの豊かな心をはぐくむ教育環境づくりなど、子どもに関する施策の策定し計画的に推進をするものとした。

大阪府の子ども条例との違いは、尼崎市の条例では、第5章「子どもの育ちを支える仕組み」を定めたことである。すなわち、第一に、市が、地域社会の子育て能力の向上のために必要な措置をとること（第13条）、第二に、市が、要支援の子どもに対し必要な支援を行うものとした（第14条）。特に、

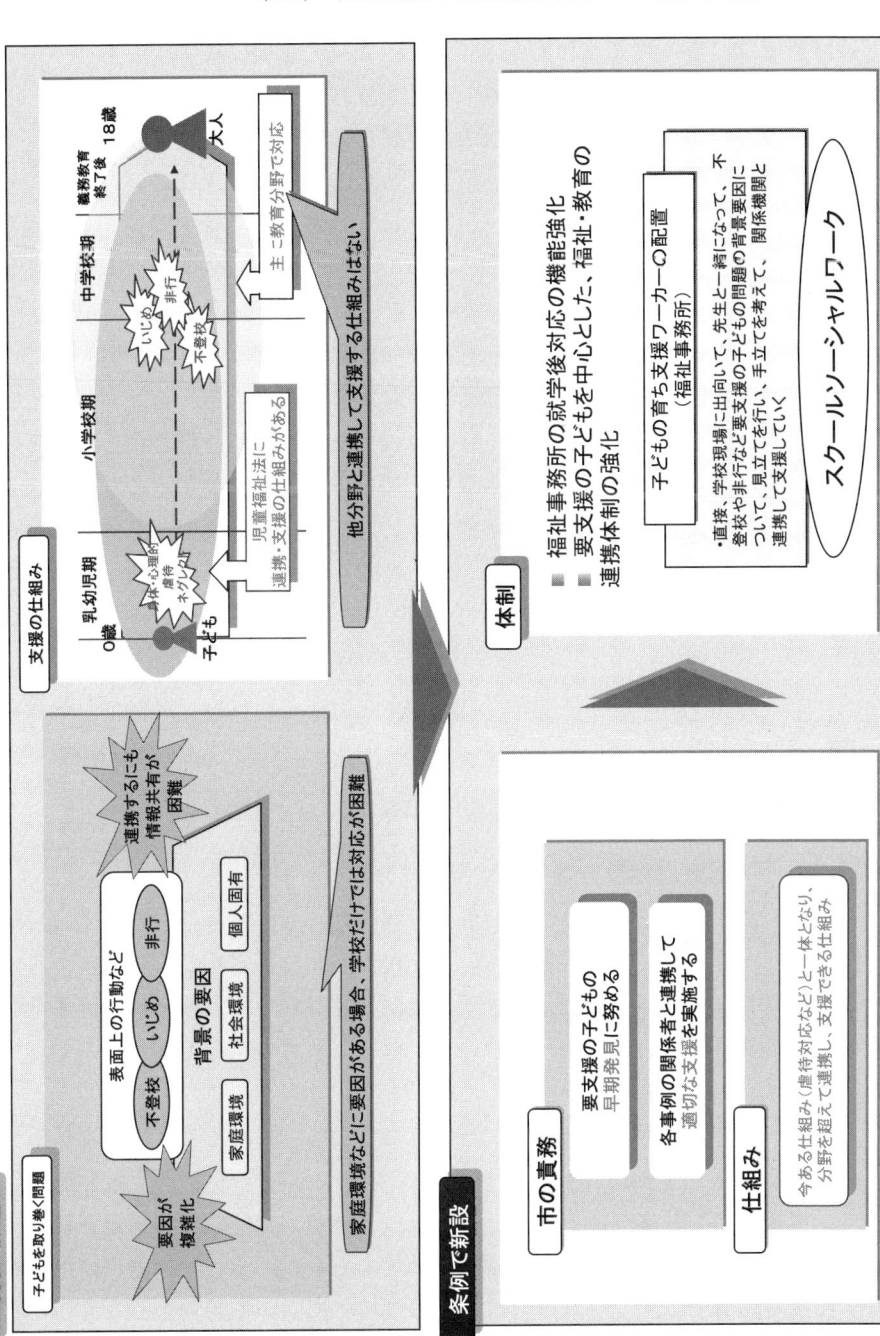

第6章　福祉と教育の組織連携に向けて　－法政策的観点から－

図6-1　要支援の子どもを関連機関が連携して支援する仕組み（スクールソーシャルワーク）（出典：尼崎市作成資料より）

第14条では、市の責務として、学校などと連携し①要支援の子どもの早期発見に努めること②関係機関と連携し適切な支援を行うことを定めた。

条例の規定からは、検討委員会の意見書において提言した「子どもの育ち支援専門員」の配置については、直接読み取ることができない。しかしながら、この条例の規定にもとづき、尼崎市は「地域社会子育て能力向上支援事業（子育てコミュニティソーシャルワーク）」と「子ども家庭相談支援体制整備事業（スクール・ソーシャルワーク）」を始めている。いずれも、尼崎市が市職員としてソーシャルワーカーを採用・配置し、事業の推進に当たっている。条例にもとづいて、福祉事務所の就学後の子どもの抱える問題に対する対応強化、教育と福祉が連携する仕組みの構築に取り組む形となっている。

条例制定の意義は、こうした事業に必要な予算措置を講ずることができること、事業の推進の上で地域や学校などの関係者に対し協力を求めることができることなどがあげられよう。しかしながら、どのような体制や人員により事業や支援を行うかについては、条例では具体的に定めていない。したがって、スクール・ソーシャルワーカーの配置および事業の継続については、条例上では当該事業について具体的な定めがないため、尼崎市の裁量にゆだねられている。

3．子ども家庭相談支援体制整備事業の現状と課題

（1）子ども家庭相談支援体制整備事業のスタート

以上のように、尼崎市は、子どもの権利条約にもとづき条例を制定し、福祉と教育が連携して学校現場における支援が必要な子どもたちの支援する体制を構築した。これは次世代育成支援後期行動計画の重点戦略にも位置付けられている事業である。これについて、福祉と教育の組織連携からみて現在どのような課題があるのか検証したい[注6]。

まず、事業の実施状況について述べておきたい。平成22年度は、福祉事務所にある家庭児童相談室に、学校担当のソーシャルワーカー3名を配置した。初年度の活動体制は、ソーシャルワーカーが、特定の日に指定された三つの学校を重点校に出向いて、常駐し活動するもの。そして、重点校以外の学校から派遣要請を受けた場合に、その学校に出向いて活動を行うものとし

た。

　初年度は、担当課職員、ソーシャルワーカーが、公立の小・中学校全校に出向いて、学校現場におけるソーシャルワーカー役割や配置の意義について説明し、制度および事業の周知に努めた。重点校では、問題を抱える子どもを支援する組織に関わり、学校現場と情報交換に努めた。さらには、相談および派遣要請のあった学校に出向いて、要支援の子どもにかかる情報交換、学校において教員とのケース会議に参加するなどの活動を行った。

　こうした実施体制のもと、平成22年度では、ソーシャルワーカーが担当したケース数は、111件である。そして学校を訪問した回数は、537回であった。また、学校現場からの相談には、随時対応した。

（2）子ども家庭相談支援体制整備事業の課題

　尼崎市では、主として就学後の子どもを対象に、学校現場において問題を抱える子どもを支援するため、条例を制定し福祉と教育が連携する仕組みを構築したのであるが、これまで一年間の活動を振り返っても連携に関わる幾つかの課題が確認できる。

　第一に、教育の現場に福祉の職員が関わることについての理解が、学校現場全体でみれば、いまだ十分に得られていない。したがって、さらなる普及啓蒙の取組が必要である。福祉事務所にある家庭児童相談室に教育担当のソーシャルワーカーを配置していることもあって、学校現場からみたら、ソーシャルワーカーは、福祉に所属する「外部」の職員である。さらにいえば、学校にソーシャルワーカーを駐在させる、派遣するという形態をとって、福祉が「学校現場の問題に手を突っ込む」ものにみえているかもしれない。

　教育現場の事情に精通しておらず学生指導の経験も乏しいソーシャルワーカーに対しては、ベテランの教員ほど「うまくいくのか」と懐疑的になるのは当然である。また、中学校レベルでは、既に子どもの抱える困難な問題の解決にあたる体制も作られているところが多い。条例策定のプロセスのなかでは、教育と福祉の部局レベルにおいて、家庭児童相談室にソーシャルワーカーを配置する意義について共通理解が作られたが、学校現場のレベルでは、ソーシャルワーカーの役割について、懐疑的な見方を完全に払しょくで

きていない。

　そもそも、こうした状況のなかで、事業をスタートさせているので、最初からすべてうまくいくものではないと考えるべきなのであろう。ソーシャルワーカーには、学校現場において活動実績を積み上げ、教育組織の壁を乗り越えながら、徐々に学校現場の理解を広げていくことが望まれる。学校現場レベルにおける福祉と教育の組織連携は始まったばかりである。今は制度の周知・啓発に取り組み、ソーシャルワーカーの実際の活動を通じ、学校現場に福祉の視点を持ち込む段階にあると考える。

　第二に、ソーシャルワーカーの役割についても、学校現場から必ずしも適切な理解が得られていないと思われる事例が幾つかみられた。たとえば、ソーシャルワーカーに任せたら、学校現場では対応することが難しい親の指導や不登校などの子どもの問題を解決してもらえるといった理解である。要は、ソーシャルワーカーの仕事とは、家庭に出向き親を指導し、子どもを学校に連れてくるものと考えるわけである。逆に、こうした権限をもたないソーシャルワーカーであるから、配置しても意味がないという意見も根強く存在する。

　ソーシャルワーカーの役割は、子どもが抱える問題の解決に向けた学校と子ども・保護者との環境調整、いわば「間接支援」にある。たとえば、学校内に子どもの問題に関わる支援チームを立ち上げる、ケース会議に参加し、教員とは違う立場や考えから、問題のあり方や課題解決の方法を提案する、さらには福祉や医療など外部の社会資源とつなげる、などである。子どもにエンパワメントが必要なケースも多く、そもそも保護者や教員の関わりがなくては、問題解決はありえない。

　子どもが抱える問題の背景には、多くの場合複雑な家庭環境や社会環境に関わる問題が存在している。学校現場が抱える対応困難ケースに対して、ソーシャルワーカーが関与したからといって、直ちに解決できるものは少ない。しかしながら、ソーシャルワーカーの関与により、学校内の役割分担と連携体制が作られ、子どもや家庭に働きかけ続けることにより、子どもや家庭における小さな変化が積み重ねられて、子どもの育ちの環境改善につながっていくわけである。子どもの問題を解決するには、福祉と教育が連携し

た粘り強い組織対応を続ける必要がある。

　これに対して、制度を適切に理解し派遣要請している学校からは、繰り返し派遣要請がある。なかでも、小学校のなかには、子どもの抱える問題に対応する組織体制が十分に確立しておらず、問題解決の実績や経験に乏しい学校がある。こうした学校からソーシャルワーカーの派遣要請があった事例では、学校にソーシャルワーカーが出向いて教員と連携し子どもの抱える問題を解決する仕組みと学校現場におけるソーシャルワーカーの役割について、「有意義である」との評価が得られている。制度の趣旨を理解しソーシャルワーカーの派遣を受け入れた学校においては、子どもの抱える問題に対し、学校の教員だけで解決にあたるのでは限界があり、福祉事務所などの他機関との連携にも関心を持つようになってきている。

　第三に、ソーシャルワーカーのスキル向上、困難ケースへの対応力を高めることが大切である。こうしたことが、学校現場からの制度理解やソーシャルワーカーに対する信頼へとつながっていくものと思われる。

　わが国では、大阪府に代表される学校現場におけるソーシャルワークの実践自体、十分な積み上げがない（山野、2010）。スクール・ソーシャルワーカーの養成の取り組みも始まったばかりである。なかにはソーシャルワーカーが対応困難ケースにうまく対処できない事例もあろう。それも含めて学校現場で活動経験を積み上げていくことが、ソーシャルワーカーのスキル向上につながる。

　ソーシャルワーカーに対するスーパービジョンの体制も大切である。家庭児童相談室は、従来から学校から相談を受けて対応してきた。こうした経験の蓄積をもとに、家庭児童相談室において採用されたソーシャルワーカーに対し、随時必要な助言をしている。

　また、ソーシャルワーカーに対するスーパービジョンとして、外部の学識経験者から必要な助言、コンサルテーションが定期的に受けられる体制を設けている。こうしたスーパービジョン体制を充実させて、学校現場の問題解決に強い専門のソーシャルワーカーの育成に努めている。しかしながら、なによりも学校現場における管理者や生徒指導の教員からの助言や励ましが、ソーシャルワーカーのスキル向上、困難ケースへの対応力を高めることに

役立っていることはいうまでもない。学校現場においても、OJTを通じてソーシャルワーカーを共に育成する視点を持ってほしい。

注
1 日本政府による第一回報告書がこのことを認めている。子どもの権利条約ネットワーク（1998）、を参照。
2 子どもの権利が、どのような状況にあるかについては、中野・小笠編著（1996）、を参照した。
3 当時の自治体の動向、大阪府の子ども総合ビジョンの策定については、永井監修（1997）、が詳しい。
4 大阪府の条例には、「大阪府こども条例」とあるように、「こども権利条例」という名称があえて与えられていない。大人に対し、子どもの尊厳や基本的人権を尊重する責務があることを宣言するものである。こどもに対し、権利には責任が伴うことも付記されている。おそらくは、条例の制定によって、権利を主張するが責任を自覚しない子ども増えることを懸念したのであろう。
5 最近の条例制定の動向については、望月（2007）、を参照のこと。
6 尼崎市の次世代育成支援対策行動計画に対する事業評価に関わる機会が与えられた。事業の現状と課題についての記述は、そこでの評価内容を踏まえているが、記述内容についての文責は、筆者自らにある。

第Ⅱ部
教育福祉学の視点
[専門性と協働性の融合]

第7章　福祉と教育の融合
― スクールソーシャルワークの視点から ―

山野　則子

1．福祉と教育の融合に関する理論

　福祉と教育、教育と福祉の関連をめぐる問題は、古くて新しい歴史的課題である。現代社会の中で、うまく福祉と教育が融合しているのだろうか、そのことを考えるためにまず、理論的なところを少し押さえておこう。

　この課題は、教育学の立場にあった、小川（1985）が、1950年代の後半からの「教育福祉」問題に関する共同調査研究に取り組み、1985年には教育福祉問題として、正面からこの問題に取り組んだ著書を発表している。

　そこでは、学校教育および社会教育における社会福祉問題の位置づけ、その教育内容としての社会福祉のとらえ方、その教え方への問題を「福祉教育」問題とし、児童福祉サービス事業のなかの無意識のままに包摂され、未分化のまま放置されている児童の学習・教育権保障の諸問題を「教育福祉」問題と総称している。

　小川は、教育と福祉の関連をめぐる諸議論を教育福祉論として、貧困家庭の高校進学などの問題、現代にも継続して議論されている幼保一元化問題や感化教育[注1]、働く青年の問題、学童保育の問題、児童養護施設における学習権問題など学校教育に限らず実践的課題を指摘している。そして、その接近方法は、「客観的」「地域的」「主体的」であるべきとしている。当時の高度経済成長期である時代背景において、地道な生活視点での調査を行い、見過ごされがちな子どもたちの実態を浮き彫りにした研究を取り上げ、貧困がなくなったととらえられかねない時代に警鐘をならす役を果たしている。

　では、教育福祉への考え方は、社会福祉の立場の理論ではどうだったであろう。社会福祉の理論を構築してきた、岡村（1958、pp.141-167）も教育福祉について、社会福祉学各論（1963年）のなかで位置付けている。教育福祉を

三段階に分けて、議論を展開させている。第一は、「社会福祉からの教育の疎外」の段階であり、教育が福祉において一般的に無視された、いわば慈善事業的段階、第二に「保護事業における貧児教育」の段階であり、貧困児童その他特殊児童の教育が、普通児童の一般教育と差別され特別扱いされた、社会事業的段階であり、第三段階は「教育制度のなかの社会福祉」として、教育制度自体のなかに、社会福祉的機能を取り入れる、当時にとっての現代の社会福祉的段階としている。

しかし、歴史的に、この議論が、その後十分発展してきたとは言い難く、うまく教育と福祉の融合が起きているとは言えない実態があるのではないだろうか（山野、2006）。次節以降、小川のいう「客観的」「地域的」「主体的」に、現代の子どもや親、学校の状態に焦点を当てて確認してみる。ここでいう教育は、学校という狭い範囲ではないが、本章で取り上げる例として、学校に焦点化して議論することとする。学校は、小中学校は義務教育であり、子どもたち全員が対象となっているからである。

２．現代の子どもをめぐる課題

近年の急速な少子化の進行、後を絶たない児童虐待問題や少年事件の深刻化など、子どもを取り巻く状況はある意味、危機的である。しかし学校では、「問題事例」は一部の子どもたちの特別な問題という意識がいまだ根強くある。しかし、本当に一部の特別な問題なのであろうか。

学校内における暴力行為は2008年度に６万件を超え、前年度比約13％増となっている。厚生労働省が行った1999年の全国児童自立支援施設における調査では、何らかの虐待を受けたことのある入所児童が約６割を占め、2000年の法務総合研究所が行った「少年院在院者に対する被害経験のアンケート調査」では、在院者の約７割に身体的虐待あるいは性的虐待の被虐待経験のあることが報告されている。児童虐待は非行につながる何らかの関連性を浮かび上がらせている。児童虐待に関する悲惨な事件が後を絶たず、大きな社会問題となっている。2000年の「児童虐待の防止等に関する法律」の成立によって児童虐待の定義が初めて法定化された時点から比較すると、2010年の児童虐待件数は約３倍にも及んでいる[注2]。さらに、児童虐待が起きた家庭

第7章 福祉と教育の融合 －スクールソーシャルワークの視点から－

図7-1 児童虐待

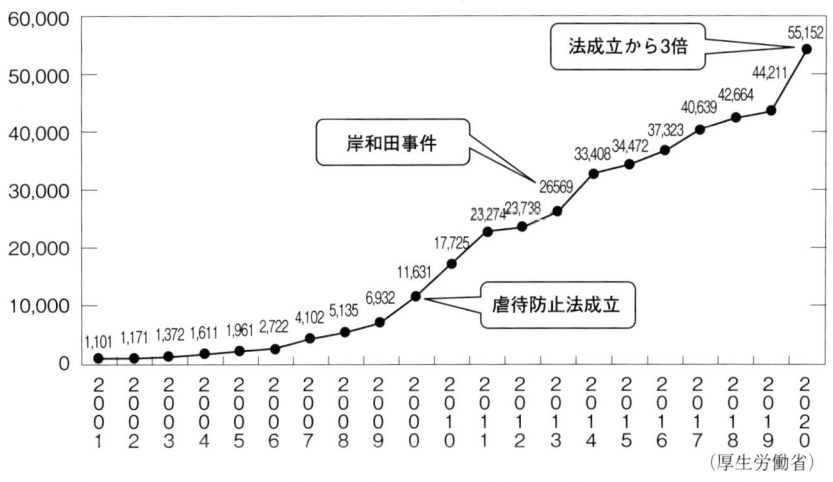

※虐待による死亡事件は、毎年50～60件程度発生しており、実に週に1回のペースで起こっています。

への調査結果からは、虐待の背景として「親の未熟」「親族関係の不和」「社会的に孤立」「精神的に不安定」「多額の借金」などがあることが示され、診断名こそついていないが、精神不安定や人格障害の疑い、アルコール依依存など傾向のある親が67.2%と高い数値であることが報告されている（高橋、2004、pp.5-116）。

不登校については、一見減少あるいは横ばいにも見えるが、全校生徒数との割合で見ると1993年の0.55%から、2003年の1.15%と発生率が10年間で倍増している。また、学力が問題になっているが、もう少し踏み込むと、ある地域での高校における学力・生活実態調査では、「親の娯楽的モノの買い与え」や「子どもの将来への期待」が子どもの学力や進路に影響すると分析している（鍋島、2003）。言い換えれば、親が子どもの将来に見通しをもって子育てしているかが大きな鍵になると言えよう。そして、親の経済状況によって、これらの傾向に差が見られると説明されている。

家庭の経済状況については、2007年度就学援助率は、全国平均13.74%、トップクラスの都道府県では小学校におけるひとり親家庭が3割近いという

第Ⅱ部　教育福祉学の視点［専門性と協働性の融合］

選択肢1　在籍していない　　　選択肢2　5％未満　　　　　　　選択肢3　5％以上,10％未満
選択肢4　10％以上,20％未満　　選択肢5　20％以上,30％未満　　選択肢6　30％以上,50％未満
選択肢7　50％以上
【小学校】※質問：第6学年の児童のうち，就学援助を受けている児童の割合は，どれくらいですか

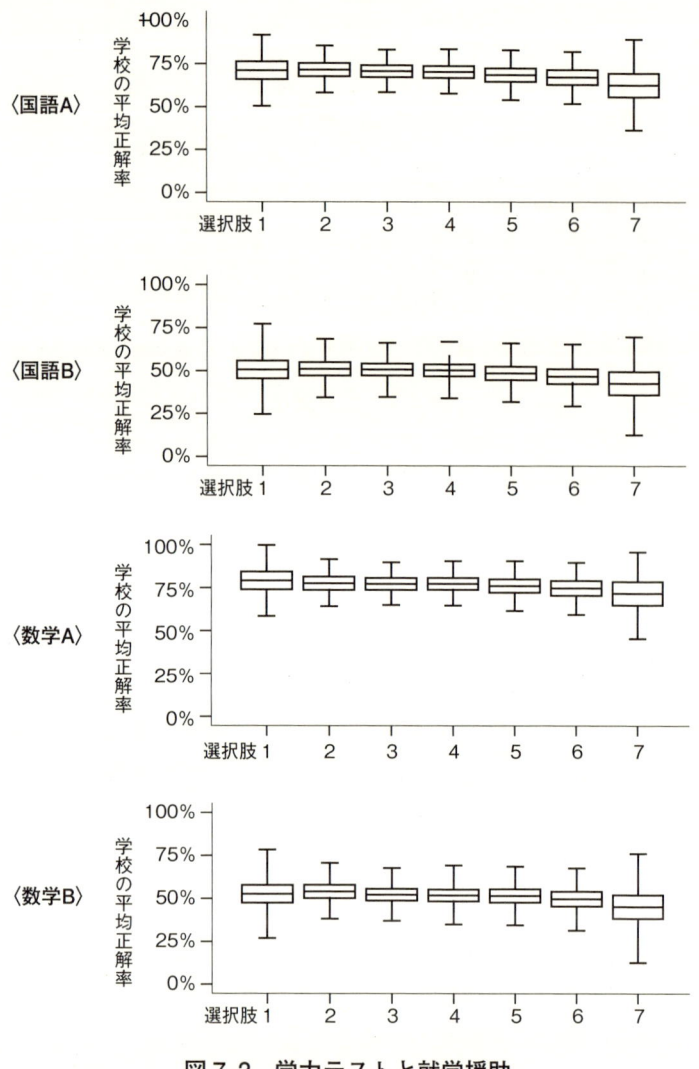

図7-2　学力テストと就学援助

第7章　福祉と教育の融合　－スクールソーシャルワークの視点から－

状況である。また、図7-2は、2009年度の学力テストの結果であるが、就学援助を受けている生徒の割合の高い学校の方が平均正答率が低いという結果であった。

　2009年秋に政府が公表した相対的貧困率、子どもの貧困をみると驚くべき状況である。OECD（経済協力開発機構）による定義は等価可処分所得（世帯の可処分所得を世帯員数の平方根で割った値）が、全国民の等仙叫処分所得の中央値の半分に満たない国民の割合のことをいい、日本は2006年の時点で15.7％だった。2007年の国民生活基礎調査では、日本の2006年の等価可処分所得の中央値（254万円）の半分（127万円）未満が、相対的貧困率の対象となる。これは、単身者では手取り所得が127万円、2人世帯では180万円、3人世帯では224万円、4人世帯では254万円に相当する。この割合が、国民の15.7％を占めるという衝撃的な数値であった。また、2004年の時点で、OECD加盟国の中で、貧困率第4位であったと報告されている。

　子どもの貧困率は、子ども全体のなかで何％の子どもが貧困世帯に属しているかという数値であり、2004年の日本の13.7％は、7人に1人の割合になると言われている（阿部、2009、p.19）。つまり、親が子どもの将来に見通しを持って子育てしているかが大きな鍵になる。阿部は、親の経済状況によって、これらの傾向に明らかに差がみられ、それが希望格差や意欲格差につながり、悪循環を招いていると説明している（阿部、2008）。

　さまざまな家庭の事情によって、将来の展望を持つこと、あるいは毎日の通学さえも家庭的なバックアップがなく、進路の選択肢が狭められたりしている子どもたちが決して稀少な存在ではないことがわかる。「問題」と映る子どもたちの行動には、さまざまな家庭の背景があり、その行動は子どもたちの心の叫びとして繰り返されていると言っても過言ではない。そして、その家族もさまざまな苦しみを抱えている。育児負担感は20年前に比べ、孤立感が2倍、不安感が3倍と急速に増加し、子どもの年齢によっては親全体の3～5割を占め、児童虐待の関連生の高いことも示されている（原田、2004・山野、2005）。いらいらする毎日のなかで学校や行政などのいいやすいところに苦情が殺到するというような現象も生じている（小野田、2006）。

第Ⅱ部　教育福祉学の視点［専門性と協働性の融合］

　以上、経済的に苦しい家庭や孤立状態にある家庭は全体の３割を占める。しかし、子どもや親の問題行動や現象にのみ視点が向きやすいことから、背景にあると考えられる家庭の状況、例えば貧困や孤立は理解されにくい。貧困や孤立、児童虐待、非行の関連性を考えると、学校における問題事例が一

● 最新（2007年調査）の相対的貧困率は、全体で15.7%、子どもで14.2%。
● 一方、大人が1人の「子どもがいる現役世帯」で54.3%。

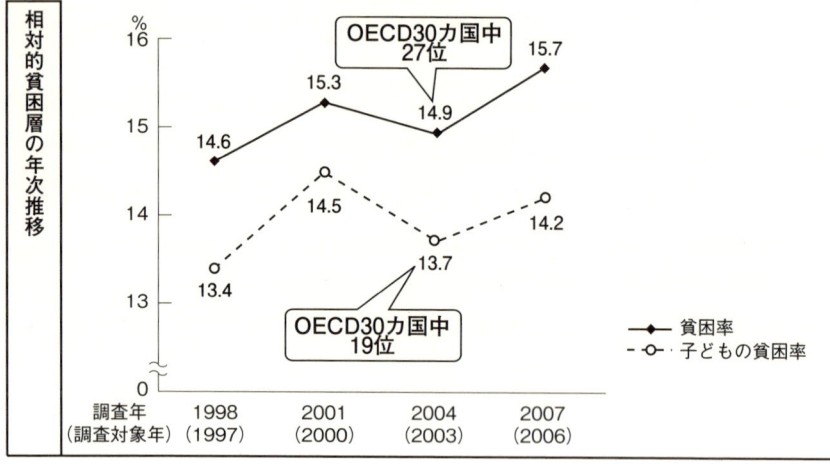

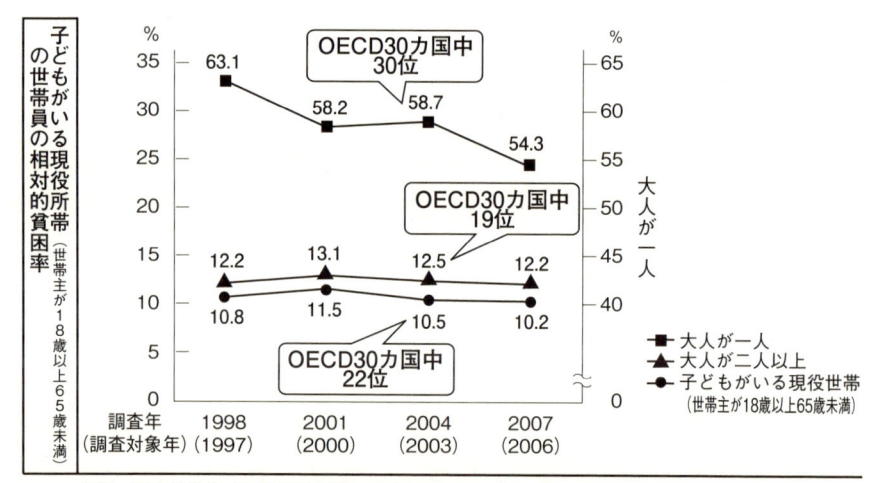

資料：厚生労働省「相対的貧困率の公表についてい」（平成21年10月20日）、
　　　「子どもがいる現役所帯の世帯員の相対的貧困率の公表について」（平成21年11月13日）

図 7-3　相対的貧困率の推移について

部の子どもたちの特別な問題でないという認識を持つべきである。ここに大きく大人の認識に警鐘を鳴らしたい。つまり、小川の教育福祉を意味づけた、貧困等の教育と福祉の関連諸課題、特に学習・教育権保障は、一部の問題に聞こえていたかもしれないが、実態に即して幅を広げて、捉えなおす必要があるのではないかと考える。

3．学校における現状

では、誰もが通う、学校での実態はどうであろうか。

文部科学省が40年ぶりに実施した教職員の勤務実態調査[注3]を行い、教職員の１日の平均労働時間が約11時間、1時間半〜２時間の残業を行っていることを明らかにした。

また、文部科学省が発表しているわが国における教師の病気休職者数の推移[注4]（図7-4）では、年々休職者数は増加し、特に「精神性疾患」による休職者数が増加していることがわかる。2008年度の精神性疾患による休職者数は5400人に上り、病気休職者に占める割合は63%と高い。これは、平成11年度の精神性疾患による休職者の３倍である。

教師の抱えるストレスについて、文部科学省の委託を受けて行った調査[注5]によると、「仕事にやりがいを感じる」と答えた教師は全体の90%であり、これは一般企業で働く社員（以下、「一般企業」）の1.7倍であった。一方で、この１ヶ月の生活の中で「気持ちが沈んで憂鬱」になったとして、うつ傾向を示した教師は全体の28%で、一般企業の平均と比べると2.9倍であることが明らかとなった。また、「１週間の中で休める日がない」と答えた教師は44%、「勤務時間以外でする仕事が多い」と答えた教師は89%に上り、いずれも一般企業を大きく上回る結果となった。さらに、こうした状況のもと、「児童生徒の訴えを十分聴く余裕がない」と答えた教師は61.5%であり、「児童生徒にうまく対応できない」と答えた教師は18.8%であった。しかし、その教師への対応は十分ではなく、「教員のためのメンタルヘルス対策は必要か」について、必要であると回答したものが78.6%であるのに対して、「教員のためのメンタルヘルス対策は十分に取り組んでいるか」という問いに、十分取り組んでいると回答したのは0.8%であった。

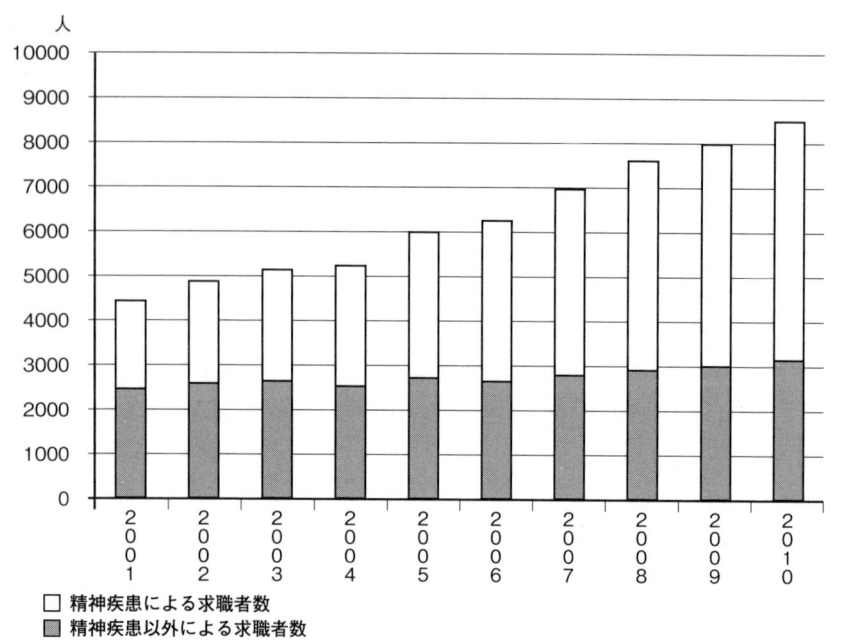

第Ⅱ部　教育福祉学の視点［専門性と協働性の融合］

□ 精神疾患による求職者数
■ 精神疾患以外による求職者数

資料：文部科学省「平成20年度　教育職員に係る懲戒処分等の状況について」をもとに厨子健一（厨子・山下・門田・山野近刊『スクール（学校）ソーシャルワーク教育課程標準テキスト』）が作成

図7-4　病気休職者数の推移

　では具体的に子どもへの対応や保護者への対応でどのようなことが困り感になっているか、大阪府下の26市小学校205校、中学校98校の教師8626人に配布し、3089人の回収を得た（回収率47.14%）、教師の困り感に関する調査（山野、2008）を紹介しよう。

　具体的に子どもに関する困り感の上位は、「何度も指導するが伝わらない78.5%」「ちょっとしたことにすねたりキレたりする78.1%」であり、保護者に関する困り感の上位は、「持ち物がそろわない76.7%」「子どもの宿題をみていない74.1%」「教材等の支払いが滞る70.5%」であり、図7-5のように相談領域を4つに区分すると、教師の困り感は親や子ども本人に問題意識がないが、教師に問題意識がある領域に多く当てはまった。何とか対応したいが、課題を保護者と共有し共に取り組んでいくことに難しさを感じている現状が明らかになった。

第7章　福祉と教育の融合　−スクールソーシャルワークの視点から−

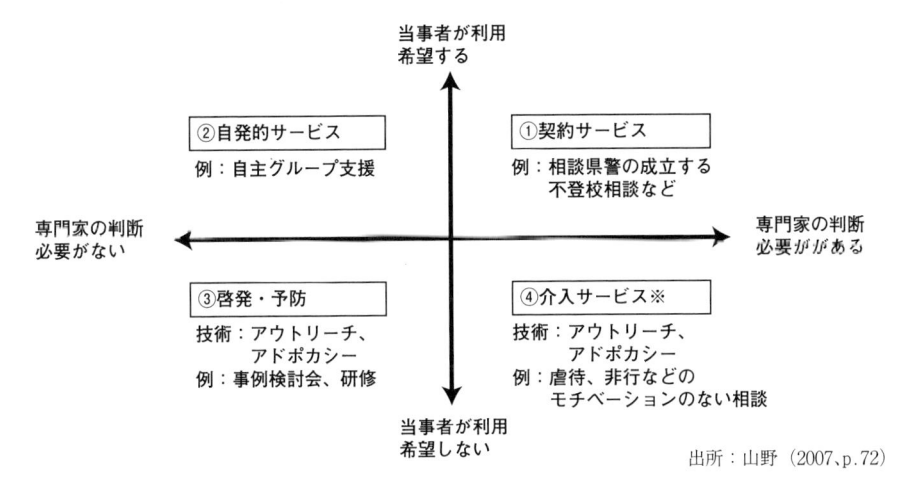

```
                    当事者が利用
                    希望する
                         ↑
    ②自発的サービス    │    ①契約サービス
    例：自主グループ支援 │   例：相談県警の成立する
                         │        不登校相談など
専門家の判断              │              専門家の判断
必要がない ←─────────────┼─────────────→ 必要がある
    ③啓発・予防         │   ④介入サービス※
    技術：アウトリーチ、 │   技術：アウトリーチ、
        アドボカシー     │       アドボカシー
    例：事例検討会、研修 │   例：虐待、非行などの
                         │       モチベーションのない相談
                         ↓
                    当事者が利用
                    希望しない
                              出所：山野（2007, p.72）
```

図7-5　子どもの相談領域

　全般的な悩みとして上位を占めたのは、「教師に簡単な福祉サービスの知識が必要である80.0％」「自分の行っている対応がこれでいいのか不安を感じるときがある79.7％」「個別事例の明確な目標や方針についてはっきりしないまま日常に追われる75.2％」であり、校内体制に関する困りごととして、「校内において、家庭のことがどこまで教師の仕事の範疇なのか明確にあるわけではない83.2％」「学校で引き受けるべき課題か専門家に任すべき課題か区別が欲しい70.0％」であった。関係機関に関して感じていることや困りごとの上位は、「関係機関との連携は有効である91.1％」「関係機関のことを理解したい83.7％」と思いながら、「子ども家庭センターなど関係機関につないだ場合、その後どうなっているのかわからない79.7％」「気軽に相談にのってくれる関係機関が欲しい79.0％」「関係機関と学校の間を調整してくれる役割が欲しい70.9％」との回答が高く占めていた。

　以上、教師の身体的・精神的負担は、想像以上に深刻なものであり、学校組織がシステム疲労していることもうかがわせる状況にあると言えよう。学校に対してシステム構築と具体的な支援を早急に行うことができるようサポートすることが、子どもの最善の利益の保障につながるであろうことが理

解できる。そして教師のなかに福祉の認知度はさほど高くないことがわかり、岡村の指摘した教育制度自体のなかに、社会福祉的機能を取り入れる課題は、就学援助など具体のサービス提供は可能になってきたかもしれないが、実態は機能として社会福祉が十分に教育制度に入りこめていないと言えよう。

4．新たな融合

　子どもの最善の利益の保障を考えたときに、このような社会や教育のひずみに対応するために、根本的に今までと違った枠組みにおいて支援の仕組みが必要ではないだろうか。どのような方法で取り組んでいけばいいのであろうか。その例の1つに、以前から理論としては出されていた学校福祉という枠組みで、さらに内容を現代的状況に対応したスクールソーシャルワークを新たな福祉と教育の融合として、検討してみよう。
　以下、簡単にスクールソーシャルワークを紹介し、福祉と教育の融合という意味においてのスクールソーシャルワークの意義、協働から生まれるものについて述べる。

1）スクールソーシャルワークとは（山野、2010、pp.1-6）

　ソーシャルワークとは、国際ソーシャルワーカー連盟（IFSW）の定義によると「ソーシャルワーク専門職は、人間の福利（ウェルビーイング）の増進を目指して、社会の変革を進め、人間関係における問題解決を図り、人びとのエンパワーメントと解放を促していく。ソーシャルワークは、人間の行動と社会システムに関する理論を利用して、人びとがその環境と相互に影響し合う接点に介入する。人権と社会正義の原理は、ソーシャルワークの拠り所とする基盤である 」とされている。ソーシャルワークは、価値、理論、および実践が相互に関連しあうシステムである。
　以上のソーシャルワークを学校をベースに展開するのが、スクールソーシャルワーク（以下、SSWとする）である。ソーシャルワークの価値とは、例えば虐待者である親や非行少年に一方的に批判的・指導的にみるのではなく、彼らの生活そのものや周囲の状況、成り立ちのプロセスに眼を向け、親

第7章 福祉と教育の融合 −スクールソーシャルワークの視点から−

の立場や非行少年の代弁も含めて援助活動を行うこととなる。理論としては、例えば、なぜこのような状態になったのか、起きている現象にとらわれずに、さまざまな環境を含めて考えるエコロジカル・アプローチの理論に基づいて検討する。実践とは教師が所持している情報量と今までの取り組みを生かして、社会福祉援助プロセスとして、アセスメント（見立て）とプランニング（手立て）、モニタリング（見直し）に基づいて行なう。

社会福祉援助の範囲としては、ミクロ、メゾ、マクロレベルが存在し、学校領域にあわせると、個別事例への環境を視野に入れた取り組み、校内体制の変革への取り組み、制度・政策立案などシステム作りに関わる取り組みといえよう。それぞれのシステムサイズに合わせた援助理論に基づいた実践を

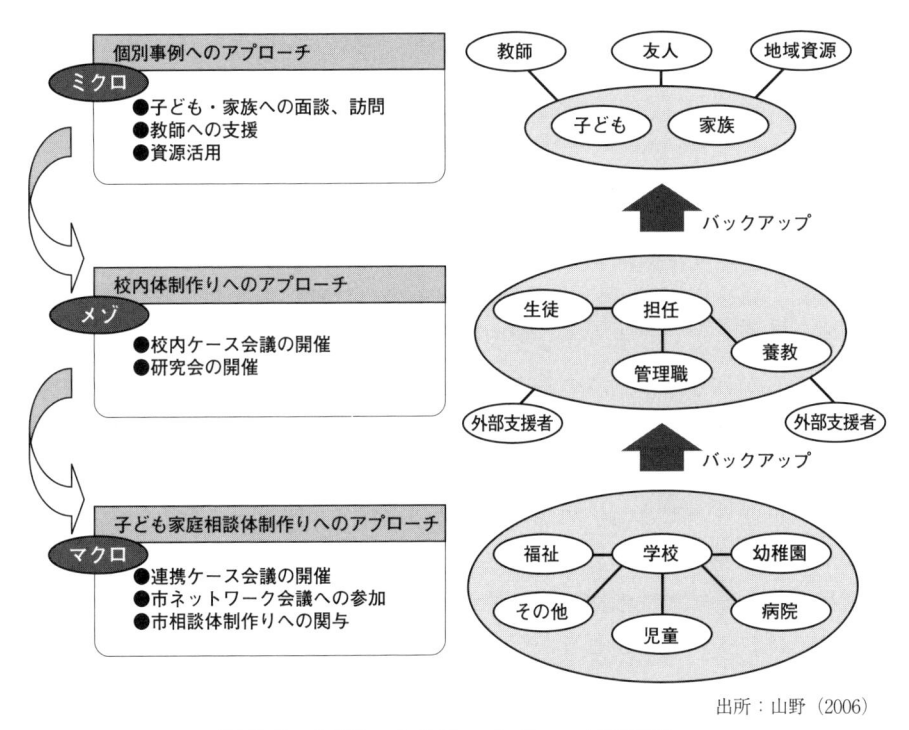

出所：山野（2006）

図7-6　SSW：ミクロ・メゾ・マクロ実践

125

展開する（図7-6）。

つまり、ミクロレベルでは、これらの知識（制度やサービス、法律）を活用し、アセスメント等の手法を用いて、非行、不登校、児童虐待などさまざまな子ども、背景にある家族の問題に介入する。メゾレベルでは、学級崩壊や自殺、虐待、事故、災害など事件が発生したときに危機問題として、あるいは通常の悪化した状態として組織論、システム理論などを活用して学校組織に介入する。結果として、学校組織の改善に有効だったという自治体が複数出現している。マクロレベルでは、市の相談体制作りなど政策作り、地域組織づくりに介入する。これも結果として、施策化され、自治体の予算化につながった市町村が続出している。

そして、どのレベルにおいてもニーズを重視して展開する。ここには、子ども、家族、学校、教育委員会（以下、教委とする）、それぞれのニーズが存在する。さまざまなニーズを調整しながら、子どもの最善の利益の尊重を考える。

以上第3節で述べてきた、学校に対してシステム構築と具体的な支援を行える可能性がある。

2）福祉と教育の融合としての意義

すでに、第2節で述べてきた子どもたちの現状は、本人が意識しているかどうかは別にして、さまざまな要因の不安定な家庭背景や状況が考えられる子どもたちが3分の1を占めることを考えても一部の特別な子どもたちの問題ではないと言えよう。そう考えると、すべての子どもが対象となる「学校」において、福祉との融合が実現すると、すべての子どもたちに福祉の視点が届く可能性ができ、早期発見や予防に役立つ。福祉から見ると全数把握の観点から重要な意義があり、教育から見ると全員の子どもたちにさまざまな環境からくる学習権の保障がなされない状況を改善することになる。これらのことは、すべての子どもが持つ教育を受ける権利を学校を基盤に保障するというごく当り前のことを確実にこなすことにほかならない。

つまり、第2節の現状からの分析によって、この当たり前の保障を教育の場で展開することができていない可能性があるかもしれない、すべての子ど

もにも学習権や子どもの最善の利益が保障されていない可能性があるという危機感を伴った認識をする必要があることを示してきた。

そして、重要なことは、第2節で述べたように、子どもや家族に問題認識がみえにくく、教師の眼には困らせる対象として映る場合もあることである。ここに社会福祉の固有の視点が必要になる。問題意識がないからといって、かかわらないのではなく、表面的には見えないニーズを探り、課題を認識するプロセスに丁寧につきあっていく、ソーシャルワークのアウトリーチという技法によって、問題意識のない子ども・家族（図7-5の第4領域）でも必要な事例には積極的に関わっていくことができる可能性がある。教師のニーズ調査からも、学校にソーシャルワークの技術が必要であると言えよう。

3）教育と福祉の協働から生まれるもの

では、福祉と教育が協働する、学校にスクールソーシャルワーカーが入ることによって、生まれるものは、何であろうか。

先進地のスクールソーシャルワーカーのインタビューによる実証的調査から、「新たな主体化」が生まれるという結果が示されている（山野・厨子、2011）。協働をうまく進めるためには、それぞれの限界を明らかにすることであり、協働が進むことで、結果生まれるのはそれぞれの専門性が明確になり、専門性が高まるというものであった。決して、融合によって、ごちゃまぜになる、混乱するというものではない。

福祉と教育の認識の違いやそれぞれのダイナミックスに影響されながら、SSWの実践プロセスは、教師の認識、教育委員会担当者の認識、スクールソーシャルワーカーの認識、それぞれの分野の専門職の認識が非常に影響している。福祉、教育の立場のそれぞれの人間の認識が重要である。

このことは、教師以外の専門職にとって、学校には学校文化の馴染みにくさがあると言われる点にも関連する。違った専門性を頭から批判、否定するのではなく、今まで積み重ねられた取り組み、思考方法を尊重し、そこから気づくという姿勢を持ちながら、自身の専門性の限界をオープンにする、これら一連の行動をお互いが繰り返すことでそれぞれの特徴が理解され、認

第Ⅱ部　教育福祉学の視点［専門性と協働性の融合］

識が変化していく。そして、協働が生まれていくのである。協働によって、視点が広がり、アプローチ方法が広がる。確実に今まで不可能だったことの一部分でも可能になる。そして、その協働から研ぎ澄まされるのはそれぞれの専門性である。

5．評価と今後の課題

　小川の教育福祉議論から始まって現代の子どもを取り巻く環境を示し、新たな方法としてのスクールソーシャルワークを取り上げてきた。最後にその評価を検討してみよう。今までの小川の示してきた教育福祉と何が違うのであろうか。スクールソーシャルワークが十分ではないが着目されつつあるのはなぜなのだろうか。

　今まで示してきた子どもをめぐる環境は、小川のいう「児童の学習・教育権保障」がなされているといえるのか。貧困や虐待、子育て不安の数値をみると予備軍を含めて、かなりの数で不安定な状況がわかり、これはまさに「児童の学習・教育権保障」問題がここに存在するといえる。しかし、今まで長く、児童福祉の認識は、問題がかなり表面化してアプローチされる児童相談所や児童養護施設の保護的機能が中心であり、3割を占める子どもたちを取り巻く環境にアプローチをすることはできていなかった。実際に児童福祉は保護的機能以外に社会福祉の機能を学校に示すことはできていなかった。当然、いわゆる社会福祉そのものが浸透していたのではなく、社会福祉の機能の一部である保護的機能のみが学校現場に認知されていたといえる（岡村、1985）。

　小川の「児童の学習・教育権保障」に関する問題提起や方法も学校批判として受け止められ、教育行政内部に受け入れられにくい側面があった。スクールソーシャルワークの理念は当時の小川の考えとずれるわけではない。

　しかし、学校からこぼれた子どもたちを見落とさずに、「児童の学習・教育権保障」しようという小川の主張に対して、その子どもや家族が少数ではなくなってきていることを示し、学校外に保障を求めるのではなく、特別な子どもや家族を取り出すのではなく、すべての子どもが対象である学校において考える始点にする、つまり全数把握の学校を拠点に保障する仕組みを作

第7章　福祉と教育の融合　－スクールソーシャルワークの視点から－

り出すことを考えたい。その手法としてソーシャルワークに可能性がある。

　もう少し具体的に述べると、明らかに教育内部に入り込んでともに問題発見から対応まで、関係機関を巻き込んで取り組んでいくことを作ろうとしている点に違いがある。結果、外側からでは触ることのできなかった、学校文化に新風を入れているといえよう。また、学校に異職種が入る先行例として臨床心理士によるスクールカウンセラー制度との違いで言えば、社会福祉の対象がメゾ、マクロアプローチが存在することから、学校組織を対象とすることにも責任があるという視点に違いがあるといえよう。

　学校組織に内部から変革をもたらしていくことは容易なことではない。結果を見るにはまだまだ時間を要するであろう。しかし、以下２点を行っていることが、学校の内側からの変革をもたらしている可能性がある。１つは、児童相談所などの外側からのアプローチは点になりがちだが、学校内部において苦しみや達成感をともに持って教育委員会や学校と一緒に動くことによって「点ではなく線」にしている。２つめは、教師という一職種のみの見方になりがちな学校内部に、自身が入るだけではなく、さまざまな見方ができるメンバーを導入する活動を行い、学校に視点の広がりや対応力をあげ、「点を面にする」作業を行っている。

　これは、まさに岡村のいう教育制度自体のなかに、社会福祉的機能を取り入れる、可能性への挑戦である。しかし、ここでいう教育のなかに入りこむことは教育の専門家が福祉を知るだけではなく、すでに指摘した、さまざまな問題の多さから、福祉の専門家と協働することが必要であることを指す。

　「協働」とは、力関係の優劣がある、指示系統があるのではなく、対等に考えていくこと、ともに働き新しいものを作り出すことである。どちらかがどちらかのやり方を批判するのではない。またなれ合いで許しあうことでもない。双方の限界を明らかにした上で、何ができるのか、何を作り上げるのかという視点を持ってともに活動することである。

　福祉と教育が、学問として融合していくためには、実践と同様に、それぞれのなり立ち、理論、視座が違うなかで、それぞれを尊重し、それぞれの学問的限界を把握すること、によって可能性が出現するのではないか。課題が複雑多様化し、数値的にも一部ではなくなった現代社会において、すべての

第Ⅱ部　教育福祉学の視点［専門性と協働性の融合］

子どもたちを対象にした教育の取り組みと特別な子どもや家族を対象にした福祉を融合することによって網の目からこぼれずに、子どもたちに学習・教育権保障含む最善の利益を保障する仕組みを作成することができるのではないだろうか。

注
1　感化教育とは、非行少年への教育のことである。
2　厚生労働省「児童相談所における児童虐待相談対応件数」
　　http://www.mhlw.go.jp/stf/houdou/2r9852000001jiq1-att/2r9852000001jj3c.pdf
3　文部科学省「教員勤務実態調査報告書について」2007年。
　　http://www.mext.go.jp/b_menu/houdou/19/05/07052313.htm
4　文部科学省（2009）「平成20年度　教育職員に係る懲戒処分等の状況について」。
　　http//wwwmextgojp/a_menu/shotou/jinji/1288132htm
5　この調査は、文部科学省の委託事業「新教育システム開発プログラム」として、東京都教職員互助会三楽病院とウェルリンク株式会社が合同で、全国7つの道府県の公立小中学校の教師あわせて1600人を対象に、平成18年11月〜20年3月の間に実施したものである。http://www.welllink.co.jp/press/

第8章　児童福祉施設で生活する子どもの学習権

伊藤　嘉余子

1．「学習権」とは何か

1）「教育権」と「学習権」

「教育権」とは「教育を受ける権利」のことであり、第二次世界大戦以降に世界中に普及し、今日では人間がもつ普遍的な権利の一つとして位置づけられている。具体的には、1959年に採択された「子どもの権利宣言」、1989年に採択された「児童の権利に関する条約（以下、子どもの権利条約）」の中で、子どもの教育権について規定されている。また、日本においては、日本国憲法第26条において教育権が保障されている。

教育権には大きく2つの特徴がある。1つは教育権の対象は子どもであること、もう1つは、国家が子どもに対して無償で初等教育を行うことが義務付けられており、子どもは国家が行う教育を受けることができるということである。

教育権が子どもを対象としている一方で、学習権は成人教育を含めた生涯教育の思想がベースとなっている。そこで次項では学習権の具体的内容についてみていくことにする。

表8-1　日本国憲法

> 日本国憲法
> 第26条　すべて国民は、法律の定めるところにより、その能力に応じて、ひとしく教育を受ける権利を有する。
> 2　すべて国民は、法律の定めるところにより、その保護する子女に普通教育を受けさせる義務を負ふ。義務教育は、これを無償とする。

表8-2　子どもの権利宣言

「子どもの権利宣言」原則7
子どもは教育を受ける権利を有する。その教育は、少なくとも初等段階においては、無償かつ義務的でなければならない。子どもは一般教養を高め、かつ、平等な機会に基づいて、能力、個人的判断力ならびに道徳的及び社会的責任感を発達させ、社会の有用な一員となることができるような教育を与えられなければならない。子どもの最善の利益は、子どもの教育及び指導に責任を負う者の指導原理でなければならない。その責任は、まず第一に子どもの親にある。（以下略）

表8-3　子どもの権利条約　第28条

「子どもの権利条約」第二十八条
1　締結国は、教育についての児童の権利を認めるものとし、この権利を漸進的にかつ機会の平等を基礎として達成するため、特に、
(a) 初等教育を義務的なものとし、すべての者に対して無償のものとする。
(b) 種々の形態の中等教育（一般教育及び職業教育を含む）の発展を奨励し、すべての児童に対し、これらの中等教育が利用可能であり、かつ、これらを利用する機会が与えられるものとし、例えば、無償教育の導入、必要な場合における財政的援助の提供のような適当な措置をとる。
(c) すべての適当な方法により、能力に応じ、すべての者に対して高等教育を利用する機会が与えられるものとする。
(d) すべての児童に対し、教育及び職業に関する情報及び指導が利用可能であり、かつこれらを利用する機会が与えられるものとする。
(e) 定期的な登校及び中途退学率の減少を奨励するための措置をとる。　（以下略）

2）ユネスコ「学習権宣言」

1985年3月、パリで第4回ユネスコ成人教育国際会議が開かれ、「学習権宣言」(Declaration of UNESCO Conference: The Right to Learn) が採択され、学習権について以下のように定義された。

> 学習権とは、
> 読み書きの権利であり、
> 問い続け、深く考える権利であり、
> 想像し、創造する権利であり、
> 自分自身の世界を読みとり、歴史をつづる権利であり、
> あらゆる教育の手だてを得る権利であり、
> 個人的・集団的力量を発揮させる権利である。　　（以下略）

この学習権宣言において注目すべき点は以下の4点である。

第一に、「学習権はすべての人類にとって重要である」とした上で、特に世界の不利な立場にある人々の学習権について重要視している点である。これは、従来の「教育を受ける権利」「教育の機会均等」といった原理原則に加えて、より広範囲の人々の学習権を強く意識した積極的な考え方であるといえよう。

第二に、学習権が生命維持と生活向上に不可欠であるとされている点である。こうした認識は、冒頭で「学習権とは、読み書きの権利である」と定義している点にもあらわれている。この宣言では、学習権は他の基本的人権を確保するための前提条件として「（学習権は）人間の存在にとって不可欠な手段」であり「学習権なくして人間的発達はありえない」と捉えられている。

第三に、学習権は、単なる経済発展の手段ではなく、一つの基本的人権として認められるべきものだと主張している点である。この宣言では「読み書きできる権利」を「人が人として生きる権利」と同等の「基本的人権の問題」として捉えている。

第四に、学習権とは「想像し創造する権利であり、自分自身の世界を読みとり、歴史をつくる権利」とされているように、すべての人が歴史を創造する主体であると捉えられている点である。

　「学習権宣言」では最後に「人類が将来どうなるか、それは誰が決めることか」という問題について「すべての政府・非政府組織、個人、グループが直面している問題」であるとした上で「すべての人間が個人として、集団として、さらに人類全体として、自らの運命を自ら統御することができるようにと努力している女性と男性が直面している問題でもある」と結んでいる。性別や年齢、住居地や国籍などに関わらず、学習権がすべての人間の基本的人権にあるということを社会全体で承認し、具現化できるかどうかは全人類にとって大きな課題であるといえる。しかし、現実問題として、今の日本には「教育的無権利層」が存在する。具体的には、不登校の子ども、在日外国人の子ども、児童養護施設をはじめとする児童福祉施設入所中の子ども、障害児や虚弱児等が挙げられる。次節以降は、こうした「教育的無権利層」といわれる子どもたちの中の、児童福祉施設入所中の子どもの学習権に焦点をあて、その実態や権利保障のための取り組み等について考えていきたい。

2．児童養護施設で生活する子どもと学習権

1) 児童養護施設の子どもたちの学力と進学率

　児童養護施設は、「保護者のない児童（乳児を除く。ただし、安定した生活環境の確保その他の理由により特に必要のある場合には、乳児を含む）、虐待されている児童その他環境上養護を要する児童を入所させて、養護するとともに退所した者に対する相談その他の自立のための援助を行うことを目的とする施設」である（児童福祉法第41条）。

　児童養護施設で生活する子どもの中には、施設入所に至るまでの被虐待体験を含む生活体験や家庭環境等の影響によって、個々の生活や学習に主体的かつ意欲的に取り組むことが困難な者が少なくない。また、近年ではADHDやLDの子どもの入所が増加傾向にある。こうした状況から、児童養護施設の子どもの多くは、一般家庭の子どもと比して学力に課題をもっていることが多いといえる。

児童養護施設の子どもたちの学力の現状を知る一つの目安として、まず「高校進学率」に着目したい。2010（平成22）年5月現在、2010年3月に中学校を卒業した子ども2,509人のうち、高校等に進学した者は2,305人（91.9%）、専修学校等に進学した者は64人（2.6%）、就職した者は62人（2.5%）となっている。

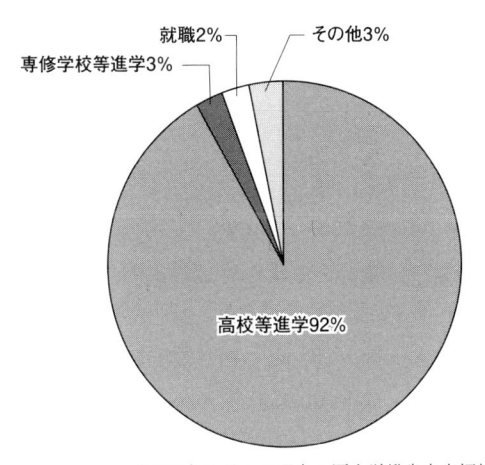

（2010年5月1日現在：厚生労働省家庭福祉課）

図8-2　児童養護施設：中学校卒業後の進路

　ちなみに、1970（昭和45）年の調査では養護施設の子どもの高校進学率はわずか23.3%であった。しかし1973（昭和48）年に養護施設の措置費に「特別育成費」として高校教育費が支出されるようになり、養護施設入所児童の高校進学への門戸が広がった。2000（平成12）年には高校進学率は82.8%まで上昇し、この40年で児童養護施設の子どもの高校進学保障は大きく前進してきている。しかし、一般の高校進学率の全国平均は97.9%となっており、今後もたゆまぬ努力や改善が必要な状況であるといえよう。
　次に高校卒業後の進路についてである。同じく2009（平成22）年度末に高校を卒業した1,444人のうち、大学等に進学したのは187人（13.0%）、専修学校等に進学した者は146人（10.1%）であり、就職した969人

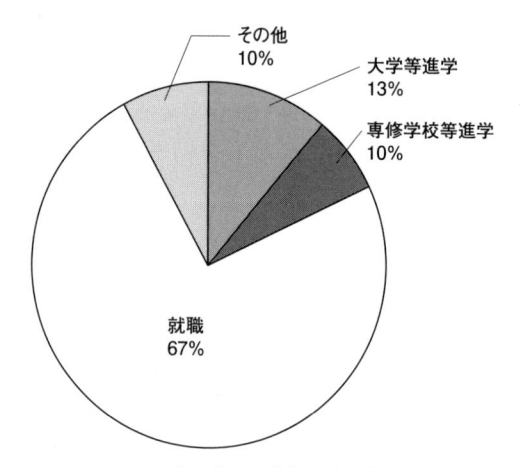

第Ⅱ部　教育福祉学の視点［専門性と協働性の融合］

その他 10%
大学等進学 13%
専修学校等進学 10%
就職 67%

（2010年5月1日現在：厚生労働省家庭福祉課）

図8-3　児童養護施設：高等学校卒業後の進路

（67.1%）を大きく下回っている。

　児童養護施設の子どもの大学進学率は年々上昇傾向にはあるが、一般家庭の子どもの大学進学率53.9%にはまだまだ届かない現状である。（一般家庭の子どもの進学率については「2009年度:文部科学省生涯学習政策局調査企画課『学校基本調査報告書』」参照）

2）児童養護施設の子どもの学習権保障のための取り組み

　児童養護施設の子どもの学習権保障のための取り組みとして、①進学希望者への経済的支援、②学力向上のための学習指導、の2点について紹介する。

①進学希望者への経済的支援

　児童養護施設から大学進学を希望する子どもに対する経済的支援として、各種団体からの奨学金制度がある。具体的には、日本育英会、雨宮財団、読売光と愛の事業団、各自治体レベルでの児童養護施設の子どもを対象とした奨学財団からの奨学金等がある。また近年では一般企業による児童養護施設の子どもへの奨学金制度創設も増えている。

表8-4　A企業による児童養護施設の子ども向け奨学金制度の概要

応募資格	児童養護施設に在籍し、大学/短大/専門学校への進学が決定している高校3年生
応募期間	2月（選考結果通知は3/1）
給付内容	年間50万円を卒業まで給付給付期間は卒業までの最短の在学期間他の奨学金との併用可
応募書類	①申請書（各児童養護施設に配布） ②作文「将来の夢」 ③施設長からの推薦文 ④成績表のコピー

　児童養護施設の子どもの保護者には、子どもを大学等に進学させる経済力がないことが少なくない。そのため、子どもに学力や学習・進学意欲がある場合には、保護者に代わって子どもの学習権を経済的にバックアップする仕組みが必要になる。しかし希望者全員が経済的支援を受けられるわけではないため、今後の充実が求められる。

②児童養護施設における学習指導

　それぞれの施設において、子どもの学力向上を目指し、施設職員による学習指導はもちろん、学習ボランティアの活用、学習塾や通信教育などの資源を活用した学習指導などが行われている。また、施設によっては、子どもが通う小・中学校の教員や塾講師に週に1〜2日ほど夕方施設に学習指導に来てもらうという取り組みを行っているところもある。多くの施設が、子どもの学習指導に割く十分な経済的余裕がないため、塾講師や元教員等の善意やボランティアに支えられて学習指導を展開している現状である。

　施設の子どもの学習指導は、単に学力をつけることだけを目的とするものではない。学力向上も当然重要であるが、学習に取り組むことを通じて、忍耐力や集中力を身につけたり、達成感を味わったりする体験を通して、学習以外の課題への取り組み方のヒントを得たり、精神的な成長のチャンスを得たりするといった効果が期待できる。また、学習指導者との人間関係を構築するプロセスの中で、大人への信頼感や適切な依存関係の構築を学ぶこともできる。

施設における学習指導は、子どもがもつ可能性を信じて展開することによって学力向上はもちろんその他のあらゆる意味での子どもの成長につながる。子どもが学習に意欲的に取り組むことで、高等教育を受ける機会が拡大し、将来の就職を含めた生き方、人生設計の選択肢を拡げることができるということを子ども自身が自覚できるよう指導・支援を進めることが大切である。そのためにも、大学進学の機会保障につながる様々な支援制度の拡充が必要である。

3．児童自立支援施設で生活する子どもと学習権

1）児童自立支援施設における学習権獲得までの歴史的経緯

児童自立支援施設の子どもたちは、その前身である教護院の時代から長く教育権、学習権を保障されてこなかった。ここでは児童自立支援施設の子どもたちが学習権を獲得するまでに辿った経緯について概説する。

児童自立支援施設（前:教護院）は、不良行為をなし、又はなすおそれのある児童及び家庭環境その他の環境上の理由により生活指導等を要する児童を入所させ、又は保護者の下から通わせて、個々の児童の状況に応じて必要な指導を行い、その自立を支援することを目的とする施設である（児童福祉法）。

教護院では「養育（生活指導）」「教育（学科指導）」「労作（作業指導）」が三位一体として行われていたが、そのうちの「学科教育」のレベルや質の低さが指摘されていた。こうした問題への対処策として、1969年・1972年・1984年・1988年に「学科指導の強化について」「高校進学の取り扱いについて及び学校教育の取り扱いについて」の通知が出された。就学免除され、学校に通わず、施設の中で独自の学科教育を受けるということの限界が問題視され、その教育内容の改変と充実が迫られたといえる。しかし、施設における学科教育の強化がうたわれる一方で、地域の学校への就学は猶予されたままであり、「義務教育に準ずる教育」という規定は残されたままであった。

1979（昭和54）年に身体・知的障害児の養護学校が義務設置になった際、児童自立支援施設（当時は教護院）の子どもは義務教育の対象とならず、彼らに提供される教育は「義務教育に準ずる教育」のままとなった。この背景

には、教護院で生活する子どもを権利主体として捉える視点や彼らの人権を擁護するという視点の欠如が考えられる。教護院で生活する子どもたちは「犯罪行為を含む問題行動を起こした、あるいは起こす可能性の高い子ども」であるため非行性が除去されないうちは義務教育の対象とはなり得ないと判断されたのではないだろうか。

こうした状況に対して「教護院における『義務教育に準ずる教育』は人権侵害である」との指摘を繰り返したのは、小嶋直太郎（1967）（元滋賀県立淡海学園長）であった。小嶋は「教護の対象は教護児童である」「教護児童である前に児童である」との教護理念をもって、教護院における義務教育の必要性を主張した。

1997（平成9）年に児童福祉法が改正され、児童福祉法第48条「児童福祉施設に入所中の児童の教育」に児童自立支援施設が加えられ、ようやく児童

表8-5　子どもの就学状況

（児童自立支援施設と児童養護施設のみ抜粋：2008年2月現在）

	総数	就学前	小学校低学年	小学校高学年	中学校	中学卒 公立高	中学卒 私立高	中学卒 その他	不詳
自立施設	1,995	−	18	185	1,476	85	17	213	1
	100.0%		0.9%	9.3%	74.0%	4.3%	0.9%	10.7%	0.1%
養護施設	31,593	6,388	5,831	7,083	7,161	3,519	961	399	251
	100.0%	20.2%	18.5%	22.4%	22.7%	11.1%	3.0%	1.3%	0.8%

（厚生労働省雇用均等・児童家庭局「児童養護施設入所児童等調査」）

表8-6　学業の状況別児童数

（2008年2月現在）

	総数	すぐれている	特に問題なし	遅れがある	不詳
自 立 施 設	1,995	82	599	1,277	37
	100.0%	4.1%	30.0%	64.0%	1.9%
養 護 施 設	31,593	1,231	15,097	8,661	6,604
	100.0%	3.9%	47.8%	27.4%	20.9%

（厚生労働省雇用均等・児童家庭局「児童養護施設入所児童等調査」）

自立支援施設に公教育が導入された。

2）児童自立支援施設の子どもたちの学力と進学率

児童自立支援施設に在籍している子どもの就学状況を表8-5に示した。入所児童に占める割合は中学生が最も多い。中卒者に占める「その他（高校に行っていない者）」の割合の高さは児童養護施設と比して非常に特徴的であるといえる。

次に、学業の状況についてである（表8-6）。児童養護施設では「特に問題なし」が最も多いのに対して、児童自立支援施設では「遅れがある」が64％と最も多くなっている。本来の学年よりも学業が遅れている子どもが非常に多い現状から、子どもの個々の学力状況に応じたきめ細やかな学習指導が必要であることがわかる。

3）児童自立支援施設における学習権保障のための取り組み

1997（平成9）年の児童福祉法改正により学校教育を導入することが義務付けられたため、公教育を実施する施設が増えてきているものの、2006年現在、全国57ヶ所の児童自立支援施設のうち、公教育（義務教育）が導入されていない施設が22ヶ所ある。公教育を導入できていない背景には、教育委員会や保護者など地域との関係調整が困難であることが大きな原因として考えられる。児童自立支援施設の子どもたちの学習権を保障するために取り組むべき課題は多様であるといえる。

①学習指導と学習支援

児童自立支援施設における学習指導は、文部科学省の定める小・中学校の学習指導要領に基づいた教育を行うこととされている。しかし、学力の低い子どもや学習する・授業を受けるための準備が整っていない子どもが多いことに配慮して、学習に興味関心、意欲が湧くような授業内容や形態の創意工夫がなされている。

児童自立支援施設では学習を「指導」する前段階としての、生活の中における「支援（学習支援を含む）」を大切にしている。

学習指導・支援を展開する上で、はじめに行うことは「子どもに学習レディネスを形成してもらうこと」である。子どもの中に学習を受ける体制、学習意欲・態度が形成されていなければ、学習指導・支援をしても効果は期待できない。子どもが自発的に、そして主体的に授業に臨めるような学習習慣を形成するために、日常生活時間における自習時間の設定や学習に関心をもてるようなプログラムの導入等の工夫をしている施設が多い。

②進路指導・進路支援
　児童自立支援施設入所児童の進路支援は、その子どもの入所の打診があったときから始まっている。そのため、入所前の段階から、保護者の意向や関係機関の意見を聴取し、その内容を踏まえた進路支援を行う必要がある。退所後の行き先の見通しが立たないケースもある。そうしたケースでは、就職・進学先のみならず住居の設定も含めた進路支援が必要であるため早い段階から計画的に調整を進める必要がある。
　施設入所後には、単に進路を決定するためだけの支援ではなく、子ども自らが将来のビジョンを描き、「最善の利益」にかなった自己決定ができるよう、子どもの興味関心・適性などを積極的に発掘・発見できるような学習を含めた支援・指導が必要である。

③今後の課題
　今後の課題として、各施設における、教育委員会および地域との連携体制を確立する取り組みが必要である。都道府県や市町村および教育委員会と施設とで連絡協議会を組織し、分校や分教室の設置、教員や教室、教材教具の整備をこれまで以上に進める等の具体的な取り組みを行えるような環境整備が重要である。こうした取り組みを進めることによって、施設内に設置された分校・分教室は孤立することを防ぎ、地域の学校や教育委員会と一緒になって施設の子どもの教育を行うのだという意識を醸成していくことが大切である。

4．一時保護所で生活する子どもと学習権

1）一時保護所の子どもたちの学習の実態

児童相談所一時保護所には、保護者等から虐待を受けた子ども、非行により通告された子ども、保護者が入院あるいは拘留・勾留される等して不在になった子ども等が入所している。一時保護所における入所期間は、保護開始から帰宅、児童福祉施設入所、家庭裁判所への送致等が決定するまでの数日から数週間、長いケースだと数ヶ月にわたる場合もある。保護所に入所中の外出は制限されており、一部の例外を除き、ほとんどの子どもが学校に通えず、あるいは教員免許をもつ教員からの教科指導を受けることができていない現状である。

厚生労働省は一時保護所における学習についてどのように考えているのだろうか。「児童相談所運営指針」の第5章第3節3(7)には以下のように書かれている。

> 一時保護している子どもの中には、学習をするだけの精神状態にない、あるいは学業を十分に受けていないために基礎的な学力が身についていない子どもなどがいる。このため、子どもの状況や特性、学力に配慮した指導をおこなうことが必要であり、在籍校と緊密な連携を図り、どのような学習を展開することが有効か協議するとともに、取り組むべき学習内容や教材などを送付してもらうなど、創意工夫した学習を展開する必要がある。
>
> また、特にやむを得ず一時保護期間が長期化する子どもについては、特段の配慮が必要であり、都道府県または市町村の教育委員会等と連携協力を図り、具体的な対策について多角的に検討し、就学機会の確保に努めること。

一時保護所における学習に関する記述は以上であり、学習室などの設備、学習時間や実施教科、学習指導者などについては特に規定されておらず、各一時保護所に任されている。一時保護所に配置され、子どもたちの生活や学習等の指導を行うのは福祉職や行政職（一般事務採用）の児童指導員や保育士であり、教員免許をもつことは一時保護所職員の要件には含まれていな

い。

2）一時保護所における学習権保障のための取り組み

①一時保護所における「学習」の実態

圓入（2005、pp.1-10）は、全国の一時保護所を対象に学習権保障に関する実態調査を実施した。ここではその調査結果を参照しつつ一時保護所における学習の実態について理解していきたい。

すべての一時保護所に「学習室」が準備されているが、半数強の施設が食堂など他の目的の部屋との兼用とのことであった。

一日あたりの学習時間については、小学生は平均130分（最短60分、最長270分）で、中学生は平均134分（最短60分、最長270分）であり、通常の学校に通う子どもと比べて短くなっている。

次に学習のための人員配置である。小学校の教員免許をもつ指導員が配置されているのは12ヶ所（13.8%）、中学校の教員免許をもつ指導員が配置されているのは23ヶ所（26.4%）であった。ここには非常勤職員が含まれている。教員免許をもつ職員がいない保護所では、保育士や教員免許のない指導員やボランティア等が学習指導にあたっている。

行っている学習教科については、国語や算数（数学）はほぼすべての施設で行われているものの理科や社会の実施率の低さが目立った。また図画工作や美術、技術家庭や保健体育などの教科についてはほとんどの施設で実施されていない現状であった。

②自治体独自の取り組み

鳥取県では「一時保護児童学習支援事業」として、一時保護中の子どもたちの学習権を保障するために必要な取り組みを行っている。具体的には、児童相談所に一時保護されている児童および児童養護施設に一時保護委託されている児童の学習権を保障するために各施設に「学習指導者」を派遣し、個々の子どもに合った学習指導を行うものであり、対象は義務教育期間にあるすべての児童である。しかし、この事業で派遣される「学習指導者」の中

には教員免許をもたない者もいるため、実際には個々の子どもの学力に応じたきめ細かな学習指導はできていない現状である。

③今後の課題

圓入（2005、pp.1-10）は、一時保護所に入所中の子どもの学習権保障に向けた取り組みとして以下の5点の段階的導入を提言している。

①学習の時間の設定
（厚生労働省『運営指針』により全一時保護所で実施）
②小・中学校の教員免許を持つ職員が、学習を指導
③小・中学校の教員を一時保護所に配置
④一時保護所に、小・中学校の分校・分教室を設置
⑤在籍校か、一時保護所の近隣の学校に通学

まず、学習時間について「児童相談所運営指針」で明確に規定すべきであろう。各保護所において学校のそれに類似した「時間割」を設定し、一時保護期間中の学習時間を確保すべきである。

しかし、こうして時間割を設定してきっちりと学習指導を展開するには、それに見合った教員数が必要になる。そのため、小・中の教員免許を児童相談所職員（児童指導員）の任用資格に追加することも含めた検討が必要になるだろう。

おわりに

本章では、さまざまな理由や背景によって学習権を制限されている、児童養護施設、児童自立支援施設および一時保護所で生活する子どもたちの学習や学力等の実態や今後の課題に焦点をあてて論じてきた。その中で、学習権だけでなく憲法や権利条約の中で認められている「教育を受ける権利」さえも十分に保障されていないケースもあることが明らかとなった。

学習の機会が制限されることは、将来の進学・就職など進路の選択肢の制限にもつながり、その人の人生を制限することにもつながっていく。イギリスやアメリカをはじめとする欧米諸国では、里親委託児や施設入所児をはじ

めとする社会的養護出身者たちが、進学や就職の機会に不利益を被ることがないようしようという「フェアスタート」と呼ばれる運動がさまざまな形で展開されている。

　近年、日本においてもこうした「フェアスタート」の考え方に賛同する人が増え始め、さまざまなソーシャルアクションにつながっている。

　冒頭の「学習権宣言」のセクションでも述べたとおり、学習権とはすべての人が享受すべき基本的人権の一つであり、人として生きていく上で不可欠な権利であるといえる。施設や一時保護所で生活することになった現実に対して、子どもには何の責任もないことが多い。例え子どもの問題行動による入所が多い児童自立支援施設であっても、その背景には保護者の体調や経済状況、虐待を含む不適切な養育環境といったものが確実に存在する。

　子どもは親や養育環境を選べない。全く受け身の状態で受けた「親子分離」「施設入所」という不利益に重ねて、さらに学習権の制限という不平等があって良いのだろうか。「すべての子ども」「平等」という言葉のもつ重みと意味について深く考えながら、施設で生活する子どもたちの学習権の保障に向けて必要な改善策について考究していきたいものである。

第9章 特別支援教育
― 発達障害者への教育福祉的援助 ―

里見　恵子

1．特別支援教育の始まり

（1）特別支援教育の始まり

　日本における特別支援教育の始まりは、学習障害（LD）から始まった。1990年台に入って、親のニーズの高まりから全国LD親の会が設立され、1992年に日本LD学会が設立された。これに続いて、文科省（当時）が「学習障害に関する調査研究協力者会議」を発足させた。これ以降に学習障害と呼ばれていた児童生徒が、実際には高機能広汎性発達障や注意欠陥多動性障害であったという診断の混乱期があったが、広く発達障害として特別支援教育がスタートしたのは、2007年（平成19年）である。おおよそ20年の歳月がかかっている。この章では、特別支援教育が始まって何が変わったのか、どのような児童生徒が支援対象で、どのような支援が必要なのか、特別支援教育の課題は何か、について述べていくものとする。

（2）特別支援教育への法的な整備

　特別支援教育は2007年に始まるが、発達障害に対する支援は、幼児期の療育から始まり成人における就労・生活支援まで生涯にわたる支援が必要である。このため、発達障害児・者の支援は、厚生労働省と文部科学省とが両輪となって法的制度の整備が進められた。
　次に、特別支援教育が始まるまでの法的整備の経過を概観する。
　1）特別支援の在り方報告
　2003年に文部科学省の今後の特別支援教育の在り方報告では、「特別支援教育とは、従来の特殊教育の対象の障害だけでなく、LD、ADHD、高機能自閉症を含めて障害のある児童生徒の自立や社会参加に向けて、その一人ひ

とりの教育的ニーズを把握して、その持てる力を高め、生活や学習上の困難を改善または克服するために、適切な教育や指導を通じて必要な支援を行うものである」と報告された。この報告から、特別支援教育という用語が使われるようになった。

２）発達障害者支援法

　特別支援教育が始まる２年前の2005年には、発達障害者支援法が施行された。本法律では「発達障害」を以下のように定義している。また、この法律によって、幼児期から成人まで全てのライフステージでの支援が明確化された。

　　発達障害者支援法条文

　　（定義）第二条　この法律において「発達障害」とは、自閉症、アスペルガー症候群その他の広汎性発達障害、学習障害、注意欠陥多動性障害その他これに類する脳機能の障害であってその症状が通常低学年において発現するものとして政令で定めるものをいう。

　　２　この法律において「発達障害者」とは、発達障害を有するために日常生活又は社会節かつに制限を受ける者をいい、「発達障害児」とは、発達障害者のうち十八歳未満のものをいう。

　　３この法律において「発達支援」とは、発達障害者に対し、その心理機能の適正な発達を支援し、及び円滑な社会生活を促進するために行う発達障害の特性に対応した医療的、福祉的及び教育的援助をいう。

　　（教育）第八条　国及び地方公共団体は、発達障害児（十八歳以上の発達障害児であって高等学校、中等教育学校、盲学校、聾学校及び養護学校に在籍すう者を含む。）がその障害の状態に応じ、十分な教育を受けられるようにするため、適切な教育的支援、支援体制の整備その他必要な措置を講じるものとする。

　　２　大学及び高等専門学校は、発達障害者の障害の状態に応じ、適切な教育上の配慮をするものである。

３）学校教育法の一部改訂

　特別支援教育の実施を見据え、2007年には、学校教育法の一部改正が行われた。改定の要点は以下の点である。

- 盲・聾・養護学校を障害種別を超えた特別支援学校に一本化。
- 特別支援学校においては、在籍児童等の教育を行うほか、小中学校等に在籍する障害のある児童生徒等の教育について助言援助に努める旨を規定。
- 小中学校等においては、学習障害（LD）・注意欠陥多動性障害（ADHD）等を含む障害のある児童生徒等に対して適切な教育を行うことを規定。

4）障害者自立支援法への位置づけ

2011年には、障害者自立支援法において「発達障害」の文言が加えられ、日本における障害概念に発達障害がはっきりと位置づけられた。これにより、日本における発達障害児者への法的な整備がおおよそ整ったことになる。

2．特別支援教育の対象とは

（1）発達障害とは

発達障害は、学習障害（LD）、注意欠陥多動性障害（ADHD）、広汎性発達障害（PDD）の3つの障害を指している。発達障害者支援法には、発達障害の法的な定義がされているが、発達障害はその特性から"見えない障害"といわれている。学齢期においては、いずれも知的に高いこと、多くが通常学級に在籍していること、学習や行動、社会性の弱さが外からは見えにくいこと、などの点からである。ここでは、それぞれの障害特性について述べる。

1）学習障害（LD:Learning Disabilities）とは

文部省が1999年に学習障害の定義を以下のように示した。

「学習障害とは、基本的には全般的な知的遅れはないが、聞く、話す、読む、書く、計算する又は推論するなどの特定の能力の習得と使用に著しい困難を示す様々な障害をさすものである。学習障害は、その原因として、中枢神経系に何らかの機能障害があると推定されるが、視覚障害、聴覚障害、知的障害、情緒障害などの障害や、環境的な要因が直接の原因となるものではない。」

とされている。実際に学習障害とはどのような状態を指すのであろうか。次に学習の困難の状態を具体的に示していく。

①「読み」と「書き」の障害とは

第9章 特別支援教育 －発達障害者への教育福祉的援助－

　次の文は、4年生の読み書き障害の児童の国語の読みの状態を、一部表記したものである。下線部は読み誤りを示し、/はそこで区切って読んだこと（逐次読み）を示している。読み速度も遅く、読み書き障害のない児童が25秒で読んだのに対し、2分6秒かかっている。また、助詞や促音、拗音の読み間違いがある。さらに文字を読むだけでストレスがかかり、一度の音読では内容を理解することができなかった。ただし、この文章を大人が読んで聞かせると、内容の理解ができた。さらに、促音や拗音などの特殊音節では、読み誤りと同様に書くので、「書き」にも問題がおこっている。このように、「読み」に問題があると「書き」にも問題が起こるため、「読む」「書く」の問題を合わせて"読み書き障害"ともいう。

夏/の/間は、毎日/の/ように/セミ/の/鳴き/声/が/聞こえ/てくるね。みんな/は、その/セミ/が/どのように/そだって/きたの/か、知/って/い/る/かな。セミ/は/、木/に/た/ご/を/う/みつける。たまご/から/か えった/よ/うちゅうは、土/の/中/に/も/ぐり/、木/の/根/から/木の/し/る/を/すって/大き/く/なるん/だ。アブラ/ゼミ/の/よう/ちゅうは、お/よそ/6年間/も/土の/中で/く/らすよ。

　こういった読み書きの問題は、単なる本読みや書きの練習を重ねても改善されないのが特徴である。読み書き障害が起こる原因は、「音韻認識の弱さ」「ワーキングメモリ[注1]の弱さ」「文字-音変換スピードの遅さ」がかかわっているとされ、これら認知[注2]的な要因に基づく指導が必要である。

②書きの障害とは

　読みには問題がないが、書きに問題のある場合は「書き」の障害または「書字の障害」という。これは、文字を構成するための「視空間認知能力」「視空間記憶」「ワーキングメモリの弱さ」から起こる。ひらがなではうまく文字の形が取れない、鏡文字になる、書くのに時間がかかり過ぎる、漢字で

は一本線が足りないなど不完全な文字を書く、などがあり、文字や文を書きたがらないのも特徴である。

③「計算」と「推論」の障害とは

計算の障害は、算数の基礎スキルとなる計算を指している。また、ここでいう「推論」は数的推論をさし、文章題と関係する。1年生で加減算、2年生で九九が出てくるが、それ以降の学年の算数を理解していくには、これら計算の基礎スキルができていなければならない。10までの数の合成分解は、算数前概念として就学前におおよその子どもが理解できている。例えば5＋7のような繰り上がりのある足し算では、7を5と2に分解して5と5を足し10にして、それに2を足し、12という答が出てくる。この5の分解や10への合成が頭の中でできない、また、繰り上がりができずに指を使う、などであり、練習しても習熟しない状態の時に算数障害と呼ぶ。

計算に関わる認知は「視空間認知」「ワーキングメモリ」「継次処理」「同時処理」等である。読み書き障害の児童は算数障害も合併しやすいといわれている。算数は積み上げ教科であり、4年生までの算数でつまずくと中学校の数学は理解できないといわれ、学力との相関が高いといわれている。

しかし、算数はもともと得意不得意が出やすい教科であり、現場の教員でも算数のできにくさを障害と捉えにくいのが現状である。

「読む」では、ひらがなやカタカナ文字を読むこと（音 - 文字変換）から漢字の読み、物語の読解まで、「書く」にしても文字を書くことから作文まで、算数は、計算から推論能力が必要な文章題まで含んでいる。また学年が上がるにつれ難易度があがるため、学習障害については、2年生の修了時点までに発見し、指導を開始することが望ましい。4年生以降の発見では、メタ認知（自分と他者との違いに気がつく）もあり、学習への意欲の喪失など、二次障害を引き起こしていることが多い。

このように、学習障害は学習上に限定された障害であり、"障害"と呼ぶことに抵抗感も強いことから、あえて学習障害と訳さず"LD（エルディー）"と読ませる、また学びができない子ではなく、"学び方の違う子"であると捉えようという考え方もある。

2）注意欠陥多動性障害（ADHD:Attention Deficit/Hyperactivity Disorder）

とは

　先に述べた学習障害が教育用語であるのに対し、ADHDは医学における診断用語であり、以下のように定義されている（DSM-Ⅳ-TR）。

　『ADHDとは、年齢あるいは発達に不釣り合いな注意力、及び／または衝動性、多動性を特徴とする行動の障害で、社会的な活動や学業の機能に支障をきたすものである。また、7歳以前に現れ、その状態が継続し、中枢神経系に何らかの要因による機能不全があると推定される』

表9-1　ADHDの診断項目（DSM-TR 2000）

①不注意	②多動性	③衝動性
(a) 綿密な注意ができない (b) 注意が持続できない (c) 聞いていない (d) やりとげられない (e) 順序立ててできない (f) 努力の持続を避ける (g) 物をなくす (h) 気が散ってしまう (i) 忘れっぽい	(a) 手足をそわそわ動かす (b) 離籍しやすい (c) 走り回る、高い所に上がる (d) 静かに遊べない (e) じっとしていない (g) しゃべりすぎる	(a) だしぬけに答える (b) 順番が待てない (c) 他人を妨害する

出典：特別支援教育士資格認定協会編『特別支援教育の理論と実際　Ⅰ概論・アセスメント』P26

　同年齢の子どもに比べ、著しく不相応な3つの症状（①不注意②多動性③衝動性）のうち、①が6つ以上、あるいは②と③を合わせて6つ以上あれば、ADHDと判断される（表9-1参照）。ADHDは、その特徴から次の3つのタイプにわけられる。

・多動性・衝動性優勢型
・不注意優勢型
・混合型

　多動性や衝動性のある児童は、一斉指導形態をとる学校教育現場では立ち歩く、じっと座っていられない、勝手にしゃべる等の行動が目立ちやすく、授業の妨げとなるため、これまでも援助の必要な児童と考えられてきた。しかし、不注意優勢型の児童は、目立った行動上の問題がなく、見過ごされやすい。不注意優勢型の児童は、注意の持続時間が短く、指示を聞いていないように見えたり、聞いていても内容を記憶していなかったりする。そのため

に、知的に低い、理解力が悪い、努力不足などと捉えられがちである。学校現場では、不注意優勢型児童への意識を持つことが求められている。

　㋑　学習障害（LD）とADHDの合併

　学習障害とADHDの合併は高く、学習障害がある時にはADHDを、ADHDがある場合には学習障害を疑ってみる必要がある。

　㋺　診断の難しさ

　ADHDの診断は、客観的なテストがないため、子どもや家族の日常的な困り感に基づいており、どの程度が"ADHDという障害"であるのかを判断する基準がはっきりしていない。そのため、ちょっと落ち着きがないだけ、乱暴なのは男の子だから仕方がない、というような理由で見逃される傾向がある。しかし、ADHDのために、叱られる、同じ失敗を繰り返す、学習の出来不出来がある、など生活や学習上に問題のある場合には、"自分は悪い子"、"先生や親から嫌われている"というように自尊心の低下を招くことにつながりやすい。ADHDがあることを家族や学校が理解することで、むやみに叱ることや注意を減らすことができ、自尊心の低下や二次障害を防ぐことにつながる。

　また、ADHDは脳内物質のドーパミン不足によることも解明されており、生活上や学習上で著しい支障がある時には、コンサータ、ストラテラなどの中枢刺激剤の投薬によって改善を図ることができる。ただし、投薬によって、多動・衝動性の抑制ができたり、集中力が高まったりするが、それまでに傷ついた自尊心を向上させたり、集中できないための学びそびれた学習が追いつくわけではないので、投薬と並行して学習する習慣の形成、しっかりわかる経験、ほめられる経験をさせていく必要がある。

　㋩　成人期のADHD

　ADHDの多動性については、思春期までに目立たなくなることが多い。しかし、成人になっても顕著な症状が残るのが30〜70％と推定されている（Barkley, 1988）。ADHDの本質は自己制御の障害であることから、成人期にはアルコールやギャンブル、薬物、買い物などの依存症などにつながる可能性が高く、生きにくさにつながっており、この意味からも、学齢期の適切な教育的支援が必要である。

3）高機能広汎性発達障害[注3]（HFPDD: High Functioning Pervasive Developmental Disorders）とは

　広汎性発達障害は医学的診断名であり、この定義には知的障害の有無は含まれていない。一般的にその中の知的障害のない群（IQ 70以上）を"高機能"と呼んでいる。通常クラスで対応が必要なのは主に高機能群である。文科省では、以下のように高機能広汎性発達障害を高機能自閉症として同義に定義をしている。

　『高機能自閉症とは、3歳位までに発症し、①他人との社会的関係の形成の困難さ、②言葉の発達の遅れ、③興味関心が狭く特定のものにこだわることを特徴とする行動の障害である自閉症の内、知的機能の発達の遅れを伴わないものをいう。また、自閉症は中枢神経系に何らかの要因による機能不全があると推定される』

①社会性とコミュニケーションの障害とは

　広汎性発達障害は、「社会性の障害」「コミュニケーションの障害」「想像性と思考の障害」が中核の障害であるとされ、この他に、感覚の異常や偏った興味をもつ子どももいる。社会性やコミュニケーションは、子ども達が成長につれ、また社会生活を営む中で自然に獲得されるものである。私たちはあえて教えられずとも社会やコミュニケーションにおける暗黙のルールを理解し、社会に適応していく力を身につけていくことができるが、これらの学びに困難があるのが特徴である。そのために、学校においては、友達や先生との日常的コミュニケーションがうまくいかなかったり、孤立しやすかったりする。また、いじめやからかいなどの対象となりやすい。高機能広汎性発達障害の子どもの特徴をあげたのが表9-2である。

②感覚の異常

　感覚の異常は、視覚、聴覚、触覚、味覚などの感覚に過敏や鈍感さなどを示す。聴覚の過敏性で説明すると、私たちは教室で起きている日常の軽い騒音を抑制して、先生の指示を聞くことができるようになっている。軽い騒音をひどくうるさく感じたり、楽器演奏の音が耳触りな音として感じられたり、少し大きな声が恐怖になったりする。よく手で耳を塞ぐ行動をしているのは、この聴覚の過敏性による。蛍光灯の光に過敏性を感じたり、新しい衣

服の感触が苦手だったりする。食物の触感や匂いが不快である、新奇な事が苦手であることと結びついて極端な偏食にもつながっていく。このような感覚の異常は、生活や学習のしにくさにつながっている。

表9-2　高機能広汎性発達障害の特徴

- 仲間と集まるより1人で好きな活動をしていることを好む。
- 相手の感情を直感的に察するのが難しい。
- 遊ぶ時の暗黙のルールや、つきあいの微妙なマナーがわかりにくい。
- 穏当でない言動をしても自分で気づかない。
- 自分の行動が他の人の目にどう映るか気にならない。
- 自分の考えが相手に伝わっているかどうか無頓着。
- 目線の合わせ方が不適切（少なすぎる、あるいは凝視する）。
- 感情表現がその場にそぐわない。
- 会話のやりとりがスムーズでなく、行き違いが多い。
- その場の話題とずれた発言をする。
- 婉曲表現、皮肉、慣用句の意味を字義通りに理解する。
- 仲間と一緒に見立て、ふり、つもり遊びをするのが苦手。
- 特定のモノへの興味関心が強く、コレクションすることを好む。
- 知識の　虫博士、恐竜博士、電車博士などと呼ばれる。
- 勝ち負けや、試験の点数などに極端にこだわる。
- 本人独特の手順や約束事があり、できないと気が済まない。　等

出典：若宮英司、里見恵子、西岡有香著『AD/HD・高機能広汎性発達障害の教育と医療』
p.43より改変

（2）支援対象の割合の高さ

　特別支援教育の実施に先駆け、文科省が行った「通常学級に在籍する特別な教育的支援を必要とする児童生徒に関する全国実態調査」の結果では、学習面と行動面困難を示す児童・生徒（発達障害と思われる）が、6.3%であった（2003）。この割合は、児童数が1000人であれば63人となる。従来の特殊教育の対象は約1.5%であったことを考えると、その対象の多さに最大の特徴がある。また、対象児の多くが通常教室に在籍していることから、特別支援教育が"通常教育の転換"であると言われている。

3．特別支援教育の方法

（1）特別支援教育のシステム

このような多くの児童生徒の教育的支援を行うには、学校における支援体制づくりと実際の柔軟な運用が重要である。

ここでは、特別支援教育のシステムについて簡単に説明する。

1）特別支援コーディネーターの指名

学校（幼稚園を含む）は特別支援教育コーディネーターを指名する必要がある。特別支援コーディネーターは、校内の特別支援教育推進するためのキーパーソンであり、必要に応じて学校長と相談し校内委員会（特別支援教育委員会）を開催する。対象児童の抱える問題によっては、学校心理士、スクールソーシャルワーカーなどとの連携を図り、また児童生徒の診断や評価が必要な場合には、専門機関や専門家との連絡調整や保護者支援の窓口となる。

2）特別支援教育委員会

一般的には校内委員会と呼ばれているが、担任や保護者等からあげられた対象児童生徒の実態把握を行い、情報を共有し必要な支援策を検討する場である。校内委員会で対象児童の方向性や具体的支援方法や必要な校内体制を検討し、実際の支援につなげていく。

3）通級指導教室による指導

対象の児童生徒の抱える課題にもよるが、多くは通常学級に在籍しており、それを補う指導の場として通級指導教室がある。全ての学校に設置されていないため、他校通級という方法をとることもある。通級とはその名の通り、通常のクラスに在籍しつつ週に1～2時間程度、個別または小集団の指導を行う方法である。学習障害への学習支援、ADHD、高機能広汎性発達障害児へのソーシャルスキルトレーニング（SST）などを行っている。

4）特別支援教育支援員の配置

小・中学校の通常の学級に在籍している児童・生徒のうち学習障害、ADHD、高機能広汎性発達障害により、学習面や生活面で特別な支援が必要な子どもに対しサポートを行う「特別支援教育支援員」がある。多くは、

通常教室の中での生活・学習の支援を行う。

　5）保護者との連携

　"個別の教育支援計画"[注4]や"個別の指導計画"[注5]の作成に当たっては、保護者との協力と連携が求められている。個別の指導計画の作成に当たっては、保護者の子どもの理解やニーズと学校でのニーズを調整し、児童生徒の実態に合った計画が必要である。保護者に個別面談や校内委員会への出席を含め、情報の共有を図る必要がある。

　6）巡回相談や専門家チームの活用

　学校内では解決が困難な時や、より専門的な助言が必要な場合には、教育委員会に対し巡回相談または専門家チームに依頼することができる。専門家チームは、学識経験者、医師、専門的な教員、教育委員会指導主事からなり、学校への助言を行う。

（2）具体的な支援方法

　1）保護者・本人の理解

　特別支援教育を始めるためには、保護者の理解と同意、本人の同意が必要となる。保護者が子どもの抱える困難に気づき、学校と連携して取り組むことが支援の第一歩であり、さまざまな支援を始めることができる。現実には、保護者が子どもの抱える問題に気づいていないことや、認めないことも多く、いかに理解を進めていくかが、学級担任や特別支援コーディネーターに求められている。

　2）通常学級での支援

　通常教室における支援は、担任がクラスの児童生徒全体に行う一般的配慮と個別の支援がある。一般的配慮事項は、発達障害の特性に考慮したものであるが、どの児童生徒に対してもできる支援つまり"ユニバーサルデザイン"の支援でもある。

　具体的には以下のような事柄である。

・指示の明確化と視覚化
・見通しのある授業（時間内のスケジュールを板書）
・わかりやすい授業の展開（視覚教材の利用）

第9章　特別支援教育　－発達障害者への教育福祉的援助－

・ほめ、認めるかかわり

　個別の支援は、校内委員会、通級指導教室との連携し子どもの抱える問題の整理と把握し、個別の指導計画の作成し、それにも基づく支援の実施を行う。また、対象児の抱える困難にもよるが、特別支援教育支援員の個別の支援を並行して行うこともある。

3）通級指導教室での支援

①学習の支援

　通級指導教室での指導は、通常教室での教科学習の遅れを補うことも行うが、学習困難の背景にある認知特性を考慮した指導方法で行っていく。読み書き障害であれば、読みの練習の前に音韻意識を高めるために、語頭が同じ言葉集め、単語から特定の音を省いていうなどを行う。逐次読みの改善のために、文に単語のまとまりがわかるようにスラッシュ（/）を入れる、文の中の名詞を選び出す練習を行うなどである。

　学習上の困難に対しては、学力や知能に関する心理検査や読み書き障害に

表9-3　高機能広汎性発達障害へのソーシャルスキルトレーニング

スキル獲得を妨害する要因	実際の具体的な行動	その結果
●他者への関心が希薄 ●他者がどう思うかということがわからない ●完璧主義	●基本的に1人でいるほうが安心できる ●場面に不適切なことを平気で言う（笑ってはいけないところで笑う、どうして人が泣いているのかわからない。 ●間違いや「負け」が許せない	●友達をつくろうとしない。誘われても入らない。 ●気持ち悪いと思われる。変わった人だと思われる。 ●失礼な人だと思われる ●遊んでいても楽しそうに見えない。 ●わがままな人、いつまでも子どもだと思われる。
教える内容 ①部分的に「つきあう」ことが必要なことを教える。知識としてそれぞれの場面での正しいふるまい方を教える。いっしょにすると楽しいと思える経験をつませる。 ②感情を表すことばの意味を確かめる。多視点からみる経験を積ませる。ビデオなどを使いながら、自分が他者からどう見えているかを知らせる。 ③他者の感情について、まずことばで確かめる。 ④「まあいいか」という曖昧さがあることを教える。自分の感情の変化（例：パニックを起こしそう）を感じたら爆発しないうちに対処する。		

出典：若宮英司、里見恵子、西岡有香編著『AD/HD・高機能広汎性発達障害の教育と医療』
日本文化科学社　p152

関する検査、生育歴調査などの総合的なアセスメントを行い、認知特性を考慮した個別の指導計画を立てて行う。
　②ソーシャルスキルトレーニング
　ソーシャルスキルは、社会的技能と訳されるが、簡潔にいうと自分が所属する社会の中でうまく人づきあいをしていく能力のことである。ソーシャルスキルトレーニングが必要なのは、ADHDや高機能広汎性発達障害の児童生徒であるが、ソーシャルスキルトレーニングで求められる内容は、それぞれ異なっている。表9-3は、高機能広汎性発達障害へのソーシャルスキルトレーニングについて示したものである。実際には、少人数グループを編成で行うが、内容によっては、通常学級のルールとして応用することもできる。

4．特別支援教育の課題

（1）管理職や通常学級担任の理解
　特別支援教育の推進は、管理職や通常学級担任が発達障害の児童生徒の教育的ニーズを受け止めることから始まる。学校全体が彼らの抱える教育的ニーズが何かを理解できることが早急の課題である。

（2）個別指導体制の整備
　通級指導教室へのニーズは高いが、まだまだ設置数が不足しているのが現状である。特別支援教育支援員の利用も学校によって異なり、活用が望まれる。また、支援員への専門教育の必要がある。

（3）本人への告知
　本人が自分の障害について理解し、それを受けとめ生きていかねばならない。小学校の高学年から自分への違和感を感じる者が出てくるが、「いつ」「誰が」「どのように」告知を行い、その後の心のケアを行うのかについては、まだまだ研究途上にあり十分な整備ができていないのが現状である。

（4）公教育修了後について
　告知や本人の自覚とも関連するが、公教育修了後の進学や就労について

も、本人及び保護者への支援が求められている。

注
1　作業記憶ともいわれ、記憶を保持しつつ違う作業をする脳の機能である。例えば暗算で計算をしながら、繰り上がりを覚えておく等。
2　認知：知覚、記憶、注意、判断、推理、言語理解、言語表出などの様々な脳内で収集処理する一連の活動をいう。
3　文科省の定義では高機能自閉症であるが、高機能広汎性発達障害の用語を使用。近々自閉症スペクトラム障害に統一される。
4．教育、福祉、医療、労働等が一体となって、乳幼児期から学校卒業まで障害のある子ども及びその保護者に対する相談及び支援を行うために策定する。
5．障害のある自動に対し個別に立てる指導計画である。「実態把握」「短期及び長期目標」「指導の手立て」「評価」からなっている。

第Ⅱ部 教育福祉学の視点［専門性と協働性の融合］

第10章 対人支援領域における連携・協働の基本的検討

山中　京子

1．対人支援領域における連携・協働の広がり

　人を対象として様々な支援を行う対人支援の領域では、近年その支援の対象となる人や家族などに対して一人の支援者あるいは単独の専門職種が支援を提供するのではなく、複数の支援者や専門職種が共に助け合って、つまり連携や協働しながら支援を提供することの重要性が認識され、広がってきている。たとえば、こども家庭領域をみると、学校では従来教師が中心となって、児童や生徒の教育や支援を行ってきたが、そこにスクールカウンセラーが加わり、近年スクールソーシャルワーカーの配置も進んできており、複数の専門職種による教育や支援が定着している。さらに、大学生などのボランティアが学習支援のためにクラスに参加したり、不登校になっている児童や生徒の自宅を訪問したりして学習や遊びの支援をする動きも展開している。また、医療領域では、多くの医療機関において医師や看護師のみならず、薬剤師、ソーシャルワーカー、カウンセラー、作業療法士、理学療法士、栄養士などがその人の病状や必要性に応じてチームに加わり、入院や通院している患者に治療や支援を行っている。患者が子どもの場合、そのチームにさらに病棟保育士や院内学級の教師が加わることもある。専門職種だけでなく、病院ボランティアの活動も全国的に広がっている。

　しかし、このような動きが起こる以前には、長い間、たとえば、学校では教師の集団が、また、医療機関では医師と看護師の集団が唯一の支援者であるという考え方が広く行き渡っていた。前述したような複数の支援者や専門職種が連携・協働して行う支援のあり方が対人支援の様々な領域で近年急速といってよい程の勢いで実践されるようになってきた背景には、どのような

理由があるのだろうか。連携・協働の詳しい検討に入る前に、その前提となる連携・協働が重要視され、盛んに実践されるようになった理由についてまず考えてみたい。

2．連携・協働が広がる背景の検討

(1) 支援における全人的・包括的人間観の認識の高まり

　対人支援領域において連携・協働が重要視される最も基本的な理由は、第一に支援の対象となっている人そのものが多様な側面を持つ存在であるという人間観によるだろう。人は、身体という生物的側面を持つ存在である。しかし、同時に意識や感情といった心理的側面を持つ存在でもあり、また、個人的存在であると同時に家族を始めとしたさまざまな集団や社会に関わりながら生きる社会的存在でもある。その人が人生のある局面、段階でさまざまな課題や問題に直面した時、その課題や問題が初めに発生した側面だけでなく、その課題や問題の影響は他の側面にも波及していき、各側面での影響がさらに相互に影響しあって、本人にとってより困難な状況を作りだすことがある。その困難な状況や問題を解決するためには、影響を受けている各側面への対応や支援が必要となる。そのため各側面への支援を行える支援者が必要となり、それが、多様な支援者の連携・協働への求めとなる。しかし、そもそも人は、昔から多様な側面を持つ存在であり、それは今に始まったことではないと指摘する人もいるだろう。たしかにそうである。近年になって人の存在のあり方が変化したのではない。では何か変わったのか。それは、一言で言えば、人を包括的、全人的存在としてみる考え方が人々の間で受け入れられてきたからだと思われる。近代になり、人の生物的、心理的、社会的存在の各側面が科学的に分析可能となり、いままでよくわからなかった人の営みの各側面が詳しく解明されるようになった。しかし、それはまた人の各側面を分析単位である部分部分に分けて、それら一つ一つを別々ばらばらに理解する傾向につながったと言える。はたして各部分をばらばらにわかることが人の全体をわかると言えるのか。その批判に応える形で、それらの部分部分が相互にどう関連しあうのかを検討し、その関連性の総和として人を見る見方つまり包括的、全人的存在として人を捉える見方の重要性が次第に認

められてきた過程がある。医療領域を例に取ると、人の病気の部位の解明やその治療に力点が置かれた医療のあり方が、人ではなく病気の部位だけ見ているという批判を受け、その反省から、病気の影響によって生じている日々の生活や人生への障害や苦悩なども視野に入れてその人の治療や支援を行う包括的医療へと医療のあり方へとシフトしてきている。人には多様な側面があり、それらが相互に関連しあった全人的存在であるという人間観が多様な支援者や専門職種が共に助け合って支援する連携・協働による支援観の基底を支えている。

（2）生き方や家族のスタイルの多様化

日本の家族のスタイルは3世代などが一緒に暮らす拡大家族から未婚の子どもと両親からなる核家族へと変遷してきた。さらに、現在では、離婚の増加などにより、ひとり親の母子家庭、父子家庭も増えている。また、若い世代では晩婚化や未婚化も進んできており、青年層や壮年層の子どもが老年の親と暮らす家族もある。その一方結婚しない人生を選んだ人、あるいは結婚したが相手との離別、死別によって現在は単身での生活を送っている単身者の数も増加している。戸籍上の法的結婚はいろいろな理由でしないが、事実上生活を共にして人生を歩むカップルもある。現在の家族のスタイルは実に多様である。家族の一つの機能は家族メンバーへのケアを行うことである。家族メンバーはいままで複数のケアの役割を自然に重複させて行ってきた。たとえば、母親は子どもが病気になれば、看病をし、その傍ら家事（炊事、洗濯、掃除など）をこなし、買い物などの外出をし、そして仕事も両立させていた。それが比較的可能だったのは、拡大家族の場合には、仕事をしている母親や父親だけでなく、祖父母などもこどもの支援を行い、ケア役割をお互い重複させながら分担していたためだったと考える。しかし、核家族、またひとり親家族の場合には、そのような共にケアを担ってくれる支援の資源が家族内に潤沢にあるわけではない。子どもが病気になった時のみならず、日々の子育てでも、核家族またひとり親家族では親だけの肩にケアの負担がかかる構造となっている。現在、子育ては社会全体が担うべき事柄であるとの認識に立ち、そのようなケアを社会が担おうとさまざまな子育て支援が

行われている。保育所、病児保育[注1]、保育ママ[注2]、学童保育、ベビーシッターなどの制度や専門職種の関わりが挙げられる。さらに、高齢者への支援をみると、たとえば、ひとり暮らしをする高齢者を支えるために、介護保険によるサービスとして、家事や介護の援助を行うホームヘルパー[注3]、身体の健康管理を行う訪問看護師、身体機能の回復を目指してリハビリを行う理学療法士や作業療法士などが支援を行う他、近隣の自治会役員などが日々の安否を確認する役割を担っている場合もある。

　家族メンバーが無理をしながらも重複してなんとか行ってきたケアが、家族スタイルの多様化によって家族の枠を越え、周囲の人々にも託された。それにより、一人の人が複数の役割を重複してケアを果たすのではなく、役割の分割が起こり、その分割された役割を別々の支援者が果たす状況が生まれた。その支援スタイルを全体としてまとめていくために、連携・協働が重要視されていると考える。家族で行っていた人に対するケアが家族の枠から開放されたことにより、そのケアの内容の一つ一つが一人の担当者や専門職に分割されることとなり、そのことが、それらの人々の間で連携・協働することを必要とさせているのである。

（3）問題の複雑化・深刻化（あるいはその認識の深まり）

　複数の支援者や専門職種が共に助け合う連携や協働が求められる理由として近年対人支援領域で生じている問題の複雑化や深刻化が挙げられる。両親などの家族から子どもに向けられる暴力である児童虐待では、児童虐待防止法という国の法律によって、虐待に対する支援の中核的役割を果たす機関は児童相談所であると定められている。しかし、児童相談所がすでに支援に関わっている家族の中で親によって子どもの命が奪われてしまう事件や周囲がその家族の異変に気づきながらも児童相談所の支援につながっておらず、子どもが重大な傷害を受けるに至ってしまう事件などの報道が相次いでいる。その結果、児童相談所が虐待支援の中核的機関であることは前提として、児童相談所だけで虐待への支援をおこなう限界が言われている。虐待の発見においてもまたその後の家族再建の支援においても、学校、保育所、地域の医療機関、民生児童委員、地域の子ども関連のNPO、保健所、警察などが同

時に虐待が生じている家族に関わり、多くの機関が力を結集して支援にあたる必要性が指摘されている。

また、高校や中学での子どもの不登校を考えてみよう。いじめや学業の問題など学校生活に不登校の理由があるかもしれない。それならば、学級運営や教育指導の部分で教師の支援が奏功するだろう。しかし、たとえば、その理由に加え、父親が昨今のリストラや派遣切り等で仕事を失い、家庭全体が経済的に苦しい状態に陥っており、それが本人の先行きの不明瞭さや不安につながり、様々な意欲の低下を生んでいることもありえるだろう。また、ストレスの重圧から父親が母親や子どもに暴力をふるうDVが起こったり、母親がそのために身体を壊して病気にかかったりすることによって子どもの生活の安定が大きくゆらいでいるかもしれない。この家族の抱える問題は多岐にわたりまた複雑である。このような場合に、学校内の教師、スクールカウンセラー、スクールソーシャルワーカーは当然のこと、それ以外にも、経済的な安定には福祉事務所の生活保護の支援、DVへの対応には配偶者暴力支援センター[注4]などの支援、母親の病気に関しては医療機関の支援が必要となる可能性がある。社会状況の変化などにも影響を受けた問題の複雑化や深刻化が単独の支援者による支援の限界を明らかにし、多くの専門職種や支援者が力を合わせて解決に取り組む連携・協働の広がりを後押ししている。

(4) 当事者からの支援の質の向上を求める動き

社会福祉領域では、長い間、当事者は抱える問題や課題のためにその人のもつ様々な機能が影響を受けて充分に働かなくなっており、つまり機能不全に陥っており、その結果自分では問題を解決できない状態となっているという当事者像に基づき、支援者がその機能を補って当事者に解決方法を指導するあるいは解決を代行するという支援観が支配的であった。しかし、障害者運動など当事者運動が活発化したことで、当事者の立場から見て、そのような支援者の指導は、一方で支援者による自分の人生や生活への介入や支配にもつながるとの強い批判が起こることとなった。当事者はその批判を通じて、支援のあり方や内容を支援者だけが決めるのではなく、当事者も支援のあり方や内容に要望を出し、評価し、より自分に合った支援を自ら要求する

ことができるという従来の支援観に対する異議申し立てが行われた。その動きによって、支援者が必要であろうと考える大枠の支援ではなく、当事者が意識した自らの生活の諸側面で生じている課題に各々きめ細やかに応える質の高い支援が求められことになった。各々の課題にきめ細やかに応えるためには、その課題の領域への深い知識や対処能力が必要であり、そのことが各領域の専門職の関わりの求めにつながった。一つの領域ではなく、様々な領域での質の高い支援をのぞむ当事者の声が、様々な支援者が関わる連携・協働を広げる1つの原動力になって作用している。

(5) 分化した専門職種、役割からの存在主張の動き

対人支援領域を歴史的に眺めると、現在までに多くの専門職が分化し、新たな専門職が生み出され、それに伴って、その専門職の活動が法律に明記されたり、国家資格化されたりするといういわば各職種の公式化が行われてきた。現在も新たな専門職種や役割が生み出されている。そのように、専門職が分化し公式化される過程には、上述したように、当事者の各領域の支援に対する質の要求が作用し、その質を担保するつまり約束するために資格が生まれてきた側面がある。つまり、資格化の根っこをたどるとそこには当事者の要求がある。しかし、その資格化によって専門職集団が一旦形成されると、その集団は集団自らの要求を持つようになり、その集団の存続を縮小、消滅させるより、維持、強化させる方向で動き出す。各専門職集団は、自分たちの存在意義や存在価値を示し、それを主張するために、積極的に自分たちが関われる場所を探す。自分たちが従来から関わっていた場所以外に新たに関われる場所を拡大させる努力を積み重ねていく。その動きが、連携・協働の実現を加速させる一つの要因となっていることを指摘したい。連携・協働は当事者の要求に応えるために生まれたが、専門職集団の自分たちの存在を主張する欲求によっても強化されている。

このように、連携・協働が重要視され、実践されるようになった背景には、社会そのものの変化、対人支援領域での人間観や支援観の変化、当事者そして支援者自身が持つ要求や欲求に伴う動きなどが存在し、それらが複雑

に絡み合っている。本稿において連携・協働の基本を検討するにあたり、これらの背景を意識しておきたい。

3．連携・協働の基本的要素の検討

　上述したように、現在では連携・協働の意義や重要性が認識され、その実践は広く推し進められている。しかし、対人支援の実践現場で多種多様な専門職や支援者による連携・協働がどこでもうまく機能した形で実現されているかというとそうでもない。うまく機能している所がある一方で、うまく機能していない所もあるというのが現実である。実践現場では、国や地方自治体の通達あるいは各組織が作成したマニュアルの中で、連携・協働が推奨され、またある程度の強制力をもってその実現が求められることに対して具体的にどうしたらよいのかわからないといった混乱の声や実際に連携・協働して支援してみたが、うまくいかず連携・協働はむずかしいといった困惑の声が聞かれる。このような反応が見られる原因として、対人支援領域の教育において、今では連携・協働は網羅すべき教育目標として認識されているが、連携・協働に関する基本的知識を体系的に学ぶ機会が広く普及していないという現実があるからだと筆者は考えている。連携・協働の学習は、各領域における専門職養成課程でのごく限られた基本的学習とそれに続く実践の中での試行錯誤の体験的学習で支えられているのが現状であろう。

　本稿の目的は、大学という教育課程において、連携・協働に関する基礎的理解を深めることである。そのために、連携・協働に関する基本的要素を丁寧に検討してみたい。検討を進めるための材料として、対人支援領域のうち筆者の研究領域である社会福祉領域の文献にあたり、現在までに欧米と日本の研究者によって提示されてきた連携・協働の定義を複数選んだ。それらの内容を吟味することを通じて、検討を行いたい。

（1）　連携・協働を行う主体とは

　連携・協働を行う主体とは誰を指すのだろう。当事者を支援する人々であることに誰も異論はないだろう。しかし、連携・協働の活動を共に行うメンバーの範囲はどのように考えたらよいのだろうか。

①専門職と非専門的支援者

表10-1では、Germain（1984、p.199）、Andrew（1990、p.175）、高山（1993、p.76）、久保（2000、p.111）、松岡（2000、p.22）ら多くの研究者が連携・協働を行う主体を専門職と規定して、定義を記述している。実際にも、連携・協働という言葉が用いられる時、「専門職」という言葉を冠して「専門職連携」という複合語で用いられることが多い。それほど連携・協働は専門職間の支援活動であるという認識が広まっている。

しかし、現在では一人の当事者の支援に専門職のみならず、非専門的な支援者、たとえばボランティアや同じ問題や課題を持つ他の当事者などが支援にあたることもよく見られる。東日本大震災で被災したこどもへの支援では、その地域の学校の教師、保育所の保育士などが支援にあたった他、全国から、社会福祉士、臨床心理士などの専門職のボランティアが駆けつけ、そ

表10-1　欧米および日本の研究者による連携・協働の定義

Germain,C. (1984、p.199)	専門職連携とは、単独では達成できないヘルスケアに関する目標を遂行するための、二つあるいはそれ以上の領域でのコミュニケーション、計画、行動等の交換プロセスである。
Andrew,A. (1990、p.175)	専門職間連携は、異なった専門職が共通の目標を達成するために、独自の知識・技術・組織の展望・個人的態度を駆使して問題解決を行う時に起こる。
Abramson,J. & Rosenthal,B. (1999、p.1479)	異なったグループに属して自立した実践家が、共同主導権を持ちながら共有問題を解決し、共通の目標達成を通じて行われる流動的なプロセスである。
高山　忠雄 (1993、p.76)	保健・医療・福祉に関連する専門職および施設機関が従来の自己完結的な支援に留まらず、より一貫性の高い、総合的な支援を実施する目的で協力体制を築くこと。
前田　信雄 (1990、p.13)	異なる分野が一つの目的に向かって一緒に仕事をすることである。（中略）別々の組織に属しながら、違った職種の間でとる定期的な協力関係である。その時々のいくつかの組織間の単なる連絡よりは、業務のうえで確立された協力関係といってよい。
久保　元二 (2000、p.111)	保健・医療・福祉の各専門職ないしは各機関がある共通の目標に向けて互いに協力しながら業務を遂行すること。
松岡　千代 (2000、p.22)	主体性を持った多様な専門職間のネットワークが存在し、相互作用性、資源交換性を期待して、専門職が共通の目標達成をめざして展開するプロセス。

れぞれの立場で地元の支援者による支援を側面から支えた。また、多くの学生ボランティアが避難所での子どもの遊びや学習の支援にあたったことは記憶に新しい。さらに、高齢福祉領域では在宅療養中の高齢の単身生活者を例に取ると、介護保険によってケアマネージャー[注5]のケアプラン[注6]作成、ホームヘルパーの生活支援、訪問看護師による生活指導などが行われるが、これらの職種が毎日長時間にわたって生活の場での支援を行えるとは限らない。たとえば、既存の自治会のメンバーによる見守りや声かけが当事者の最も基本的な日々の生活の支えとなり、また生命を守ること（安否確認など）を可能にするかもしれない。専門職の枠組みでは手が届きにくいが、その当事者にとっては重要な支援をボランティアが担っている。これらの現状を考慮すれば、連携・協働の主体を従来の専門職と狭く捉えるのではなく、Abramson & Rosenthal（1995、p.1479）が定義の中で提示した「実践家」という概念を重視し、非専門的支援者をも含む「支援の実践家」という広い概念で捉えるほうが支援の現状をより正確に反映していると言える。現実的には、専門職だけの連携・協働もありえる。ただ、連携・協働というと専門職間だけの活動と狭い定義で捉えることによって、それ以外の支援者の活動を排除し、結果的に当事者への充分な支援が実現できないことが起こることは回避しなければならない。

② 単一機関・組織内と多機関・組織間

主体に関する記述として、「専門職」のみの記述を示す定義がある一方で、高山（1993、p.76）は「専門職および施設機関」、前田（1990、p.13）は「別々の組織に属しながら、違った職種の間」、久保（2000、p.111）は「各専門職ないしは各機関」と専門職と併記して組織・機関を連携・協働の主体として挙げている。たとえば、統合失調症などの精神疾患を抱えた精神障害者では、急性の症状が出現していて入院が必要な時期には、病院という一つの機関内で、医師、看護師、薬剤師、ソーシャルワーカー、カウンセラー、栄養士、理学療法士、作業療法士などで形成されたチームでの支援を受けるが、急性症状から回復し、退院して在宅での生活が可能となった時期には、外来通院を続けていままでの院内チームの支援を受けつつ、一方で、経済的支援

が必要な場合には福祉事務所の生活保護ケースワーカー、軽作業で社会活動を行いたい場合には作業所の指導員、仕事への復帰を希望する場合には労働関連機関での就労支援など、多様な支援が必要となる可能性があり、その場合支援する機関は多岐にわたる。また、高齢者への支援を考えた時、病気で入院中は院内の多職種チームが支援を行うが、退院して自宅での療養生活に移った場合、訪問看護ステーションの訪問看護師、地域包括支援センターのソーシャルワーカーなど複数の組織・機関が連携して、地域での在宅生活を支えることとなる。高齢者では入院と退院を繰り返すことも充分考えられ、入院そして在宅といった療養の場の移動が生じる中で、一貫した支援を続けるために、単一組織だけでなく、多機関・多組織間での連携・協働がますます現実的に必要とされている。このように連携・協働する範囲として、当事者の支援を一貫して達成するためには、一つの機関・組織の枠を越え、その地域に存在する機関・組織全体を連携・協働の範囲として捉える必要がある。

③ 支援者と当事者・家族

連携・協働は、支援のための一つの形態であり、その支援の対象は支援を必要としている当事者や家族である。そのために、連携・協働は支援者間で行う活動であり、当事者や家族はその対象者であって、連携・協働のメンバーではないという考えがある。菊地（2009、p.292）は、当事者や家族は、支援の意思決定者であるため、支援者メンバーとは立場が異なり、そのために連携・協働のメンバーにはならないとの見解を示している。

しかし、その一方で、当事者や家族も連携・協働の支援者メンバーに入れるべきであるとの見解もある。重度の障がい者の在宅療養の場合、病院や専門の入所施設とは異なり、24時間専門的支援者のケアがある訳ではない。たしかに訪問看護師、ヘルパー、医師等の支援はあるが、日々のケアの大半は家族が担っている。つまり、専門職と家族が連携・協働して、当事者の在宅療養を実現していると言える。時々訪問してくる専門職が行うケアと家族が行う日々のケアの間にはその継続性や繋がりが必要であり、そのためには、両者の間で丁寧な連絡や情報の交換が必須となる。その両者のやり取りは、

当事者への支援を達成するためのコミュニケーションという点で、専門職同士が支援のために行うやり取りと同じ活動と見なし得る。このような状況では、家族は支援の対象者ではなく、連携・協働のメンバーとして認識できるだろう。

ただし、それでは家族はどのような場面でも支援者の役割だけなのかというとそうとも言い切れない。上述した障がい者の家族もそのケアに疲れ、ケアから生じるストレスを蓄積させ、家族自身が時に支援を必要とする存在となることがある。家族は支援者であると同時に、支援を必要とする「当事者」にもなる。連携・協働の支援者メンバーとして認識すると同時に、家族自身の支援の必要性を見定めることが重要である。

(3) 連携・協働における目標とは

表10-1を見るとどの定義にも「目標」という文言が含まれている。さらに、Andrew（1990、p.175）では「共通の目標」、Abramson & Rosenthal（1995、p.1479）では「共通の目標達成」、久保（2000、p.111）では「共通の目標」などと記述され、その目標が連携・協働している者同士で、共有されていることが明確に示されている。しかし、目標に関してそれ以上の詳しい内容の記述は見つからない。多くの定義で、目標はおよそ簡略に説明されている。ただ、再度この簡略な記述の意味を確認すると、連携・協働する主体は各々独自の目標を達成するために連携するのではなく、同一の目標を達成するために連携・協働するのであり、主体間ではその目標は共有されている、あるいは共有されねばならないと解釈できるのではないだろうか。

連携・協働する場合に、各主体は異なった職種、分野、領域、組織の背景を持っている。各主体では、教育的背景が異なり、そのために当事者観や支援観、それに基づく支援目標、習得している具体的な支援方法・技術も異なる。そのような各主体が、共通の目標を持つことが果たして可能なのだろうか。しかし、各定義は目標を共有する点に関してはっきりと記述している。

もし共有されるとしたら、各職種や領域の支援観を色濃く反映したものではなく、各職種や各領域を越え、さらに高次の枠組みである対人支援領域という枠組みの中で、共有できる目標となるのではないだろうか。また、各職

種の目標は目標として、各職種が達成をめざすが、その目標を下位目標として位置づけ、それら下位目標に通底する共通項を見つけ出し、統合的な上位目標を共有することが求められていると考える。各職種の関心が下位目標の達成のみに限局されていると、下位目標間の対立を生じる場合もある。各職種の下位目標とともに主体全体に共通する上位目標を認識できていることあるいはしていくことが連携・協働にとって肝要だろう。

（4） 連携・協働における行為・活動とは
　連携・協働の行為や活動そのものに関する記述はすべての定義で言及され、その記述は実に多彩である。しかし、いくつかの特徴に分類ができる。以下その特徴毎に検討する。

① 目標達成プロセスとしての連携・協働
　すべての定義で多様な支援者が一定の共通の目標を共有するという内容が記述されていることはすでに指摘した。目標とはただそれを明確に決めるだけではなく、その目標を達成するという行為の方向性も示している。連携・協働では、共有された目標を達成することが目指される。久保（2000、p.111）は「業務の遂行を行う」と、またAndrew（1990、p.175）は「問題解決をめざす」と形容し、Germain（1984、p.199）とAbramson &Rosenthal（1995、p.1479）も各々「目標を遂行するため」と「目標達成」と明記しており、連携・協働する集団が、問題解決のための課題遂行集団であることを示している。Julia & Thompson（1994、p.50）はこの連携・協働における目標達成のための課題解決機能を「タスク機能」と呼び、この機能が、連携・協働における中核的機能であると述べている。また、Julia & Thompson（1994、p.51）は、一般的な目標達成プロセスでは、（1）課題の明確化、（2）仮説の設定、（3）課題の分析、（4）計画の策定、（5）仮説の検証、という各段階があることを挙げているが、連携・協働する集団においても、この各段階が進展する必要がある。

② 交換プロセスとしての連携・協働

その目標達成プロセスの中で、何が行われるかについては、いくつかの特徴的な記述が見られる。Germain（1984、p.199）は多領域間で「コミュニケーション、計画、行動等」が互いに交換されることに着目している。この表現を換言すると、異なった領域の計画や行動がコミュニケーションを通じてやり取りされることによって目標の達成がされる、これらの交換が目標達成の前提条件であると言えるだろう。また、Andrew（1990、p.175）は「異なった専門職が（中略）独自の知識・技術・組織の展望・個人的態度を駆使して問題解決を行う」と記述し、各専門職が、問題解決に貢献するために、自分の持つ知識や技術などをできるだけ出すことが必要であることを指摘している。この二者の記述から、連携・協働ではその目標を達成するために、自分の計画、行動、知識、技術などを積極的に他者と交換しようとする態度が求められていると言えるだろう。

実践現場で多職種が行うネットワーク会議やカンファレンスの印象について「発言する人は決まっていて、自由な発言がしにくい。」、「集まっているが、議論はない。」といった意見を聞くことがある。ネットワーク会議やカンファレンスは、多職種が一同に会し一見して連携・協働が具現化された場所のように見える。しかし、そこで各自の計画、行動、知識、技術が交換されなければ、その交換によってこそ実現する目標達成プロセスが進行しているとは言えないだろう。そのような交換がなされない会議やカンファレンスでは連携・協働は形骸化しているといわざるをえない。

③　協力的な関係としての連携・協働

特に日本の研究者の定義の中で、目立って言及されている特徴は、連携・協働における主体間の協力的な関係性である。高山（1993、p.76）は「協力体制」、前田（1990、p.13）は「協力関係」、久保（2000、p.111）は「互いに協力しながら」という表現を用いて、協力的な関係性を説明している。協力とはお互いがお互いの力を借り合い、助け合う、つまり相互に促進的な交流を行う状態と言えるだろう。日本の研究者は、連携・協働において相互促進的な協力関係により着目しているように思われる。一方、興味深いことに、欧米の研究者の定義には、協力的な関係性に関する表現はない。Abramson

& Rosenthal（1995、p.1479）が「共同主導権をもちながら」という表現を用い、一見すると協力的関係に言及しているように思えるが、これは、あくまで連携・協働における主導権つまりリーダーシップに関して言及しているに過ぎない。Germain（1984、p.199）は「コミュニケーション、計画、行動等の交換プロセス」という表現を用いており、「二つあるいはそれ以上の領域での（中略）交換プロセス」という表現は、この交換が、一方が一方的に提供し、一方は受け取るばかりの片務的関係ではなく、相互に行われることを含んだ表現と推測され、相互促進的な協力関係を連想させるが、Germainの視点は、コミュニケーション、計画、行動等の交換という行為に据えられており、その交換を行う主体間の関係のあり方に据えられているのではない。

　松岡（2000、p.22）は、連携・協働の一つの形態であるチームの機能について、上述したタスク機能の他に、そのタスク機能を充分に果たすための環境を整える機能として、チームのメンテナンス機能を指摘している。上述した「協力的な関係性」は、タスク機能つまり目標達成の機能を果たすための基盤あるいは環境としてのメンテナンス機能の一側面として理解できる。

　ただ、この協力的な関係性への焦点付けで気になることがある。メンテナンス機能は、タスク機能の達成のための基盤や環境であり、改めてここで繰り返すまでもないことだが、連携・協働の最終目標は支援における目標の達成である。連携・協働している支援者間の協力的関係が一度確立されるとその維持（メンテナンス）のために、目標達成のための率直な意見、計画、行動の交換（時には互いに異なる立場や考えのために対立もあり合える状況を含む）を抑制し合うことが生じる可能性がある。その場合、メンテナンス機能がタスク機能に優先することになれば、それは、本末転倒と言わざるをえない。メンテナンス機能の重視は、タスク機能の達成の範囲内で考えられるべきであろう。

④　支援者の限界認識プロセスとして連携・協働

　Germain（1984、p.199）は、その定義のなかで連携・協働を「単独では達成できない（中略）目標を遂行するため」のプロセスであると表現している。この表現をもう少し分析的に考えてみると、いくつかの意味を含んでい

ると思われる。まず、単独の職種での支援だけでは達成できない支援領域や支援目標があること、そして、自分では達成できないことつまり自己の支援における限界をその職種が認識すること、さらに、その限界認識を越えて目標を達成するために他職種との交換プロセスつまり連携・協働が始まることではないだろうか。

　社会心理学では自分の力では解決できない困難な場面や問題に直面した個人が、他者に援助を求めることを「援助要請行動」(help-seeking behavior)と定義し、その行動の生起過程を分析している。相川（1987、p.138）は、実際に援助要請を行うまでにはいくつかの判断を含んだ認知過程があると説明し、その第2番目の判断として、「問題が自分の能力で解決できるか否かを自己の能力や過去の経験などから判断する」過程をあげている。自分だけでは解決できないと判断した時に、人は他者に援助を求めるのである。支援者による連携・協働は、Germain（1984、p.199）の定義に即して考えると、自己の限界を認識した支援者が他の支援者に援助を要請する行動と言い換えられるだろう

　さらに援助要請行動の特性に関して、相川は、自分の能力に関する判断は「自分の能力の低さ、不適切さ、失敗や劣等性などを示すサインとして機能する」と説明を付け加えている。つまり、他者に援助を要請することによって、自分への全能感や自信が揺らぐことがあると指摘しているのである。実践現場では、ある当事者への支援の質を高めるためには連携・協働が必要であることが充分認識されており、様々な支援者が協働可能な環境にあっても、実際に連携・協働が始まらないという状況にぶつかることがある。そのような状況が生じる原因の一つとして、すでに組織内や地域内である権威や地位を獲得している支援者の場合、他職種への援助要請が自分の権威や地位を揺るがすのではないかと言う不安を抱き、そのために連携・協働への拒否的態度につながる可能性があるのではないだろうか。連携・協働は、時には支援者にとって自分の能力を内省的に振り返り、当事者の支援課題と自分の能力を客観的に見つめる機会にもなるのである。

4．連携・協働に関する今後の検討課題

　本稿は、連携・協働そのものを構成する基本的要素の検討に先立ち、なぜ、今連携・協働が注目され、広がってきているのかその背景を検討することから出発した。筆者が背景をまず検討したかった理由は、連携・協働は支援の中心にいる当事者の求めに応じたものであり、また支援の質を向上させるために有用であるとの考えを筆者は原則肯定しているが、昨今の対人支援領域における連携・協働の強調とその急速な広がりにもっと異なったモーメントの作用を感じたからである。連携・協働は基本的に当事者への有効な支援につながると信じつつも、連携・協働の意義や背景を充分問いかけもせず、自明の「良きもの」と決めてスタートしてしまうことに躊躇があった。当事者、支援者、社会環境との関係性の中に、連携・協働を位置させ、その三者の力動の中で、連携・協働を理解することを試みたかったのである。読み手にはこの背景の記述がどのように受け取られたのだろうか。今後も、この力動が実践現場に現れる具体的な局面を分析していきたいと考えている。

　また、本稿における連携・協働を構成する基本的要素の検討では、主体、目標、行為・活動という最も大きな枠組みの検討にとどまった。行為・活動では、連携・協働が始まり、展開し、成熟していく各時期によっては異なる行為・活動が起こるだろう。連携・協働のプロセスとそこに起こる行為・活動の詳細については別の機会に検討したい。また、連携・協働が支援にとって有用であるという認識は広まっているが、当事者にとってどのように有用であるのか実際にその効果を測定することについても今後の検討課題とし、本稿を閉じたいと思う。

注
1　保育所に預けている子どもが病気になった場合、保育所に通えるように回復するまで、昼間、保育と看護をすること。保育所に併設、医療機関に併設、単独の病児保育室などの施設で行われている。
2　保育士などの資格をもった人や子育ての経験のある人が自治体から委託されて、家庭で保育できない子どもを少人数自宅で預かる制度を指す。
3　利用者の自宅を訪れ、利用者本人による実施がむずかしくなった家事や介護を

行う介護の職種を指す。
4 配偶者からの暴力の防止及び被害者の保護に関する法律（通称「DV防止法」）によって都道府県に設置が定められ、配偶者からの暴力の被害者からの相談に応じるセンターを指す。
5 介護を必要とする人を支援するさまざまな職種の活動の全体を束ねる統括者。各職種間の調整を行う。
6 介護を必要とする人を支援するにあたり、必要なサービスを総合的・一体的にサービスの全体像として示すこと。

column 4　当事者との協働　—「子育てネットワーク」の事例から—

中谷　奈津子

子育てネットワークと子育て当事者との協働

　近年、子育て支援が盛んに謳われ、子育て広場や子育てサークル、子育てネットワークなど、地域における活動も注目されるようになった。"子育てネットワーク"とは、江口他によれば、子育て中の親に加え、子育てを終えた経験者、子育てサークルのリーダー、子育てに関する専門家等が集まり、地域の子育て全体を視野に入れて、子育て中の親を支援する広がりをもったグループと位置づけられている（江口他、2003）。つまり子育てネットワークは、子育て当事者と専門職の協働が求められるところとなる。

　では、子育て当事者の親と専門職との関係性は、常に同じものなのだろうか。これまで子育て当事者は「支援される対象」とされることが多かったが、どのような段階でも子育て当事者は常に支援される対象として扱われるのであろうか。子育てネットワークの実践報告から見える、当事者と専門職との関係性の変容を紹介したい。

明確な二項対立の構図から変化の兆しへ

　子育てネットワークという言葉が文献に登場し始めた当初、子育てネットワークの必要性を主張する当事者はごく限られており、当事者はむしろ「悩んでいる親」「無知に近い、あるいは書籍等で得られた偏った知識の元で…半ばノイローゼ状態に陥っている親」（大野他、1992、p.5）など、「支援される対象」として語られることが多かった。

　しかし1990年代後半、少子化が社会の大きな関心事となると、子育て支援が声高に叫ばれ、子育てネットワークの活動も急激に広がりを見せるようになった。実践報告の中でも、目の前の子育て当事者の様子が具体的に記述されるようになり、親子の友達づくりや助け合いなど、親同士の関係構築が着目されている。子育て支援

の活動が具体的に動き始めたといえる。だが主催する専門職側が計画、準備、展開のすべてをお膳立てし（鈴木、1996）、保護者は単に参加するだけの存在であることから、まだまだ両者の対等性は遠いことが伺える。

同時期、子育てサークル活動を子育てネットワークとみなす実践報告も見られている。そこでは子育て当事者の母親の内面に、あるプロセス性が指摘される。母親としての葛藤を経て子育てサークルに参加し、「○○ちゃんの母親」ではない「一人の人間」としての自分を再認識、さらにはさまざまな人との出会いから視野の広がりが得られ、実際に活動を展開する中で、自信や自己効力感が高まっていくというものである。個人的問題と思っていたことが実は社会的問題であることに気づき、身近な社会を変革しようとするプロセスであるともいえ（「母の友」、1998）、子育て当事者の母親自身が「支援される」存在から、自己決定のもと人生を拓いていこうとする「主体」へと変容していく様子が示されている。

巻き込んでいく子育て当事者たち

2000年代に入ると、子育て当事者がより豊かな子育て環境を構築するため明確に自らの意見を主張するようになる。専門職が子育て当事者をすくい上げるというよりも子育て当事者が核となって、行政や専門職を子育てネットワークに巻き込もうとするものである（坂本、2004）。子育て当事者のさまざまな能力の発揮に伴って、行政や専門職が「いかに黒子になって子育てネットワークを支えるか」が問われ始め（原田、2004）、専門職による支援の方法も再考する必要性が示唆されている。

このように、子育て支援において子育て当事者は常に「支援される対象」ではない。子育て支援が親の主体性を育て、自らの力で人生を切り拓いていく力の育成を目指すものであるなら、子育て当事者をいつまでも「支援される対象」に留めておくことは無意味である。むしろ専門職等と対等に、子育て当事者としての意見を述べ、行動する「主体」となることを目的とし、専門職はその時々の状況を踏まえながらアプローチの仕方を変えていかねばならない。そのような段階を経て、両者の協働が実現されたとき、その関係性は子育て支援の醍醐味となって、新たなまちづくり、地域づくりのうねりとして次世代に引き継がれていくものと思われる。

第11章 「支援者」自身との「協働」
― 支援者が協働するために ―

松田　博幸

はじめに

　この章を書くにあたって、「当事者との協働（障害者領域）」というテーマを与えられた。

　一見するとこの章のテーマとまったく関係がなさそうな話から始めたい。今から30年以上も前、私が大学生の頃、一般教育科目の哲学の授業でのことである。

　資本主義体制と社会主義体制との関係について講義が進められていたが、大勢の学生がいる大教室の教壇の上で話していた教員は、話の途中で突然黙り込んだ。沈黙が続いた。表情から、思索にふけっているように感じた。数分間はそれが続いたように記憶している。そして、沈黙の後、自分がその間に考えたであろうことを、つぶやくように話し始めた。

　私は、そのような状況に出くわし、当時は、そして長らく、"変わった先生がいるものだ" くらいにしか思っていなかった。

　しかしながら、その後、紆余曲折を経て、研究という道を選び、大学で授業をおこなうようになり、そして、社会福祉の実践について考えるようになったときに、その光景が大きな意味をもつようになった。

　ノーマン・デンジンとイヴォンナ・リンカンが編者となり、質的研究の方法についての論文をまとめた、*Handbook of Qualitative Research* という本がある（第2版が日本語に訳されている）。そのなかに、ローレル・リチャードソンが書いた「書く：ひとつの探究方法」と題された論文が収められている。私は、この論文を読んだときに、それまで自分が長らく考え、そして、感じ続けていたことが、いきなり明確になったような感覚をもった。

長くなるが、一部分を引用したい。

　私が何かを書くのは、何かを見いだしたいからである。書く前には知らなかったことを学ぶためである。しかし、あなたもそうであったことだろうけれど、私が教えられたのは、語りたいことがわかる前には書いてはならない、ということだった。自分の論点をまとめ、整理するまでは、書いてはならないと。書くことについてのこの静的モデルが、機械的な科学主義や量的研究と結びついたことは何も驚くにあたらない。それよりも私がここで論じたいのは、著述のこの静的モデルがそれ自体、社会的・歴史的にしつらえられたものだ、ということである。そのモデルこそ、私たちの19世紀の先輩たちがいだいた社会的世界についての静態的なイメージをあたかも実体のように化した（reify）ものだったのだ、ということである。この静的モデルは深刻な問題を抱えている。それは書くことがもっている動的で創造的なプロセスを見ていない。このモデルは、質的研究を始めようとする人の意気をくじいてしまう。静的な著述モデルは彼らの研究体験にそぐわないからだ。質的な著述の多くをつまらなくして読まれなくしてしまうのもこのモデルである。なぜなら、このモデルに従おうとすれば、著者は自分の声を沈黙させ、自分自身を汚染菌だとみなさなければならなくなるからである。（Richardson、2000＝2006、p.317）

　もし、冒頭で述べた教員のように講義をしながら何かを探究すること、あるいは、私が今まさしくしているように本の原稿を書きながら何かを探究すること、そういったことが禁じられてしまうとすれば、人から「動的で創造的なプロセス」が奪われてしまうことになるだろう。"考えがまとまるまでは人の目にふれさせてはならない"という発想は、勇気を出してとにかく表現してみることの意義や、表現したことに対する人びとの反応を受けとめながら考えをまとめるという協働的なプロセスの意義を覆い隠してしまいがちである。完全であるかどうかはさておき、とにかく他の人に向けて表現する、そして、対話を通して考えを深めていく、そういった、教育、社会福祉の実践や研究のありように価値を置きたいと私は思う。即興性や「いま、こ

こ」に価値を置くということでもある。

薬物依存症であり、かつ、トランスジェンダー[注1]である、私の知り合いがパフォーマンス・アートを始めた。そして、ライブに出演することになったが、主宰者から電子メールを受け取り、以下のように自らのブログ[注2]で述べている。

> 送られてきたメールの中に
> 「何して良いかわからないところから、考えることも大事」
> という一行があり大きく心が揺さぶられた
> 思い起こしてみると、薬物をやめはじたときも、性別を移行し始めた時も
> 最初は何をしてよいか、まったくわからず、ただ
> 茫然としていた
> でも茫然としているときは、人の話がよく聞こえてくるし、
> なんでもやってみようという謙虚な気持ちになるし
> 恐る恐る勇気を振り絞るしかないし、普段はいかないところに行ったり
> 新しい出合いが次々に生まれた
> だからまた、何してよいかわからないところからはじめようと思う

本章では、"社会福祉の領域において「支援者」と「当事者」が協働するためには、両者の関係はどうあるべきなのか"という問いの答えを探究するが、私も「何して良いかわからないところ」から書き始めたいと思う。

1. セルフヘルプ・グループでの語り

私は、これまで、さまざまな形でセルフヘルプ・グループ (self-help group、自助グループ。以下SHG[注3]) に関わってきた。「問い」の答えを探究するには、自らの体験から始めるのがよいかもしれない。

この節のタイトルは、「セルフヘルプ・グループでの語り」としよう。本章では「何して良いかわからないところ」から書き始めているため、このように、それぞれの節のタイトルは後からつけることになる。実は、全体のタイトルも最後につけるつもりである。

第Ⅱ部　教育福祉学の視点［専門性と協働性の融合］

　本来であれば、SHGとは何かということを説明してから次に進むべきであろう。しかし、私の体験談を書けば、それが何かということをわかってもらえるのではないかと思う。体験談のなかには、自分がSHGのメンバーとなったときのものも含まれるだろう。

　私がSHGに惹かれるようになったのは、精神科病院で非常勤のソーシャルワーカーをしているときであった。地域では、AA（アルコホーリクス・アノニマス）や断酒会といった、お酒に頼らずに生活することを希望する人たちが自分たちの手で運営するSHGがミーティング[注4]を開いていた。アルコール依存症と診断された人びとが参加していた。「いいっ放し、聴きっぱなし」と呼ばれるルールがあり[注5]、1人のメンバーが話している間、他のメンバーはその語りに耳を傾け、話が終わってもコメントを加えないということになっていた。メンバーは、自らの体験を具体的に語る。また、そのようなやり方を取り入れた「院内断酒会」と呼ばれる集まりも、私が勤める病院のなかで定期的に開かれていた。ソーシャルワーカーなどが司会を担当するが、メンバーの語りに介入することはまったくない、「いいっ放し、聴きっぱなし」の集まりだった。

　私は、見学者として、そういった語りの場に参加していたが、場がもつ力に惹かれていった。家族や周囲の人びと、そして「支援者」が必死になってアルコール依存症の人の飲酒を止めさせようとする、また、本人も飲まないという意志を強くもつが、止められない（アルコール依存症の人が飲酒をコントロールできないことと本人の意志の強さとは無関係である）。そして、人間関係は壊れ、家族や友人を失い、仕事を失い、身体はボロボロになり、死に至ることもある（福祉事務所で生活保護のケースワーカーをしていた頃、自分が担当していた人がこのように亡くなった。身体がお酒を受けつけなくなっても飲酒が止まらなかった）。そのような人たちが、自らの体験を語り、他のメンバーの語りを聴くことで、お酒に頼らない生活をおくっているということが、私にとって大きな驚きであった。また、ミーティングのなかで、自らが体験してきた凄惨な出来事を落ち着いた口調で淡々と語る、その語り口に非常に感動した。そして、そういった場に惹かれた。

2 「支援者」が自らの感情を自覚すること

　私は、なぜ、そういった場に惹かれたのだろう。私は、体質的に身体がお酒をほとんど受けつけない。だから、飲酒に対するコントロールが効かなくなるということはありえない。そういった点では、当事者性はまったくない。

　羨望だったのかもしれない。SHGで人と人とが深い情緒的なレベルでつながっている様子を目にし、うらやましいという感想を述べる人たちがいる。大学の授業で、SHGの人たちに来てもらい、話をしてもらっているが、感想文のなかでそのようなことを述べる人たちがいる。また、SHGの研究者が、「あこがれる」という表現を用いたこともある。自分もそのような羨望をもつ1人だったのかもしれない。

　ただ、今思い返してみると、それ以外の惹きつけられるような感情ももっていたように感じる。うまく言葉にすることはできない。

　「支援者」と「当事者」との関係を考える際に、「支援者」だとされる人びとがSHGのような場に対してどのような感情を抱くのかという点は、「支援者」と「当事者」との関係を考えるうえで、非常に重要であろう。

　AAの全国的な集まりに参加したときに、知り合いのソーシャルワーカーに会った。そのとき、その人はこのようにいった。

　　あの人たちの活動をみていると、ソーシャルワーカーの自分に何ができるんだろうって思うんです。

　実は、先に述べたように、大学の授業でSHGの人たちに話をしてもらっているが、同様の感想を述べる学生は少なくない。自分たちはソーシャルワーカーになるために勉強をしているが、SHGの人たちの話を聴いていると、ソーシャルワーカーがいなくてもいいように感じるということである。AAの集まりで会ったワーカーを含め、それらの人たちの心のなかにあるのは、ある種の恐れかもしれない。自分たちの立ち位置を揺るがされることからくる恐れである。

SHGの活動にふれたときに「支援者」がもつ感情は非常に多様であり、おそらくは複雑であろう。ひょっとすると、羨望と恐れ、両方をもつこともあるかもしれない。

「支援者」と「当事者」との協働のための関係がどうあるべきなのかという問いの答えの1つとして、「支援者」が、SHGのような活動にふれたときに、自分の心のなかに生じる感情をきちんと自覚して、そのような感情がどこからくるのかを探るべきであるということがあげられるだろう（ソーシャルワークでいわれている「自己覚知」）。自分の感情ときちんと向き合い、たとえば、なぜ羨望の感情をもつのか、なぜ恐れの感情をもつのかを探るということである。

そして、こういったことは、SHGという、集団による営みについてのみいえることではなく、「支援者」の支援を受ける個人についてもいえる。「支援者」は、どうしても、支援を受ける人を「支援者」の価値観、考え、文化の枠組みに押し込めて理解してしまいがちである。ときには、自分はその人のことをすべてわかっており、その人は自分がいないと何もできない人だという感覚に陥ってしまうかもしれない。そんな「支援者」が、あるとき、自分の枠組みには収まらずに力強く生きている姿に出くわすと、先に述べたようなさまざまな感情をもつ。恐れに加えて、自分自身に対する無力感をもつこともあるかもしれない。

そんなとき、「支援者」は自らの感情と正直に向き合うべきである。そのような感情は、専門職者としての立場を揺るがすかもしれない、また、自らの考え方や生き方に変更を迫るものであるかもしれない。長年親しんできた価値観にひびを入れるものであるかもしれない。しかし、そのような感情と向き合い、それとつきあえるようになることで、はじめて協働への道が開かれるのではないだろうか。

3　「いま、ここ」で、ともに変わっていくこと

「支援者」は、既存の考え方や方法にとらわれがちである。しかし、そういうものをいったん脇に置いておいて（「あなたの理論はドアのところに置いてきてください」[注6]）、目の前の人、人びとと交わり、そして、その場で、つ

第11章 「支援者」自身との「協働」 －支援者が協働するために－

まり「いま、ここ」で変わっていくことが大切なのではないだろうか。そして、そのようなプロセスは、「支援者」が、「当事者」を含む、他の人とともに進めるものであろう。

　先に、「支援者」が感情を自覚することが大切であることを述べたが、これは、そのようにしないと相手とともに変わるのが難しくなるからである。自分が今どのように感じているのかということに意識を向けずに"自分は……と感じないといけない"という感覚にとらわれているかぎり、自分が変わるのは難しい。自分のなかで「いま、ここ」で生じている感情を覆い隠すのではなく、きちんと向き合い、そのような感情とつきあえるようになることで、相手とともに変わるための準備ができるのだと思う。

　ここでいうところの「変わる」ということは、人が、「いつか、どこか」で決められたことから離れ、それを相対化することでもある。人は、「いつか、どこか」で決められたことに頼らないと他の人と関係を作っていくことができないというのは、そうであろう。たとえば、「社会のルール」「社会の常識」というのもそういった1つであろう。しかし、それに縛られていると、「いま、ここ」で生じていることが見えなくなってしまう。

　具体的な例をあげよう。

　私が、精神科病院のソーシャルワーカーをしていたときのことである。当時、私は新米で、その仕事を始めて数ヶ月しか経っていなかった。そんなある日、ソーシャルワーカーが詰めている相談室に電話がかかってきた。ちょうどそのとき、先輩のソーシャルワーカーたちは病院外に出ており、私がその電話に対応せざるをえなかった（あとで、新米ワーカーの私だけが院内に残っているという状況を作ったということで先輩ワーカーが上司から注意されたという話を聞いた）。そして、その電話の内容は非常にややこしく、話はこじれ、私がひとりで対応するのには無理があった。私は、とりあえず電話を切ったが、非常に動揺していた。そのとき、相談室に入ってきた、顔なじみの若い患者さんが私を見て一言いった。

　松田さん、動揺してる。

第Ⅱ部　教育福祉学の視点［専門性と協働性の融合］

　私は、自分の気持ちをずばり言い当てられて、さらに動揺した。なぜなら、ソーシャルワーカーというのは、どんなときでも冷静でなければいけないと思っていたし、動揺している姿は患者さんに見せるべきではないと思っていた。そこで、私はいった。

　そんなことないよ。

　つまり、自分の「いま、ここ」の気持ちと向き合うのではなく、"ソーシャルワーカーは動揺してはならない"という「いつか、どこか」で身につけた考えにとらわれて、動揺していないように振舞おうとしたわけである。
　しかし、今思うのは、たとえば、"そうやねん。動揺してるねん"、あるいは、"ピンポーン。あたりっ！"といった反応を返せていれば、そのとき、もっとよい関係をその患者さんと作ることができたのではないかということである。顔を引きつらせながら"そんなことないよ"といっているソーシャルワーカーよりも、"そうやねん。動揺してるねん"と「いま、ここ」での感情を表し、弱さをさらけ出しているソーシャルワーカーのほうが信頼できたのではないだろうか。また、そこから対話が生まれ、ともに変わることが可能になったかもしれない。たとえば、"ふ〜ん、ソーシャルワーカーの人でも動揺するんや""そりゃそうや。人間やから、あたりまえやで"といったやり取りから展開される対話と変化が可能だったかもしれない。"そんなことないよ"という強がりが、「動的で創造的なプロセス」を奪ってしまったように思う。
　重要なのは、先に述べたように、あたりまえだと感じている、「いつか、どこか」で決められたことから離れて、それを相対化することであろう。そして、それが「いま、ここ」での「動的で創造的なプロセス」を奪ってしまっている状況があることに気づくことであろう。よく、"心と心がつながる""心が響きあう"という表現が用いられるが、そういった関係は、お互いが「いま、ここ」でともにいることを感じることで可能になるのではないだろうか。そして、どちらかがまず「いつか、どこか」で決められたことからときはなたれて、相手に働きかけることで、そのような関係が始まるので

はないかと思う。

　このようなことを抜きにして、「支援者」が「当事者」と協働をしようとしても、なかなか「動的で創造的なプロセス」は生まれないのではないかと思う。

　ある人に対して自分の思いを伝えようと必死になっているのに紋切り型の反応しか返ってこない、そして、大きな徒労感をもつことがある。また、相手が自分に一定のイメージをもっていて、それにとらわれた反応しか返ってこない、そして、苛立ちを感じることもある。そういった徒労感や苛立ちは、相手が「いま、ここ」で反応していないことからくるのではないだろうか。

4．私自身のことを語る

（1）　ある体験

　私自身のことを語りたい。なぜ私がこれまで述べてきたように考えるのか、という問いの答えがそのなかにあるように思う。

　すでに述べたように、私は、精神科病院でソーシャルワーカーとして勤務していたが、非常勤であったため、任期の終了が近づき、仕事を探すことになった。すると、ちょうど、ある自治体が保健所の精神保健相談員（当時の名称）を募集しているということを知り、応募し、採用された。そして、4月から保健所に勤務することになったが、一言でいうと、職場や仕事に馴染むことができなかった。精神障害をもつ人と面接をしながら、"あなたはいいよな、こうやって話を聴いてくれる人がいるんだから"と心のなかで思っていたのを覚えている。自宅だけでなく、職場でも人目を逃れて、泣いていた。そして、2か月も経たないうちに辞めてしまった。それまで、3つの社会福祉の職場を体験してきたが、苦しいことがあっても乗り越えてやってきた。そんな自分があっけなくつぶれてしまったことが信じられなかった。仕事を辞めたあとは、自宅に引きこもり、一歩も外に出ない生活が始まった。「出ない」と書いたが、出ないようにしようという意志をもっていたわけでもないし、出たいが出ることができなかったというのでもない。外に出たいとも、出たくないとも、あるいは、家にいたいとも、いたくないとも、思わ

なかった。ただ、家にいた。そして、自分を責め続けていた。当時、あるボクサーが網膜剥離のため試合ができなくなり、引退を迫られているということがテレビのニュースで報じられていた。自分と比較し、うらやましかった。本格的に仕事を始めるまでの、しかも、2か月というほんの短い期間で仕事を辞めてしまった自分は、リングに上がって戦う前に逃げ出すような弱い人間なのだと感じ、戦うだけ戦って仕方なく引退を迫られている、そのボクサーがうらやましかった（もちろん、そのボクサーは非常に苦しんでいたわけであるが、私は、そのとき、そのように感じたということである）。

　そのような状態がしばらく続くなかで、先のことを考えるようになった。ただ、社会福祉に関することに関わるのは止めようと思った。そういったことは、もっと強い人がやればいいのであって、自分のように弱い人間は、そういったことにはもう関わらなくてもよいのだと思った。関わる資格などないとも思った。戦う力のある人が関わればよいのだと思った。

　しかしながら、あるとき、こう感じるようになった。自分は、毎日、何もせず、寝起きして食べるだけの日々を送っているが、それも「生活」なのではないだろうか。けっして立派な生活ではない。しかし、とにもかくにも「生活」している。ひょっとすると、そこから、社会や人間の生活について語ってもかまわないのではないだろうか。また、語ることができるのではないだろうか。そのように感じた。このことは、大きな意識の転換であった。自分は何とか生きている、ただそれだけで、社会や生活のことを語る資格があるのではないかと思った。

　そして、大学院に進学することにした（幸運なことに、ちょうどその次の年度の4月に、私が卒業した大学に社会福祉の大学院が開設されることになった）。そして、大学院生として研究をおこなうことになった。

　しかし、私には、「支援者」がどのように支援を展開すればよいのか、という問いから研究を始めることが、どうしてもできなかった。私は、「支援」のあり方を論じる前に、人が苦しい状況を生きのびていくプロセス、そして、その人がそのようなプロセスを通して、自分の人生や社会をどのようにとらえるようになるのか、という問いからまず始め、そこから「支援者」の課題を考えたかった。このような関心は、大学院進学につながった、先に述

べたような私自身の体験から生まれたものである。そして、大学院に入り、しばらくした頃、精神科病院でソーシャルワーカーをしているときに出会った、SHGの人たちのことを思い出し、SHGにこだわり続けたいと思うようになった。その人たちがSHGで回復していくプロセスと、先に述べたような、私自身の意識の転換とが重なったのだと思う。

（2） SHGの人たちとのつきあい

そのようにして私は大学院でSHGの研究を始めることにしたが、ある研究会でSHGに関する文献を紹介したのがきっかけで、SHGの人たちが参加しているある集まりに参加することになった。その集まりには、さまざまなSHG（お酒を止めたい人たちのSHG、難病の人たちのSHG、障害児の親のSHGなど）の人たち、病院のソーシャルワーカー、研究者などが集まっていた。SHGのメンバーではないが、自分の個人的な体験からSHGに関心をもつようになった人も参加していた。そのうち、その人たちが、SHGを支援するためのセンターを立ち上げようとしているということがわかってきた。そして、私もその活動に参加することにした。

翌年（1993年）5月に、私たちは「大阪セルフヘルプ支援センター」を発足させた。大阪府内で活動をおこなっているSHGの情報を電話で提供したり、月例会やセミナーを開催するのが主な活動であった。活動を続けていると、さまざまなSHGの人たちが集まってきた。毎月開催される月例会では、SHGの人たちが自らの個人的な体験やグループの活動の様子を語り合うことが中心となっていたが、だんだんとSHGの人たちの割合が増えていった。多いときで7～8割がSHGの人たちとなり（発足当初は、3～4割程度だった）、残りがソーシャルワーカー、研究者などであった。SHGに関心をもつ新聞記者も継続的に参加するようになった。多いときは20人弱の人たちが参加していたように記憶している。先に述べたようなSHGの人たちに加えて、パニック障害、中卒・高校中退の子どもの親、吃音（どもり）、精神障害、セクシュアル・マイノリティ、ユニークフェイス[注7]、アトピー、頭部外傷、カルト被害者、等々、実に多様なテーマをめぐるSHGの人たちが自然と集まるようになっていった。参加は強制されなかったし、どこまで個人的な

第Ⅱ部　教育福祉学の視点［専門性と協働性の融合］

ことを話すのかはその人が決めればよかった。SHGのメンバーであるという以外、あるいは、SHGに関心があるという以外、どんな人なのかほとんどわからない人が参加することも多かった（これは、現在もそうである）。また、年に1回開かれるセミナーでは、さらに多様なSHGの人たちが集まり、シンポジウムや情報交換の場をもった。

　私にとって、そのような場で出会うSHGの人たちは、けっして「クライエント」ではなく、私を解放してくれる人たちであった。私の価値観や考えにひびが入る体験をし、いったん入ったひびは、どんどんと広がっていった。それは、わくわくする体験であり、世界が広がる体験であった。

　たとえば、次のような言葉がSHGの人たちから発せられ、私は揺るがされた。

- メンバーはミーティングで自分のことを語るが、話の内容は首尾一貫してなくてもいい。話がかみあっていなかったり、以前話したこととまったく正反対のことを話しても、OKである。（お酒を止めたい人たちのSHGの人より）
- 子どもが学校にいかなくてもかまわない。（中卒・高校中退の親のSHGの人より）
- どもっていてもかまわない。どもりながらどう生きるかが大切なのだ。（吃音のSHGの人より）
- 人の性というのは、身体的な性も含めて、多様である。「性別二元論」はウソだ。（セクシュアル・マイノリティのSHGの人より）
- SHGは、つぶれるときには、つぶれるものである。必要とされているのであれば、必要とする人たちが、また立ち上げるだろう。（様ざまなSHGの人たちより）
- グループ[注8]のなかで、居心地の悪さを感じる人たちが出てきたら、その人たちはそのグループを飛び出して、自分たちで新しいグループを作る。そして、また、そのなかで、居心地の悪さを感じる人たちが出てきたら、その人たちが新しいグループを作る。自分たちは、そうやってグループを増やしてきた。（お酒を止めたい人たちのSHGの人より）

　いずれも、私がとらわれていた「常識」にひびを入れる言葉であった。

また、病気や障害に関連するSHGの人たちからは、医療の専門職者との間の葛藤や緊張関係が体験を通して語られた。そして、医療の専門職者のコントロールの外で、SHGの人びとが力強い活動をおこなっていることや、そのような活動から、医療の専門職者を育てるのは患者であるという考えが生まれていることも知った。

　SHGを超えた共感が生じるのも不思議であった。月例会などで、あるSHGのメンバーが自分の個人的な体験やグループ運営上の課題を語ると、他のSHGのメンバーから共感を伴う反応が返ってくることをしばしば体験した。「○○病」「精神障害」「死別体験」「吃音」等々、そのようなカテゴリーを超えた共感が生じていたということである。

　私は、大学で社会福祉を学び、その後、福祉事務所のケースワーカーとして、そして、精神科ソーシャルワーカーとして勤務したが、「支援者」の文化の外にそのような豊かな文化が広がっていることは、それまで知らなかったし、驚きを感じた。思えば、精神科病院に勤めていたときにSHGの人たちの語りを通して得た感覚は、このような文化の一部からくるものだったのだと思う。

　人は「支援者」として教育を受け、あるいは、活動するなかで、知らず知らずのうちに、「支援者」の価値観、考え、振る舞いを身につける。「支援者」の文化に染まってしまうということである。しかし、「当事者」と協働するのであれば、そのような価値観、考え、振る舞いを相対化し、自覚し、相手とつながることが必要であろう。そのうえで、自分がもっている「支援者」としての特権［アーノルド・ミンデルのいうところの「ランク」（Mindell, 1995＝2001）］をどのようにして用いればよいのかを考えるべきだろう。そのような自覚やつながりがない場合、知らず知らずのうちに特権を振りかざすことになる。

（3）　SHGのメンバーとして

　そして、私は、SHGのメンバーとなった。

　大学院生となって4年目に、私は、社会福祉関連のある専門学校で非常勤講師のアルバイトをするようになった。そこで私が体験したのは、今でいう

第Ⅱ部　教育福祉学の視点［専門性と協働性の融合］

ところの「学級崩壊」であった。週1日、90分の授業を2クラス分、担当することになったが、生徒たちは、歩き回り、騒ぎ、野次を飛ばし、一番前にいたある生徒はヘッドフォンをつけてマンガ週刊誌を読んでいた。私はそのような状況を何とかしようと、怒鳴ったりしたが、状況は変わらなかった。私は、そのようなことを毎週体験するようになり、精神的に疲弊してしまった。教壇の上で途方にくれながら、昔いじめられていたときの感覚がいきなりよみがえったりした。街を歩いていて、ある生徒がよく着ているシャツと同じようなシャツを着ている人が前から来ると、びくっとしたりもした。教室の状況が頭から離れなくなり、四六時中、空想のなかで生徒たちと格闘し、疲れ果てた。

　このような状況のなかで、私は、感情面の問題をもつ人たちが集まっているSHGに転がり込んだ（という表現が当時の心境を考えるとぴったりとくる）。診断の有無に関わらず、自分が感情面での課題をもつと思えばメンバーになることができるSHGで、「いいっ放し、聴きっぱなし」のミーティングが週1回開かれていた。土曜日の夜に約7～8人が集まっていた。

　最初は自分の体験を語ることができなかったが、少しずつ、話せるようになっていった。それは、そこが、弱い自分の姿をさらけ出すことができる安全な場だということがわかってきたからだろうと思う。また、他のメンバーの語りを聴くことを通して、自らの体験を語るための言葉を得たからだろうと思う。安全な場と、自分の体験を語るための言葉を得る機会がないと、人は自らの体験を語ることはできないのではないだろうかと思う。

　やがて、そのSHGのミーティングのなかで、専門学校での体験だけでなく、仕事をしていたが辞めてしまったことや、小中学校のときにいじめられていた体験なども語るようになり、弱い自分の姿を表せるようになった。人は強くないと生きている資格はないように感じていたが、そうでもないのだと感じるようになった。また、他のメンバーが語る物語から勇気を得ることもあった。自分の体験をていねいに語り、他のメンバーの語りにていねいに耳を傾けることを通して、自分の身の丈を知ることができたように思うし、自分が生きていくうえで必要なことを学ぶことができたように思う。

　現在は、別のSHGにメンバーとして参加しているが、最初に参加した

SHGと同じように、参加している人たちのなかには、ソーシャルワークの「クライエント」の立場を経験している人たちが少なからずいる。生活保護を受けていたり、精神科の病院に通っていたりする（ちなみに、私自身、神経科のクリニックには通っている。薬がなくなればもらいにいく程度ではあるが）。しかし、そのような人たちと、「支援者」あるいは「研究者」として関わるのではなく、SHGの対等なメンバーとして関わり、語る/聴くという場を共有することで、自分が社会においてどのように生きていけばよいのかを学ぶことができたし、今も学び続けている。

　私が、本章の最初で述べたリチャードソンの考えに共鳴するのは、私自身がメンバーとしてSHGを体験してきたことにもよるだろう。リチャードソンの文章の「書く」を「語る」、「論点」を「物語」に置き換えると、次のようになる。最初の部分のみ示す。

　　　私が何かを語るのは、何かを見いだしたいからである。語る前には知らなかったことを学ぶためである。しかし、あなたもそうであったことだろうけれど、私が教えられたのは、語りたいことがわかる前には語ってはならない、ということだった。自分の物語をまとめ、整理するまでは、語ってはならないと。

　あるとき、（最初に参加した）SHGのミーティングで、それまで誰にも話したことのなかった体験[注9]を話した。他の人に話すなど、まったく想像できなかったし、誰にも話さないまま棺桶にもっていくのだと思っていた。ミーティングに顔を出したところ、その日は、私以外に1人の人しか来ていなかった。最初は、その体験を話すつもりはなかったが、ふと、その体験を話し始めた。行き先がまったくわからない状態でとにかく歩き出してしまった、そんな感じがした。話していると目眩がした。なんとか話し終わると、その人は、"自分の場合は……"と、私の体験とよく似た体験を話してくれた。その人が語ってくれた内容は、今でも忘れられない。私が、そのときなぜ自分のそのような体験を語ろうと思ったのかは、今でもよくわからない。ただ、1つだけいえるのは、私がその人を信頼していたということである。

第Ⅱ部　教育福祉学の視点［専門性と協働性の融合］

だから、語り始めることができたし、語り続けることができたのだと思う。
　実は、現在参加しているSHGというのは、そのときに語った内容と関係するグループである。今でもそのような体験を人前で話すことは難しいが、そこでは自分の体験を、言葉を使って物語として表現している。それまで誰にも語ったことのないことを語ることが多い。
　もし、「語りたいことがわかる前には語ってはならない」、「自分の物語をまとめ、整理するまでは、語ってはならない」のであれば、いったい、人は、どこでどうやって自分の物語をつむぎ出せばよいのだろう。

おわりに
　一般的な、ソーシャルワークの教科書や論文における記述とはずいぶん質の異なる章になってしまった。書きたいことがわかる前に書き出したら、このようになってしまった。
　しかし、"社会福祉の領域において「支援者」と「当事者」が協働するためには、両者の関係はどうあるべきなのか"という問いの答えを探すための手がかりは示すことができたのではないかと思う。ずいぶん「不親切」な示し方だが。
　冒頭からここまでの文章を書くのに、およそ半月ほどかかったが（2011年8月半ばから9月初頭まで）、その間、この文章を書くのが楽しみだった。目的地を定めないスリルがあった。
　最後に考えないといけないのは、本章のタイトルである。どうしたものか。
　ここまで、「支援者」と「当事者」が協働する、あるいは、「支援者」が「当事者」と協働するという表現を用いてきたが、「当事者」のなかに、「支援者」の役割を担っている本人を含めることができるかもしれない。つまり、「支援者」が協働する必要があるのは、いわゆる「クライエント」とされる人たちだけではない。自分自身とも「協働」する必要があるのではないかということである。そして、私が本章を通してこだわりたかったことは、「支援者」が自分自身とどのように「協働」するのかということだと思う。この場合の「協働」とは、「支援者」が、「支援者」という枠から離れ、自分

194

自身ときちんと向き合い、つながり、つきあうことである。そして、それは同時に、自分以外のもう1人の人ときちんと向き合い、つながり、つきあうことなのだと思う。

　タイトルは、「支援者」自身との「協働」－支援者が協働するために－、にしよう。

注
1　自分に割りあてられた身体的な性別や社会的な性別に違和感をもつ人。そのような人を呼び表すのに性同一性障害という語が用いられることもある。
2　http://mebako505.livedoor.biz/archives/cat_32637.html（2010.4.16付けの記事　2011.9.2アクセス）
3　SHGという略語は、英語圏、ドイツ語圏のセルフヘルプ・グループ研究者の間では一般的に用いられているが、わが国の社会福祉の領域ではかならずしも一般的ではない。私の授業を受けた学生が、レポートなどでSHGという語をよく用いるが、注意が必要である。
4　AAではミーティングと呼ばれるが、断酒会では例会と呼ばれる。
5　すべてのSHGがこのようなルールで集まりを開いていると理解する人がいるが、誤解である。そうでないSHGも多い。
6　統合失調症と診断され、3回の入院体験ののちに精神科の医師となり、現在、アメリカの精神障害者当事者運動のリーダーとして活動しているダニエル・フィッシャーの言葉。フィッシャーは、「支援者」が精神障害をもつ人とつながるためのキーポイントの1つとして、「謙虚で、関心をもち、相手を大切にし、あなたの理論はドアのところに置いてきてください」（Fisher、2008=2011、p.18）ということをあげている。
7　見た目に特徴（たとえば、顔のあざなど）のある人たち。
8　これはAAのメンバーの言葉であるが、AAは、多くのグループから成り立っている。ただし、「支部」という言葉は使われない。
9　先に、精神科病院でソーシャルワーカーをしていたときにSHGに対して羨望以外の「惹きつけられるような感情ももっていたように感じる」と述べたが、このような体験と関係しているかもしれないとも思う。

第Ⅱ部 教育福祉学の視点［専門性と協働性の融合］

第12章　子どもと親に焦点をあてた社会政策
　　　　　－ヨーロッパ2ヵ国の動向－

吉原　雅昭

1．この章で学ぶこと

　私は、社会政策（Social Policy）の研究者である。社会問題に対応して政府が行うさまざまな政策を社会政策と呼ぶことは、欧米では定着している。一般的に所得保障、医療、教育、住宅、労働、社会福祉の6つの政策を指すことが多い。例えば高齢者介護も、子育て支援も、ホームレス支援も、社会福祉政策だけで、効果的に対応することはできない。ほとんどの政策課題には、複数の、または社会政策全体による対応が求められる。

　私はこれまで、おもに地方自治体レベルに焦点を当てて、社会政策の国際比較研究を行ってきた。対象国は、我が国と、イングランド、スウェーデンの3カ国である。これまでは、おもに高齢者や障害者を対象とする施策を中心に研究してきた。教育福祉学類が創設され、その業務の一部を分担することになったので、本稿では、子育て施策について検討を加えることにする。

　スウェーデンとイングランドの、子どもに焦点を当てた社会政策の近年の動向を、「社会福祉政策と教育政策の関係」に着目して眺めてみると、以下のようなことがわかる。

　［スウェーデン］

　1996～1998年の一連の制度改革によって、国のレベルでも自治体のレベルでも、保育系の諸事業は、社会福祉部局から教育部局に責任が移った。社会福祉法制に定められていた保育系の事業は、すべて学校法のなかに規定されることになった。自治体のレベルで見ると、保育系の事業は、すべて社会福祉部局から教育部局に移り、学校教育と統合して運営されることになった。

　［イングランド］

第12章　子どもと親に焦点をあてた社会政策　－ヨーロッパ２ヵ国の動向－

　ブレア政権とブラウン政権は、子どもと親に焦点をあてた多くの施策を行った。例えば、1998年、国および地方自治体レベルで、保育事業の責任を社会福祉部局から教育部局に移し、幼児教育との統合を方向づけた。2003～2004年の改革では、国に「子ども・若者・家族大臣」を新設し、自治体の社会福祉部の児童業務を教育部に移し、教育と児童福祉の両方に責任を負う「児童サービス部長」職を新設した。

　以上の短い説明は、近年の政策動向のごく一部だけを記したにすぎない。以下、日本との比較も意識しながら、もう少し、これら２カ国の、子どもと親に焦点をあてた社会政策の全体像と近年の動向を記してみよう。

２．スウェーデン

　19世紀に、保育所は貧困家庭対策として制度化され、幼稚園は上流階級の早期教育施設として始まった。しかし、第２次世界大戦時に労働力が不足し、政府は、女性を労働市場に参入させるため、1944年に保育所と幼稚園に補助金を出し始めた。この時、この国庫補助は社会省と保健福祉庁の管轄となり、幼稚園と保育所の一元化が始まった。

　スウェーデンは、戦後もごく一時期を除いて、女性の労働市場参加を積極的に推進する政策を続けた。1963年以降、保育所建設国庫補助金は、年々、大幅に増額された。このころ、コミューン（基礎自治体）の児童福祉委員会が、幼稚園、保育所、家庭保育室（保育ママ）、学童保育等をすべて管轄することになった。社会省、保健福祉庁という国の福祉部局がコミューンの福祉部局に補助金を出し、事業を管轄する基本構造が、ほぼ完成した。重要なのは、国庫補助金が幼稚園ではなく保育所に集中されたことである。1970年には、税制の改正によって、夫婦個別課税となった。もはや専業主婦（夫）は、税制上、優遇されなくなった。

　1973年、初めての就学前事業法（保育事業法）が定められ、1975年に実施された。子どもを預かる時間の短い幼稚園も、長い保育所も、この法の対象である。スウェーデンの義務教育は７歳開始であるが、この法は６歳児に年間525時間、無償で保育所や幼稚園等を利用できる権利を記した（義務ではない）。法は、コミューンに、保育ニーズを持つ親と子へのサービス提供を

義務づけた。法は、コミューンに、住民のニーズにあった保育事業の計画を定め、実施することを求めた。1976年には、国と全国コミューン連合が合同で、保育事業拡大5カ年計画を定め、実施した。

　ところで、この国では基本的に「0歳児保育」事業は例外的であり、ほとんど行われていない。多くの保育事業は、1歳半からである。育児休業制度が手厚く、休業時の所得保障等が充実しているため、出生後少なくとも1年半程度は休職した親が育てる。現行の両親休業法には、子どもが1歳半になるまで休職する権利、子どもが8歳に達するまで労働時間をフルタイムの75%まで短縮する権利等が記されている。育児休業手当は、子どもごとに480日間受けられる。はじめの390日間は所得の80%（上限あり）、残りの90日間は定額給付である。この制度の起源は、1955年までさかのぼれる。最初は母親だけを対象とする制度だったが、1975年に父親も利用できる「両親保険」となり、1978年には手当の対象期間が12ヶ月になった。この制度は、重要な子育て支援施策である。同時に、労働政策、所得保障政策、男女平等政策の側面もある（育児休業は両親が分割して取ることが法で義務づけられている）。

　1970年代以降も、国とコミューンは保育事業を拡大し続けた。1980年に、社会福祉に関する3つの法律（児童福祉法を含む）を統合した「社会サービス法」が制定され、コミューンの福祉サービス提供責任は強化されたが、福祉部局の最大の課題は保育事業の拡充であった。1985年、国会は「すべての子どものための保育事業」を定めた。この決定によって、1991年までに、1歳半から小学校入学までのすべての子どもが、何らかの保育サービスを利用できる権利を保障しようとした。

　この国でも、昔から女性の就労率が高かったわけではない。1965年、7歳以下の子どもを持ち、半日以上就労する女性は27%だった。1970年にこの比率は約50%まで上昇し、1970年代半ばに60%を超えた。その後、1980年代初頭に70%に達し、1980年代半ばに80%を超えた。以後は、ほぼ80%以上で安定している。一方、1960年の保育所定員は、全国でわずか1万人だった。国とコミューンは保育所を増やしたが、女性就労の拡大の方が伸びが大きい時期もあった。1970年の保育所利用率は、わずか9%だった（保育所定員、約

7万人）。1970年代を通した国とコミューンの努力によって、利用率は30％まで上昇した。しかし、これでは足りないことは、明らかだった。1980年代になっても、多くの地域で、保育サービスについて、深刻な待機者問題があった。

　国会が定めた政策目標を達成するため、国は保育事業への補助金を拡充し、コミューンは毎年、保育事業への支出を増やした。1975年の保育事業費は29億クローナだったが、1990年には350億クローナになった。1991年までに、すべてのコミューンが住民のニーズを満たす保育事業を整備することはできなかったが、1990年代も事業は拡大し、サービス不足は次第に解消していった。以上の状況をふまえ、1995年に「新しい保育事業法」が施行された。この法によれば、コミューンは求めに応じて１歳以上の子どもに、保育サービスを「遅延なく」提供する義務を負う。利用申し込みから、遅くとも３～４ヶ月以内にサービス開始を求められた。この頃には、多くのコミューンが住民のニーズを満たす事業量を確保できていたので、新法は大きな混乱なく実施された。

　このように、おもに労働政策や社会福祉政策として、自治体に義務を負わせて保育事業を整備し、量的に「すべての住民」のニーズを満たす「普遍化」段階に達した1996年、保育系の事業はすべて「社会省、保健福祉庁」管轄から「教育省、学校庁」管轄に移された。政策の重点は量的整備（2000年の保育所定員は約70万人）からサービスの内容や質に移り、これまで以上に学校教育との統合が求められることになったのである。1990年代初頭に深刻な経済危機を経験したこの国は、教育政策全体を知識社会における人材育成の観点から見直すことを決め、普遍化された保育事業は「生涯を通した学習の出発点」に位置づけられた。保育事業に関する諸規定は、1997年から1998年に、社会サービス法から学校法に移った。

　この改革はラディカルなものだったが、多くのコミューンでは既に準備ができていた。1984～1991年に行われた「フリーコミューン実験」を通して、コミューンは組織や業務実施方法について、さまざまな実験を行った。例えば、いくつかのコミューンは、法によって縦割りに設置義務がある学校教育委員会と社会サービス委員会を再組織化し、新設の「子ども青少年サービス

委員会」に学校教育と保育事業を統合して運営した。この実験は、よい結果をもたらすことが多かった。1991年、国はフリーコミューンの成果をふまえ、抜本的な分権改革としてコミューン法の改正を行った（1992年施行）。国によるコミューンの組織規制は大幅に減らされ、業務実施方法の自由も拡がった。もはや、社会サービス委員会も学校教育委員会も、必置ではなくなった。学校教育と保育事業をどう組織するかは、コミューンの自由になった。結果として、1992年以降、学校教育と保育を統合して運営するコミューンが増えた。このように、学校教育と保育事業の統合は、かなり前から、自治体が主導して「さまざまに」試みられていた。

　1997年には、もうひとつ、大きな改革が行われた。保育事業から6歳児の部分が切り離され、全国の基礎学校内に、任意参加の「6歳児、就学前学級」が創設されたのである。義務教育開始年齢を1年早めたり、6歳児の保育を義務化したわけではない。学校の場で、学校教育への準備（スムーズな移行）を行う、新しい保育と教育の混合サービスを希望者全員に保証した。7歳児が基礎学校1年生なので、「0年生」と呼ばれることもある。6歳児の就学前学級参加率は、近年は100％近い。授業は平日の午前だけであり、午後は帰宅する子ども、校内の学童保育を利用する子どもに、分かれる。スタッフは、保育事業で働いてた就学前教師や保育士が転職した者が多い。

　この改革には、財政的な側面があったことは否定できない（単純にサービス単価比較をした場合）。しかしながら、新制度の導入理念は、「保育や学童保育で行われているよい子どもケア（幼児教育）は、基礎学校の低学年教育の質を高めることに役立つ」であった。逆に、6歳児の保育を学校で行い、義務教育への準備という側面をより明確にし、以前よりも「組織だった教育」の要素を入れることも、目指していた。保育（ケア）と低学年教育がお互いによい点を学びあい、内容を相互浸透させて統合的に運営する。一体化したシステムとして、より断絶や摩擦を少なくし、サービス利用者の経験を円滑化する。そのような改革が、目指された。この考え方は、後に「EDUCAREモデル（educationとcareの合成語）」と呼ばれ、OECDやEUでも評価された。

　よって、この改革で重要だったのは、1歳から6歳までを対象とした、学

校法に基づく「就学前学習プラン（カリキュラム）」である。これは、1998年にLpfo98として国会で定められた。基礎学校の学習プラン（カリキュラム）であるLpo94との整合も、目指された。この改革をめぐる議論と実施過程を通して、基礎学校での学び過程における「遊び」の重要性が注目されるようになり、「遊び、探索、絵、文章、造形」など、従来あまり基礎学校に無かった概念も新たに導入された。

　2000年以降では、2001～2003年の改革が重要である。親が失業している家庭の保育所利用権の法定化、国による保育料の上限額設定、4および5歳児の年間525時間分無料化、が主な内容であった。このうち2つは、主に国とコミューンの関係改革である。保育事業の責任はコミューンなので、保育料はコミューンが定め、利用資格判定も行っていた。1990年代を通じた地方財政の悪化により、一部のコミューンは、財源調達のために保育料を大幅に値上げしたり、サービス削減のために失業している親のサービス利用を拒否した。自治体間格差が拡大し、保育料が高い地域では労働インセンティブに悪影響も生じた。失業している親のサービス受給権が、自治体によって異なることへの疑問も強まった。国はコミューンに財源を追加し、上記の3改革を行った。その後、2003年より、基礎学校に設置されている「6歳児、就学前学級」は、希望する4および5歳児も利用できるようになり、2010年には3歳児の保育サービス利用も、年間525時間分無料化された。

3．イングランド

　通史的に述べるのではなく、1979～1997年の保守党（サッチャー、メージャー）政権が軽視したり積み残した政策課題に対して、教育や子ども関連施策を最重要と公言して政権についた労働党（ブレア、ブラウン）政権（1997～2010年）が「何を行ったか」に焦点をあてて論じる。なお、社会政策の国際比較としては、増加傾向にある若年失業者への諸施策や、NEETに代表される「困難を抱える青少年」への諸施策も「教育、福祉、労働、医療」政策の接点領域として重要であるが、本稿では、主に乳幼児から学童ぐらいまでの子どもと親をめぐる施策を中心に論じる。中心は、保育施策と児童虐待対応である。

第Ⅱ部　教育福祉学の視点［専門性と協働性の融合］

　保守党政権が実施した教育政策で最も重要なのは、1988年教育改革法によるナショナル・カリキュラムの導入であろう。児童福祉政策では、包括的な1989年児童法の制定が最重要である。しかし、市場機構を中心に据えて小さな政府を目指し、個人や伝統的な家族の責任を重視し、地方財政や社会政策支出の削減や抑制を目指す諸施策は、かつてない規模の「子どもの貧困」（子どもの貧困率34％、1997年）を生じさせた。状況が悪化するにつれ、これは、さまざまな社会問題（例、青少年犯罪や非行）を引き起こすことが明らかになった。また、子どもを持つ者を含めて女性の就労が増加し、離婚率の上昇で片親家庭が増える等の家族形態の変化に対応した労働政策や保育政策（義務教育は5歳開始）はあまり行われず、子どもを抱える家庭の困難は年々深刻化していた。

　ブレアの労働党は、1997年の選挙において、教育政策と子どもへの投資を最重要政策と唱えて政権を奪った。首相就任直後に、「子どもの貧困」問題を20年以内に解消してゆくことも宣言した。彼らの社会政策全体にわたる特徴のひとつは、ワークフェア（市民の就労を与件とした福祉政策）である。また、教育政策の重視は、経済成長戦略の一環に位置づけられていた。政権奪取から1999年頃まで、矢継ぎ早に、多くの「新しい」政策が開始された。主だったものの概要を、記してみよう。

　まず、1998年に「全国児童ケア戦略」が示された。教育雇用大臣、社会サービス大臣、女性担当大臣の3名が著者である。要点は、3つあった。保育サービスは不足しているので、拡充政策が必要。利用料が高くて保育サービスを利用できない親も多いので、対応策が必要。サービスの質を向上させる施策が必要。具体的な施策の一部も、記してみよう。保育事業者を増やすため、短期の補助金を出す。1998年9月より4歳児の幼児教育を一定時間、無料化する（国が自治体に補助金を出し、自治体が幼児教育施設に利用者数に応じて配分）。1999年タックスクレジット法によって、子どもを持つ就労世帯が保育サービスを購入しやすいように金銭を給付する。教育雇用省管轄の幼児教育と保健省管轄の保育事業を統合して教育雇用省に責任を一元化し（1998年）、施設に関する新たな基準を創り、質の監督システムを充実させる。

第12章　子どもと親に焦点をあてた社会政策　−ヨーロッパ2ヵ国の動向−

　労働政策としては、1999年に、はじめて育児休業が法定化された。2003年には、法定の出産休業の期間が52週に延長された。これらは、保守党政権が行わなかった施策だが、内容は他の欧州諸国よりも乏しい。利用できる者はフルタイム被用者に限られ、無給や低い定額給付であり、利用者にとってフレキシブルな制度でもない（規則や制限が多い）。これは、英国では「民間企業の労使関係に国家が介入することに消極的な考え方」が保持されていることの影響だと指摘されている。

　同じく1999年には、貧困地域に社会資源を集中整備する「地域政策」的な施策も開始された。Sure Start Local Programeである。国は、自らが定めた指標によって困窮地域を指定し、ここに、4歳児以下のための保健、保育、家族（親）支援、幼児教育サービスを統合的に整備した。後には就労支援機関との連携も図られ、貧困地域以外にも、このような統合された地域サービス拠点(Sure Start Children's Centre)を整備することになった。

　ところで、この節は「子どもの貧困」から書き始めた。子どもの貧困が大幅に増えたサッチャー、メージャー政権期に、地方財政の厳しさもあり、多くの自治体は要養護児童の支援に失敗した。1989年児童法が定めた業務は、じゅうぶん実施されなかった。このため、要養護児童は「社会的に排除された人口集団」の代表のようになってしまった。低学力、低学歴（例、中等教育未了）のまま学校から脱落または排除され（例、放校処分）、仕事に就けず、精神疾患にかかる者、ホームレスになる者、受刑者になる者、早期未婚出産する者が増えた。ブレア政権は、この問題に多くの資源を投じて対応した。1999年から2003年まで実施されたQuality Protectである。

　国が定めた到達目標をふまえて自治体が目標を定め、3年間の行動計画を立てて要養護児童支援の質を高める取り組みを行った。自治体は、計画の実施について、保健省の補助金を活用できる。同時に、年度ごとの実績報告が義務づけられた。重視されていた点を例示すると、以下の通りである。親子関係への心理的、社会的支援。虐待とネグレクトの防止。アセスメントと、ケースマネージメント。要養護児童の、ライフチャンスの拡大。自治体による支援から巣立ってゆく青年期(leaving care期)の支援。並行して、国は1999年に『児童虐待防止協働指針』の改訂版（初版は1991年）も出した。

ところが、2000年2月、ロンドンのハリンゲー・バラで、深刻な児童虐待死「ビクトリア・クリンビイ事件」が起きた。被害児は8歳、加害者は同居の養育者である大叔母と、そのパートナー男性である。国は調査委員会を設置し、責任者のハーバート・ラミングは2003年1月に報告書を提出した。事件は深刻だったが、報告書の影響はより大きかった。報告書は、明確に、期限つきで、さまざまな制度改革を求めた。政府は、同年に政府緑書『すべての子どもが大事である』を始めとする文書を出さざるを得ず、これ以降、「2004年児童法」を含め、国と自治体全体にわたる児童福祉改革が行われた。

これが「最悪」の児童虐待死事件であると言われることには、いくつかの理由がある。ビクトリアは、大叔母に連れられて1999年4月に英国に移住し、死亡する2000年2月までに、4つの自治体福祉部、3つの自治体住宅部、2つの警察児童虐待防止チームに接しており、虐待による外傷で2度、2つの病院に入院していた。多くのソーシャルワーカー（以下SWr）、医師、看護士、警察関係者等がビクトリア、大叔母、パートナーに会っていたにもかかわらず、虐待防止策は「ほとんど行われず」に虐待死したのである。

田邉泰美の研究に依拠して、ラミングが指摘した問題点を例示する。①最初の外傷による入院時に、3医師が診察した。救急部の医師と小児科医は虐待と診断したが、児童虐待の専門医が「疥癬」と誤診した。②自治体福祉部は、ビクトリアの担当SWrとして児童虐待を担当した経験のない者（担当する資格もない者）を配置した。しかも、この担当SWrはケース数超過であった。③火傷と外傷による2回目の入院時に、自治体SWrと警察は、適切なアセスメントを行わずにビクトリアを帰宅させた。④SWrは自宅で暮らすビクトリアと家族を何度か訪問面接したが、リスクをアセスメントしなかった。アセスメントを試みて、失敗したこともあった。アセスメントの失敗は、複数回あった。⑤一時、ビクトリアと大叔母は自治体福祉部に、「同居パートナー男性によるビクトリアへの性的虐待」を訴えた（翌日、取り下げ）。この際、自治体福祉部は法に則った対応をしなかった。また、この不可解な動きについて、援助側は全く検討を深めなかった。⑥ビクトリアの支援について、多くの組織を巻き込んだ検討会議が何度も行われたが、参加者、会議内容、会議の進め方等がいずれも不適切であり、状況の把握と検

討、援助計画の検討、決定、実施のいずれにも失敗した。援助の核である自治体福祉部は、「組織として」ビクトリアの評価とモニタリングに完全に失敗した。⑦ハリンゲー・バラは、国が定めた「児童サービス最低支出基準」を大きく下回る予算額しか、福祉部に配分していなかった。福祉部の管理職たちは、児童虐待防止に強い優先順位を与えていなかった。⑧事件発覚後に停職や懲戒処分を受けた者がいる一方で、上級管理職の一部は責任を部下に押しつけて責任回避したり、他ポストに異動した。彼らの態度は非専門的、非倫理的である。

　ラミングは報告書において、1989年児童法の枠組みに問題はなく、自治体が「その実施、マネジメント」に失敗したと断言した。ラミング報告を受けた同年の政府緑書『すべての子どもが大事である』は、事件の根底にあるより深刻なデータも記している。それは、自治体児童SWrの欠員（不足）である。全国平均の欠員率は11%だが、ロンドンでは平均20%、ロンドンの最悪自治体では「4割」であった。欠員だけでなくSWrの質（専門性）の低下に関するデータも記されている。ハリンゲー福祉部の「お粗末な業務」は、この文脈で理解せねばならない。

　政府は、ラミング報告書を深刻に受けとめざるを得なかった。ブレア首相は2003年6月、教育技術省に「子ども・若者・家族大臣」を新設し、児童家庭政策の権限をここに統合した。2000年から2004年まで、多くの政府報告書が出され、さまざまな角度から検討された改革案の多くは、2004年児童法に結実した。この法は多くのことを定めており、組織整備規定が多いという特徴がある。国レベルの組織統合に続いて、自治体に児童安全保護委員会と、「児童サービス部長」が必置になった。自治体児童サービス部長は、教育と児童福祉サービスすべてに責任を持つ職員である[注1]。福祉部の児童関連業務は、すべて児童サービス部に移された。英国の福祉行政の歴史から見ると、ラディカルな改革である[注2]。具体的なサービス提供における組織間協働の改善には、自治体ごとに「児童トラスト」を創設して実施することも定められた。

　同じく2004年、政府は『児童ケア10カ年戦略』を公刊した。1998年の全国児童ケア戦略以降、幼児教育の無料化や2002年タックスクレジット法による

給付充実もあり、保育所や学童保育所の数と定員は大きく増えた（定員52.5万人分増）。また、多くの保育所が保育時間を1日4時間以上に増やした。この政策への支出増は、一定の成果をみた。しかし、まだ多くの未達成課題があった。10カ年戦略は施策の方向性を示し、関係者との意見交換を経て2005年に法案になり、最終的に「2006年児童ケア法」として成立した。特に注目されたのは、自治体に「働く親のために十分な児童ケアを確保し、情報を提供する」義務を課したことである。自治体による直営サービスは推奨されていないので、質を確保しながら営利および非営利事業を振興してニーズを満たすことになる。

　2007年6月、首相に就任したブラウンは省庁再編を行い、「子ども・学校・家庭省」を創設した。「教育技能省」の業務のうち、高等教育と継続教育に関する部分を分離し、同じく新設の「イノベーション・大学・技能省」に移管したのである。2003年の組織改革を、「より純化」させたと見ることができる。

　ところが同じ年の8月、2000年にビクトリア・クリンビイ事件が起きたハリンゲーで、長期間頻繁に自治体SWr等の支援を受けていた17ヶ月の男児ピーターが、主に母親のパートナー男性による暴力で虐待死した（ベビーP事件）。児童大臣は、史上初めて2004年児童法の権限を使いハリンゲーの児童安全保護委員長を更迭した。政府は、ピーターの死に関する調査報告書を作成するとともに、再度ハーバート・ラミングに「ビクトリア・クリンビイ事件以降の児童ケア改革の進捗状況に関する全国調査」を依頼した。この事件も、たいへん深刻である。母親は、自治体SWrの支援を受けている期間に、虐待容疑で2回逮捕されていた。医療関係者の支援も、多くあった。警察だけでなく、裁判所も関わっていた。この事件も、ひとりの援助職や一機関によるミスで起きたのではない。多くの深刻な失敗が、積み重なっていた。

　ラミングは2009年に報告書を提出し、「過去5年間、我が国では児童虐待防止に高い優先順位が与えられてこなかった」と述べた。例えば、児童SWrの欠員は依然として酷く、転職率は高く、「経験1年未満の新任が半数」である。保健訪問員は過去3年間に10％削減され、過去14年間で最低の

人数に落ち込んでいる。警察の児童虐待担当も近年は減らされ続けており、欠員率が高くなっている。

　ベビーP事件の場合、SWrのスキル不足（ソーシャルワークの失敗）は明白であり、組織間連携も失敗していた。しかし、連携や第一線職員の質を問うだけでなく、職員数の不足も検証せねばならない。ラミングは、児童家庭政策全体の支出増は続いているが、自治体の児童虐待防止業務には特定財源がなく、組織力が弱いために予算確保は難しいので特定財源化を求めたが、児童大臣はこの提案を拒否した。政府のベビーPに関する調査報告書は、「要約版」の公表が2009年5月であった。2000年にビクトリア・クリンビイ事件を起こしたハリンゲーで、児童ケア改革を実施中の2007年にベビーP事件が起きた。国による自治体業務の監査システムは、全く機能しなかった。政府統計によれば、ブレアとブラウンの労働党政権期に、「子どもの貧困率」はかなり低下した。しかし、多くの提言を行った2009年のラミング報告書への政府の対応後も、この国に課せられた宿題のいくつかは、まだ片づいていないように思われる。

4．まとめ

　2つの国における子どもと親に焦点をあてた社会政策について、近年の動向を中心に要点を概説してきた。冒頭に述べた社会政策という視角に戻ると、本章は社会福祉政策を中心に、労働政策、教育政策、所得保障政策の一部にふれながら論じたが、医療政策や住宅政策については述べていない。スウェーデンと英国には普遍的な児童手当制度等があるし、住宅政策や医療政策も重要だが、ふれることはできなかった。

　スウェーデンについては、通史的に概観した。国は一貫して女性の就労を促進し、実際にわずか20年間ほどの間に、就労率は80％以上になった。このことと、すべての子育て支援施策が常に「普遍化」指向であることは、密接な関係がある。保育事業の責任は基礎自治体にほぼ一元化されており、普遍化が達成された後はサービスの内容や質が課題になり、同じく基礎自治体に責任がある基礎教育との統合に進んだ。

　イングランドの子育て支援施策は、労働政策の面が弱い。また、保育サー

ビスの充実は、幼児教育を一部無料化して利用を促すことと、所得保障給付を増やして受給者のサービス購入を促進する施策が中心であった。市場機構の活用が、政策の基本である。給付を得た親は、保育所、幼稚園、学童保育だけでなく、チャイルドマインダー（保育ママ）も購入できる。英国では、チャイルドマインダーは依然として主要な保育サービスのひとつである。市場と民間事業者を重視する場合、サービスの質の管理は重要な政策課題になる。

　イングランドでは、自治体福祉部が責任を持って援助すべき子どもがSWr等の業務ミスで虐待死した事件（2000年）が、さまざまな法や制度の改正につながった。2004年児童法は主に組織面を改革したが、2007年の事件によって、児童虐待防止現場では財源と職員が不足しており、サービスの質は改善されていないことの一端が明らかになった。

　スウェーデンは2006年、英国は2010年に、久しぶりの政権交代を経験した。今後は、新政権の社会政策に注目したい。

注
1　児童サービス部長の75%は教育関係者であり、福祉専門職が部長になる自治体は少ない。
2　イングランドの自治体福祉部（社会サービス部）は、1970年の「シーボーム改革」によって創設された。これ以前は児童部、福祉部、保健部、教育部、住宅部等に分散していたソーシャルワークと社会サービスを「社会サービス部」に統合する改革だった。

第Ⅲ部

教育福祉学の展開

［人と社会への包括的視野］

第13章　生涯発達とその支援
── 身体障害者のライフコースから──

田垣　正晋

１．社会福祉と生涯発達

　本研究では、障害者福祉において、生涯発達、類似概念であるライフコースやライフサイクルの視点が重要であることを明らかにする。このような視点の重要性はすでに認識されている（岩間、1992,；山岸、1999）。ノーマライゼーションの理論にもライフコースの視点がある。ニルジェは、障害者の生活の「リズム」を非障害者と同様にすることを一日、一月、一生涯という各単位で考えた（Nirje、1970、pp.62-70）。この「一生涯」という観点こそ、ライフコースの視点といえるだろう。ただ、これらは具体的な考察の域には達していない。山田（1983）の施設にいる重度障害者の研究は先駆的だが、質的研究やストーリーという方法論的動向に合致しない。そこで、筆者の中途障害者のライフストーリーに関する研究（田垣、2007）を事例に、論を進める。

　中途障害とは、人生の途中で病気や事故によって心身の機能を失うことである。中途障害は、身体機能を前提に成り立っていた仕事、家庭生活、人間関係などを劇的になくし、再構成を迫られる体験であるという意味において、社会的および心理的な喪失体験である本研究では、交通事故等によって脊髄損傷になり、車椅子による生活をすることになった人々を事例にする。

２．なぜ生涯発達か

生涯発達

　生涯発達とは、人間を長い時間軸から、その獲得と喪失双方をみていこうとする立場である。中年期や高齢期になる過程における、心身機能の低下を

みる衰退モデルでもなければ、逆に、何らかの肯定的側面を獲得していくという成長モデルでもない。生涯発達の「発達」という言葉は、障害者運動においては批判されてきた。この批判は、成長モデル的な発達観を念頭においている。だが、このような発達観は、生涯発達心理学においては、批判されている。生涯発達は、変化の単なる記述ではない。肯定的あるいは否定的変化といった価値そのものもみていこうとするのである。

障害者心理や障害者福祉における、生涯発達という考え方の利点は、自立、受容、適応といった目標を年齢や場面設定をして考えられることにある。障害受容という言葉を使って障害者について語ることで、その障害者のすべてを判断したようなニュアンスがあるという理由から、「障害受容という言葉は、俺のことの全てをわかったような言い方だ」と障害者自身により指摘されることがある。だが、生涯発達という立場に立てば、障害受容を空間軸（場面）や時間軸に依拠して検討することが可能になり、このような指摘に対応できる。

ライフコースとライフサイクル

ライフコース、ライフサイクル等、関連する概念を整理する（本田・斉藤、2001）。ライフコースとは、年齢によって区分された一生涯を通じていくつかのトラジェクトリー、すなわち人生上の出来事についてのタイミング、持続時間、配置、および順序にみられる社会的パターンというような意味である。ライフサイクルとは、生物界にみられる、次の世代に交代するまでの規則的変化のプロセス、というような意味である。すなわち、「人間に関しては出生から死までの生涯における一連の人生出来事や、身体的心理的進展プロセスを表すためしばしば用いられる。より正確にいうならば、出生、成長、結婚、子どもの誕生に至るライフコース上の一連の段階」という意味である。家族社会学の研究者は、ライフサイクルの研究もこれに即して変化を追跡する視点に立脚するが、個人や社会の内面の変化に注目して外部の変化への影響を無視する傾向が極めて大きかった、といっている。他方、ライフコースという言葉は、学歴、職歴等、社会の変動との影響を受けやすいトラジェクトリーを含んでいる。ライフスパンとは、生涯全体ということ、ライ

フステージとは、ライフスパンの中のそれぞれの局面という意味である。

　心理学では、ライフサイクルという言葉よりも、ライフコースという言葉を使う傾向がある。それは、個人と社会とのダイナミクスを考えられるからである。ライフサイクルという言葉には、ある人が次の世代を育てるという意味が込められているのである。ライフサイクルという言葉に深く関係する学者はエリクソンである。エリクソンは、アイデンティティという概念をつくったことにおいて有名であるばかりか、ジェネラティビティ（世代継承性、世代生成性と訳される）という概念の発案者である。次世代の育成には、生物学的な意味の子孫に限らず、教師が学生を指導する、援助職が後輩を指導する、障害者団体の活動家が、後輩の活動家を育てていく、というものも含まれる。ライフコースよりもライフサイクルのほうが、世代間の伝達という意味がより強くなるのだろう。

生涯発達、ライフコースの研究と方法論

　生涯発達やライフコースの研究においては、扱う時間軸が長くなるため、質問紙調査のみならず、インタビュー調査によって、研究対象者に回顧的に過去を語ってもらうことが多い。このような手法は、回顧法といわれることがある（Elder & Janet、1998/和訳2003）。人が人生を回顧的に語ったものは、ライフストーリー（人生の物語）と呼ばれる。ライフヒストリー（生活史）は、本人の語りのみならず重要な他者の証言等他の情報源を用いて、人生の歴史的真実に焦点をおくが、ライフストーリーは、語りを中心に、本人の人生の経験的真実や解釈に焦点をおく。障害者、同性愛者、少数民族といった社会的マイノリティのストーリーは特に注目されている。障害者が語るライフストーリーには、障害者の独自の説明モデルが組み入れられており、それは、生物・医学的な説明モデルとは合わないにせよ、当人が生きていくうえで大きな意義をもつ（Kleinman、1988）。一方、縦断法といって、研究対象者を時間とともに追っていきながら、調べる手法がある。なお、人の経験の解釈は常に過去に遡ってなされているがゆえに、縦断法も回顧法に依拠せざるをえないことがあり、回顧法と縦断法を単純に二分することはできない。

　ライフストーリーやライフヒストリーの研究では、インタビューデータか

ら時系列に沿って個人史が構成され、そこに現れた生活上の出来事や、重要な他者との関係性に分析の焦点がおかれやすい。以下の事例も、このような視点から分析されている。

3．事例の検討

事例1　Aさん

生涯発達の観点から、Aさんという事例を考えてみる。（表13-1）例えば、大学生のとき、交通事故で脊髄損傷になって、復学を考えているという事例である。Aさんは復学が可能であっても、障害による支障を少なくしたり、介助の費用をまかなったりするには、どのような就職先がよいのかを悩むだろう。

表13-1　受障後の生涯において予想される問題の一例

卒　　　　業	障害による支障を少なくするには、どのような職がいいだろう？ 介助費用をまかなうには、どのくらいの収入が必要だろうか？
就職（転職）	同僚や上司はどこまで理解があるだろうか？ 通院や入院の際、どのような配慮があるだろうか？
結　　　　婚	パートナーにどこまで障害について話せばよいだろうか。話して、伝わるだろうか？ パートナーの家族は、障害者という理由で反対しないだろうか？
子　育　て	我が子は障害にどう反応するのだろう？　どうやって説明しようか？ 障害があるが故に、一緒にできない遊びや学校行事はどうしようか？
別の障害や病気	２次障害への不安。別の病気または加齢によって、一層困難が増えるのではないだろうか？

就職後も、同僚や上司はどこまで障害に理解があるだろうかと、Aさんは悩む。床ずれの治療のために通院する場合に、雇い主や同僚は配慮してくれるのかなと憂慮するだろう。上司よりも同僚が障害の理解がないということもあるし、もちろんその逆もある。

Aさんは、結婚のとき、パートナーについて障害をどこまで話せばよいのだろうと悩むだろう。Aさんは、障害を率直に話しても、パートナーは理解してくれるだろうか、あるいは、パートナーの両親は、障害についてどん

なように考えているのか、といったことも憂慮するだろう。もしかすると、パートナーの両親は、「障害者と結婚してはいけない」という強く反対するかもしれない。結婚後、子どもが生まれたとする。子ども自身が、父親の障害によって劣等感をもちはしないかと、Aさんは不安になるかもしれない。障害があるから、子どもと、一緒にできない遊びや行事があるかもしれない。

　加齢により、いろいろな他の病気が出てくるかもしれない。筆者の知人で、車椅子を常時使う障害者は、「50歳くらいになってくると、腕力だけではなかなかうまくいかなくなってきた」という話をよくする。

　以上のようにみてくると、人生全体から考えると、障害を受容している・していない、という簡単な二分法的な言い方では、その人の人生を記述できないことがわかる。

事例2　Cさん

　次に、Cさんをみてみよう（表13-2）。Cさんと後述のFさんの事例内容は、筆者のインタビュー調査の結果を編集したものである。

　Cさんは、17歳のときに、通勤中にバイクで事故にあい、脊髄損傷になった。完治を目標にして、一生懸命リハビリをしていた。少しだけ歩けるようになったらよかったなと思っていたのであるが、他の障害者の様子をみているうちに、「自分もしかしたらもう歩けないのかも」と思い、主治医の説明によって、非常に泣いたそうである。その後、同じ障害をもつ人が明るかったため、障害者への暗いイメージがなくなってしまったのである。Cさんは、歩くことを断念して車椅子での生活を考えたほうがよいと思った。

　退院後、頑張る障害者というイメージをもって、職業訓練施設において、印刷の技術を学び、運転免許も取得した。20歳の頃にある印刷会社に就職をして、非常にうれしかった。その後、Cさんは、受障前に、学校を途中でやめていたので、通信制の高校で高校卒業の資格をとろうとした。ところが、Cさんは、入学面接で先生から「障害のある人は養護学校にいったほうがいいよ」といわれて、「社会には壁がある」と初めて感じたそうである。

　印刷会社に勤務中、「自分は本当にこの会社に必要とされて働いているの

表13-2　Cさんのライフストーリー

生活パターン	学校	仕事(16-17)	仕事(17)	症状の安定とリハビリ(17-19)			職業訓練(19-20)
パターンの解釈	「不良」	勉強への思い残し		完治を目標	不治の衝撃	「車椅子」への頭の切り替え	「がんばる障害者」を目標
語られた経験の具体的内容	中学から高校までは「不良」。親や教師との対立、飲酒、喫煙をしていた。校則で禁止されていたバイクの免許の取得により退学。	退学後就職したが、定時制高校で再度勉強をしようと考えた。	朝通勤中にバイクで事故に遭う。詳細は記憶にない。	事故にあって半日後意識が回復。当初は「骨折程度」と考え、再び歩けるようになると思っていた。リハビリとは関係のない検査すら歩行のための治療と見なしていた。	他の車椅子の患者の様子から次第に不治を知り始める。医師の宣告により完治への最後の望みを切られ、泣いた。	「明るい」同病患者に出会い、障害者への暗いイメージがなくなる。歩くことを断念し車椅子による生活を考えるように、頭を切り換えることができた。車椅子を使った生活のためのリハビリに励む。	障害者職業訓練施設で印刷の技術を学ぶ。運転免許も取得。「がんばる障害者」を目標にしていた。
転機			人生最大の転機		同上	同上	

	仕事(20-26)			資格試験の勉強(26-29)			
		通信制高校		障害者運動			
	就職への満足	「社会の壁」を実感	仕事への疑問と辞職	勉強が面白い	重度障害者の「切実さ」から人生を反省	「見える範囲外の人」への理解	介助されることへの負い目
	20歳でK印刷会社に就職。「やったー」と言うほど満足した。	通信制高校の面接を受けたときに、教頭から養護学校に行くように言われ、社会に壁があることを初めて気付いた。	就職して約1年後、次第に「自分が本当に必要とされているのか」と仕事に疑問を感じ始め、26歳で辞職した	通信制の大学に進学して資格試験の勉強を始める。	障害者運動をしている人に出会い、自分より重度の障害者は「切実さが測り知れない」と考え、運動に参加し始める(29歳)。それまで健常者から見て良い障害者を目指していたと反省。	受障前は家族や友達、「自分の目に付く範囲の人」のことばかり考えていたが、受傷後は、付き合いはないが、盲の人、「見える範囲外の人」のことも考えるようになった。「けが(受障)、イコール得られたもの」とではないが、受障していなければ「絶対に考えていなかった」。	「社会のお荷物」と自らを見なす。階段で介助者に「ありがとう」と言うにせよ、心の中で「負い目」がある。依存の「マイナス」をチャラ(相殺)するために、障害者運動をする。
		同上	ほぼ同時に高校を卒業したこと		同上		

注：（　）内は注釈。

だろうか疑問」と思って辞職した。「健常者であれば徹夜をしても次の日に仕事にいけるが、自分たち障害者は徹夜をしたら、次の日に体力的に仕事ができない。自分は必要とされていない。だったらやめてしまおう」と、Cさんは考えたのである。

その後、Cさんは、通信制の大学に進学し、資格試験の勉強をしていた。Cさんは、重度の障害者と出会い、自分より重度の障害者の切実さははかりしれない、自分は健常者からみたよい障害者を目標にしていたと考えて、障害者運動に参加しはじめた。

その後、自分とは種類が異なる障害をもつ者のことも考えるようになった。例えば、視覚障害者に普段接することはないけれども、歩道に自転車があったら白い杖をもつ人は歩けないことに気付いた。ただ、「自分は社会のお荷物だ」と思い続けているのである。

事例2のまとめ

心理的安定と職業的自立という点からは、うまくいっている事例だろう。しかし、退院以降の展開をみてみると、さまざまな問題が生じていることが明白である。

特に転機の意味を検討してみよう。転機は、不治の衝撃、車椅子生活への頭の切り替え、社会の壁の実感、重度障害者の切実さから人生を反省したことだった。筆者が「就職されたことは転機じゃないのですか」と聞いたら、Cさんは「そんなことは転機でも何でもないよ」といっていた。特徴は、非常にネガティブなことをむしろ転機だと、Cさんがいっていることである。

Cさんの障害者像というのは、自分自身、自分と同じ脊損、そして、より重い障害者、最終的には視覚障害者等々、障害者全体となっているようである。障害者というカテゴリーを広げて、その中で自分の位置を考えているようである。

事例3　Fさん

Fさん（表13-3）は、学生時代に両親をなくし、第1志望校への入学が無理になり、やむなく就職した。20歳のときに、酒に酔って、事故にあい、脊

表13-3　Fさんのライフストーリー

生活パターン	症状の安定とリハビリ(20-22)			職業訓練(22-29)
パターンの解釈	完治のためのリハビリ	「片輪」になって泥酔	異性と同種の障害者からの励まし	仕事に就きたい
経験の詳細	完治を目指して、懸命に歩行訓練をした。歩行器で立てるようになると「人間らしく」なれたと思った。	不治の判明後、リハビリの先生に、楽に生きるためにリハビリをするように説得された。同種の障害者も紹介された。	就職している障害者に少しずつはげまされた。また入院中の女性と交際して、生きる希望を持ってきた。	訓練は順調だったが、飲酒でけんかをして退所
受障後の転機				

	じょくそうによる入院(29)	彫刻の仕事(29-31)	じょくそうによる入院(31-33)	リハビリセンターで職業訓練(33-35)	工場の仕事(35-44)
	免許を断念	仕事が順調	仕事をやめざるを得なかったことの悔しさ	職業訓練も人間関係にも恵まれた	仕事は順調
	健常者は障害者を「なめて」いない				
	職を探しながら免許を取ろうとするが、床ずれのため入院し断念。自分に小さい子がなついてくれて、健常者はいつも障害者を「なめて」いるわけではないと知った。	受障後、ケースワーカーの紹介により、免許取得と就職ができた。車を買うことができ、ドライブによくいった。	床ずれがひどくなって辞職せざるを得なくなった。治療がとても苦しかった。	印刷技術の職業訓練が順調だった。指導員や他の入所者との関係も良好だった。	リハビリセンターよりも人間関係はよくないが、仕事が順調であることと、生活の場を確保していることをよいことと思っている。
		同上	同上	同上	同上

髄損傷になった。意識不明の後に気がつき、当初は完治を期待していたが、主治医から「気の毒やけど、下半身は元には戻りません」と不治を説明され、「西も東もわからなく」なるほどの衝撃を受けた。

その後入院していた女性と交際し「女性とつきあえるだけでも、少しの光や希望」を感じた。ケースワーカーの紹介で、仕事につき、順調にすすめた。給料で車を買うこともでき、休日には頻繁にドライブに行った。この就

職は、受障後の初めての仕事という点で転機だった。ところが、床ずれの治療のために辞職せざるをえなくなった。治療の後、リハビリセンターで職業訓練をし、そこでは人間関係にも恵まれた。その後、ある部品工場を紹介され、今でもその仕事を続けている。仕事を見つけることができたという意味において、リハビリセンターと工場への就職が転機だった。車椅子を使っているため「行動範囲が非常に狭くなった」。道に段差があって「こんなところもいけないのか」と障害を感じる。

40歳までは受障を人生最大の転機と見なしていたが、それ以降は受障前に両親をなくしたことを重大視するようになった。その理由は両親が生きていたら、希望通りの進路に進むことができ、事故の原因になった飲酒を避けることができると考えているからである。彼は次のように語っている。

> 今考えたら、両親がいなくなったことが一番大きいことと思った。……もし、親父、お袋が生きていたら、こんなことにはなってなかったかもしらん。単純な考え方だけど、親父やお袋がおったら、酒も飲んでいなかったと思う。……『17、8（歳）で（酒を飲むな）』とブツブツいうお袋だったから。生きていたら、そんな、違う人生があったんちゃうかと思う。お袋が生きていたら高校入試のときにも、試験勉強できて、第1志望で高校にすんなり入ったと思う。……親父お袋が生きていたら、こんなん（障害者）になってなかったかもしれないなあと思うようになってきた。

事例3のまとめ

Fさんのストーリーで注目するべきことは、人生最大の転機が、40歳までは受障であったのに、それ以降は受障前に両親をなくしたことに変わったことである。両親の死と受障との因果関係は、「客観的」には明らかにできないが、本人にとっては、人生全体の構成の仕方として重要なのである。

また、40歳で転機が変化したという話が事実とすれば、なぜこのような変化が生じたのだろうか。それは、人間が、40歳から中年期に入り、これまで歩んできた人生をふりかえりつつ、後の人生の有り様を検討したと解釈できるだろう。この事例から一般的な知見を述べることは差し控えるべきにせ

よ、このような解釈は一定程度妥当だろう。

3つの事例からの考察

ライフコースの研究でいうところの標準的出来事の観点から、これらの事例について、考察してみよう。標準的出来事とは、いわゆるライフイベント、例えば結婚、出産、入学、卒業、仕事、転職した、離婚、親との死別といった一般的に重要とされる出来事のことである。ライフイベントを、人がいつ経験するかということが重要とされている。例えば、Cさんの場合、高校生活を遅く経験している。Fさんは、仕事が落ち着いていない。標準的出来事をその障害者がどこで経験しているのかというのは、障害者福祉の研究では非常に重要だと思われる。障害者の場合、他の人は学校を卒業しているのに、自分はこれから学校にいくことや、他の人は就職しているのに自分は就職できていないのかという、世間一般的にいわれる標準と、本人の経験のズレに悩むと思われる。これ自体が障害の経験だろう。

非標準的出来事についてみてみよう。これは、その障害者独自のライフイベントのことである。三毛（2007）は身体障害者の場合、家族から離れて暮らすということが、その障害者にとってのライフイベントであるということを書いている。普通の出来事が、障害者にとって非常に大事な出来事である可能性が十分にありうる。重要なのは、その非常に重要な些細な出来事を、些細だと思う側と非常に重要だと思う本人とのせめぎ合いだろう。

中途障害者の場合、障害になる前の人生に対する解釈も重要である。特に、Fさんは、障害の原因は、受障前の両親の死亡だった。「客観的」事実ではないにしても、本人独自の解釈は、本人にとっては重要なのである。

最後に、連続的記述と非連続的記述について述べておく。本研究では、転機を中心に、事例分析を行った。転機の研究は、人の人生を、質的な変化の連続とみる、という点で、非連続的記述である。CさんやFさんの長い人生を全部記述するのは困難であり、転機だけに注目すると効率的である。しかし、転機だけをみると、細かい変化がわからなくなるので、連続的記述も重要である。どちらの記述が優れているとはいえず、研究視点次第なのである。

第13章　生涯発達とその支援　－身体障害者のライフコースから－

図13-1　ライフステージに応じた障害者福祉（堺市、2006）

ライフステージ	ライフステージの主な視点	主な事業
高齢期	▶ 加齢にともなう心身の変化への対応や、地域の中で安心して生活できることなどが重要なテーマ ▶ 介護保険サービス、高齢者保健福祉事業等との連携 ▶ 地域生活を支えるための適切なサービスの提供や権利擁護、地域の見守りネットワークの充実　など	○ 地域ケア会議 ○ シルバーハウジング・プロジェクト ○ 権利擁護、成年後見制度の活用促進　など
成人期	▶ 障害者それぞれの状況に応じて、地域生活や就業など主体的な人生を切り開いていくことを支援することが重要なテーマ ▶ 特に、親や家族に依存せずに独立して安定した生活がおくれるように、段階に応じた自立生活支援が大切 ▶ 自立支援サービスの基盤の充実や就業支援、エンパワメントの支援など多様な取り組みの推進 ▶ 行き場のない人の受け皿となるセーフティネット機能の整備 ▶ 相談・情報提供体制の充実　など	○ 自立生活支援の充実 ○ 就労支援の充実 ○ ケアマネジメント体制の整備 ○ セーフティネット機能の整備 ○ 障害者団体活動への支援　など
青少年期	▶ 大人に向かっていく時期であり、将来の生き方を考えていくことが重要なテーマ ▶ 児童期に続き特別支援教育の体制充実、進路指導の充実 ▶ 将来の自立生活や職業生活に向けた学習体制等の整備　など	○ 入学・進学・転校等の就学指導 ○ 教育相談 ○ 中高生の放課後の余暇支援　など
児童期	▶ 友人関係など、さまざまなつながりが深まってくる時期であり、世界を広げていくことが重要なテーマ ▶ 乳幼児期から児童期へのサポート体制の円滑な移行 ▶ 特別支援教育の体制充実 ▶ 共生社会をめざした障害の理解をすすめる教育の推進　など	○ 通級による指導の充実 ○ 養護教育体制の充実 ○ 障害の理解をすすめる教育の充実　など
乳幼児期	▶ 障害児における育成・療育が重要な視点、また、保護者への支援や障害理解の促進が重要なテーマ ▶ 医療・療育体制の一層の充実 ▶ 保育所や幼稚園の機能強化 ▶ 障害児・保護者への一貫したサポートネットワークの強化　など	○ 健診及び健診後の継続的フォロー ○ 療育システムの検討 ○ 保育所・幼稚園等での専門職員による療育指導　など

4. 生涯発達と支援

　障害者福祉においては、介入や援助に関する利用者サイドからのとらえ方を明らかにしていくこともよい。だが、筆者のインタビュー経験では、医療職の語りは多くても、福祉職に関するそれは少ない。障害者福祉の援助にもう少し特化したインタビューが必要だろう。Ｃさんに、「あなたにとってワーカーさんとの出会いはどんな風な経験だったのですか」と尋ねてみるように、援助された経験のとらえ方を聞き出していくような研究があってもよい。この質問に対して障害者年金の受給によって、自分の生活の場が広がった、新しい職業を考えるようになったという意味づけが出てくる可能性は十分にある。

　生涯発達を見通した障害者福祉制度の必要性は認識されている。障害者基本計画に、生涯発達、ライフサイクル、ライフコースの視点が盛り込まれはじめている。例えば、大阪府堺市（2006）の障害者基本計画は、ライフステージの視点に基づく事業の整理をしている（図13-1）。乳幼児期、児童期、青少年期、成人期、高齢期とある。今後、本研究のような分析を積み重ねて、障害者福祉制度との関連を検討していきたい。

　　本論文は、以下の既出原稿を加筆修正したものである。
　　田垣正晋（2009）「障害者福祉における生涯発達という視点の意義：中途障害者のライフストーリー研究から」、『北星社会福祉研究』24、pp.1-8。
　　Tagaki, M. (2010). Long-term acquired physical disability from lifespan development perspective: life stories of persons with spinal cord injuries. In S. Salvatore, J. Valsiner, J.B., Travers Simon & A., Gennaro (Eds.), *Yearbook of Idiographic Science. 2,* Rome: Firea & Liuzzo Publishing Group. pp.183-203.

第14章　異文化をもつ認知症高齢者への支援

　　　　　　　　　　　　　　　　　　　　　　　　　　　金　　春男

1．高齢者福祉と教育の考え方

　「教育」と「福祉」をめぐる問題はいまはじめて問われているわけではない。それらの諸課題は、1980年代から「教・育・福・祉（Education Welfare）」問題として積極的にとらえられ、新しい学際的な研究の分野のひとつとして自覚的に位置づけられるようになった。教育福祉の定義は、論者によってその意味は異なっているが、現在では「社会的に困難を抱える人々の教育・学習の権利の問題を、ライフステージに即して検討する」ものへと、深められている。

　一方、「福・祉・教・育（Social Welfare Education）」は、「社会福祉教育」と称され、古くは「社会（福祉）事業教育」などともいわれていた。その内容は当初、「社会事業あるいは社会福祉についての専門教育」だったものが、後に「学校教育や社会教育における社会福祉の認識や態度を育てる教育として広義にとらえられるように」なり、近頃では「学校教育や社会福祉における福祉の教育」であるとしている。また、全国社会福祉協議会に設置された福祉教育研究会による「福祉教育」の基本的な考え方は、「憲法13条、25条等で規定された基本的人権を前提にして成り立つ平和と民主主義社会をつくりあげるために、歴史的にも、社会的にも疎外されてきた社会福祉問題を素材として学習することであり、それらとの切り結びをとおして社会福祉制度・活動への関心と理解をすすめ、自らの人間形成をはかりつつ、社会福祉サービスを利用している人々を社会から、地域から疎外することなく、共に手をたずさえて豊かにいきていく力、社会福祉問題を解決する実践力を身につけることを目的に行われる意図的な活動である」と規定している（大橋、1979、p.19）。

高齢者福祉の問題は一般的に、収入・年金等の所得問題、健康・医療の問題、住宅・家族問題、職業・労働の問題、生きがいの問題等があるとされる。しかし、これらの問題は、決して高齢者だけに特有なものとしてあるわけでなく、いわば全国民的課題でもある。急激な社会構造の変貌がもたらした結果ともいえよう。そこで、このような問題解決のため必要とされる「生・き・る・力」について福祉教育では、個人のなかだけで完結してしまうような力ではなく、他者とともに課題に気づき、考え、実践するという「と・も・に・生・き・る・力」の形成を大事にしていく教育実践であると強調している。福祉教育では、自立した個人が、お互いにその存在を認めあい、かかわりを大切にしながら生きていくという「共生」の思想を大切にしている（全国社会福祉協議会、2004、p.10）。ここでは、福祉についての教育・学習活動の意義を意識しながら、高齢者福祉の視点から基礎になる高齢者福祉の背景と介護保険制度及び認知症の人の理解・ケア・実践を含めて（「2つの国の言語文化を身につけている認知症の人への支援」事例研究）、教育と福祉を考えてみよう。

2．高齢者福祉の現状

（1）高齢者福祉の背景

日本は、男女とも世界有数の長寿国の一つとなっている。2009年簡易生命表によると、男性の平均寿命は79.59歳、女性の平均寿命は86.44歳である。また、100歳以上の高齢者数は、40,000人を越えている。つまり、寿命が大きく延長し、高齢期が長期化してきていると言える。高齢期の長期化により、長い老後の過ごし方が個人においても社会にとっても大きな課題となっている。

1995年には、65歳以上の人口は、総人口の約14.5%であり、2000年には約17.3%になった。2005年には、約20.2%となったが、今後65歳以上の人口は増加が続き、2015年には約26.9%と国民の4人に1人が65歳以上の高齢者という、高齢社会に突入し、2035年には約33.7%に達すると見込まれて、実に国民3人に1人が高齢者となるのである。とりわけ、75歳以上の後期高齢人口の割合が増加し、このなかで寝たきり高齢者や認知症高齢者等の要介護高

齢者が急激に増加すると見込まれている。

　政府はこうした時代の要請に応え、種々の政策を応じてきた。1989年12月には「高齢者保険福祉推進十か年戦略（ゴールドプラン）」を策定することにより、在宅福祉・施設福祉等の事業についての現実を図るべき具体的目標を設定した。このゴールドプランを推進するため、老人福祉法の改正を行い、在宅福祉サービスの位置づけを明確にし、1993年から老人ホームへの入所決定権を都道府県から町村へ移譲するとともに、全市町村および都道府県において老人保健福祉計画を策定することとした。

　1999年12月には、新ゴールドプランの終了と介護保険制度の導入という新たな状況に対応すべく「今後5か年間の高齢者保健福祉施策の方向（ゴールドプラン21）」が策定された。2000年度から実施された介護保険制度は、措置から契約への移行、選択と権利の保障、保健・医療・福祉サービスの一体的提供など、高齢者介護の歴史においても時代を画す改革であり、介護保険制度の導入により高齢者介護のあり方は大きく変容を遂げてきた。

（2）介護保険制度

　1997年12月7月に介護保険法が公布され、1961年国民皆保険達成以来の新しい社会保険制度が誕生した。人口の高齢化の進展に伴って、寝たきりや認知症など介護を必要とする者が増加していった。1989年に策定された「ゴールドプラン」や1995年より実施されている「新ゴールドプラン」においては、在宅サービスの充実が掲げられているが、それ以前の高齢者施策は、どちらかというと施設対策中心に進められてきた。しかし一方、高齢者の多くは、老後も住み慣れた地域で、家族や隣人とともに暮らしていくことを望んでいることから、高齢者福祉対策をすすめる上においては、介護が必要になっても高齢者が在宅生活を継続できるよう支援していくことが必要であり、在宅3本柱といわれる訪問介護（ホームヘルパサービス）、短期入所（ショートステイ）、通所介護（デイサービス）等の在宅福祉対策に重点を置いた施策の展開が行われてきた。

　2000年4月より介護保険制度が開始され、多くの保健福祉サービスの給付が介護保険制度へ移行されることとなった。介護保険制度の創設により、従

来の措置によるサービスの提供から、利用者と事業者・施設との間の契約に基づくサービス利用に変更されることとなった。今後の在宅福祉対策は、介護保険制度が円滑に実施されるよう、高齢者ができる限り要介護状態にならず、自立した生活を送れるためのサービスに重点を置く必要がある。

介護保険制度は、それまでの老人福祉と老人医療の制度を再編成し、従来「措置」という形で市町村自らあるいは社会福祉法人等に委託して提供されてきた福祉サービスについて、利用者と事業者との間の契約によりサービス利用をすることとするなど、介護サービスについて、福祉系も医療系も同様の手続きで、利用者の選択により総合的に利用できる利用者本位の仕組みとしたものである。

保険者については、介護サービスの地域性や市町村の老人福祉や老人保健事業の実績を考慮し、また、地方分権の流れも踏まえて、国民に最も身近な行政単位である市町村を介護保険制度の保険者としている。その上で、国、都道府県、医療保険者、年金保険者が市町村を重層的に支え合う制度となっている。

被保険者は40歳以上の者である。これは、40歳以上になると、初老期認知症や脳卒中による介護ニーズの発生の可能性が高くなるほか、自らの親も介護を要する状態になる可能性が高く、介護保険制度の創設により、家族としての介護負担が軽減されるからである。被保険者については、65歳以上の第1号被保険者と40歳以上65歳未満の医療保険加入者である第2号被保険者との2つに区分している。第1号被保険者と第2号被保険者との間では保険料の算定および徴収の方法が異なる。65歳以上の第1号被保険者の保険料は、負担能力に応じた負担を求める観点から、原則として各市町村ごとに所得段階に応じた定額保険料が設定される（低所得者への負担を軽減する一方、高所得者の負担は所得に応じたものとなっている）。その徴収にあたっては、年額18万円以上の老齢等年金受給者については、年金からの特別徴収（いわゆる天引き）を行うほか、それ以上の者については、市町村が個別に徴収（普通徴収）を行う。

要介護（要支援）認定において、「要介護状態（1〜5）」は、寝たきり、認知症などで常に介護を要する状態であり、「要支援状態（1〜2）」とは、

常時介護が必要とならないように、支援を行えば状態の軽減や悪化の防止が見込まれる状態、または身体上もしくは精神上の障害があるために一定期間日常生活を営むのに支障があると見込まれる状態である。要支援状態の者をこのまま放っておけば要介護状態になる恐れがあるため、この段階で介護保険を適用させ進展させないようにするというねらいがある。

利用者のニーズに合った福祉サービスの内容をもとめたケアプラン（介護サービス計画）は、利用者本人が作成してもかまわないが、ほとんどは介護支援専門員（ケアマネジャー）が利用者と関係機関との調整を行って作成する。居宅介護支援（ケアマネジメント）は、利用者が自分のニーズに合ったサービスを受けることができるように利用者や家族と相談しながら介護サービスの具体的内容を決めていくことである。介護支援専門員は、介護支援サービス機能の中心的役割を担う専門職で、ケアマネジメントを行う。資格は、医師、看護師、保健師、理学療法士、作業療法士、社会福祉士、介護福祉士などの資格を得た上で実務を5年以上経験し、都道府県のケアマネジャー試験に合格後、実務研修を修了して取得する。今回の改正で資格が5年ことの更新制になった。

サービスの種類について、要介護状態の人は、居宅サービス、施設サービス、地域密着型サービスが受けられる。要支援状態の人は介護予防を目的とした介護予防サービスと地域密着型介護予防サービスと同じ項目を利用することができるが、地域密着型介護予防サービスは、介護予防認知症対応型通所介護、介護予防小規模多機能型居宅介護、介護予防認知症対応型共同生活介護（グループホーム）の3つのみ利用できる。なお、施設サービスは要介護者のみで要支援者は受けられない。

3．認知症の人の理解・ケア・実践

（1）認知症と認知症の人をめぐる最近の動向

「痴呆」とは、dementiaの訳語として1908年頃から徐々に日本に定着した。しかし、「痴」、「呆」それぞれの文字は、「愚かなこと」といった意味を有しているため、国は有識者による『「痴呆」に替わる用語に関する検討会』を設置し、パブリックコメント（意見募集）を活用した結果、2004年12月24

日に法律上の用例改正の通知として「痴呆」から「認知症」と呼称が変更された。

今、認知症をもつ人のケアは、「認知症」をみることではなく、認知症の「人」を大切にするケア、「考えるケア」「その人を中心としたケア」への発想の転換が行われている。認知症ケアには、この20年ほどの間に新たな取り組みが認められるようになった。脳の不可逆的な障害とそれにともなう知的機能の低下という悲観的な見方を乗り越えて、人間としての体験そのものに寄り添い、それを理解していこうとする試みである。そこでは、パーソンフド（personhood）すなわち「その人らしさ」を尊重しつつ、認知機能の低下にとまどい、それに抗し、あるいはそれを受け入れながら生きていこうとしている。認知症の人の体験そのものに寄り添っていくケアのあり方が模索されてきた。

（2）認知症と認知症の人の理解

太平洋アジア地域15カ国の認知症高齢者数（2005年現在）をみると、アジア総人口は、35億8千万人で、65歳以上は、2億3,890万人、80歳以上は、3,720万人。総人口人のうち認知症をもつ人は1,370万人である。日本人の死因の約3分の2ががんと血管疾患により占められている。高齢者では死因は複合的であることが多く、死にかかわる疾患が多発し、経過も複雑である。認知症という疾患は、高齢者の死因として表出されることはない。だが、高齢者の死に密接に関連する疾患であることは間違いない（小澤、2007）。

アルツハイマー病は、1907年ドイツの精神科医であり、神経病理学を専攻していたAlois Alzheimerによってはじめて報告され、この特徴的な脳所見をもった初老期の進行性認知症をアルツハイマー病と呼ぶようになった。日本で最初のアルツハイマー病の報告は1952年であった（松下、2000）。

（3）中核症状と周辺症状（行動障害「BPSD」）

認知症の症状は、認知機能障害と非認知機能障害（感情や意欲の面での症状や幻覚、妄想といった精神症状など）に分けられる。認知機能障害は必ずみられる中核症状である。非認知機能障害である感情や意欲の障害、人格変

化、行動面での周辺症状は、「認知症の行動・心理症状（BPSD）」とよばれる。

興奮、徘徊、焦燥、攻撃、不穏、収集、などの症状を従来は問題行動（troublesome behavior）と呼称したが、その用語はマイナスの印象を包括していることから、そのイメージを払拭するために、1996年の国際老年精神医学会（IPA）において認知症の行動・心理症状（behavioral and psychological symptoms of dementia;BPSD）という用語で統一されるようになった。BPSDの症状は出現頻度と介護者の負担の程度によって3群に分類されている。

認知症をもつ人の約30％が3個以上の精神症状をもっているとされる。認知症をもつ人は、記憶障害が進行していく過程で強い不安を感じ、周囲の人々との関係の中で焦燥感、喪失感、怒りなどさまざまな感情を体験する。徘徊、攻撃的言動、妄想など「認知症の行動・心理症状（BPSD）」の周辺症状は、こうした不安、失望、怒り等からひきおこされる場合が多い。また、この周辺症状の現れ方には個人差が大きいといわれている。

認知症に伴う認知機能障害そのものは、現在、改善することは困難であるが、適切なケアや環境の提供、薬物療法により、非認知機能障害である周辺症状（BPSD）の改善を図り、認知機能の維持や認知症の悪化を防止することが、認知症の治療として目指されている。

実際の介護の現場では、周辺症状が、生活する上でどのようなことと関連しているのかを問うとともに、その答えとしての適切なケアの重要性および可能性を強調している。すなわち、認知症高齢者のケアを考える時には、病気としての認知症に関する症状を理解することはもちろん、認知症になった人と周りの人との人間関係あるいは環境との相互作用という側面から、個々人のあり方をとらえることが大切である。

（4）認知症の人とのコミュニケーション

室伏君士（2004, p.197）によると、コミュニケーションは情報伝達のほかに、相手の人格の理解の方法や人間関係の結びつきなどの要因が含まれているので、ケアの際には後者が問題になるという。高齢者のコミュニケーションは、心身の障害があればあるほど、非言語的コミュニケーションが重要に

なり、これが感情や欲求あるいは気持ちを、言葉よりも強く明確に示す場合が多い。共感、尊敬をともなった思いやりなどが、非言語的コミュニケーションには大切である。その「コミュニケーション」には、非言語的なジェスチャー、表情、絵、色等視覚的な情報なども用いられるが、主になるのは言語であると思われる。

認知症をもつ人のケアにおいて、認知症高齢者の行動障害を類型化した枠で考えることではなく、この行動障害は「その不安や戸惑いが呼び起こす思いを相手に伝えるためのメッセージである」ととらえる。ケアを担っている人は、その行動の背後にある認知症高齢者のメッセージを、あらゆる場面のコミュニケーションを通じて理解することにより、行動障害ではなくなるのである（野村、2006、p.41）。

小澤勲は、認知症のケアという課題は、広く、深いとのべている。彼はこういう。認知症を受容すべきなのは認知症を抱えた本人だけではない。彼らとかかわる人たちが、さらに彼らの住む地域が、そして社会全体が、彼らを受容できるようになれば、あるいは認知症という事態を、生き、老い、病を得、そして死に至る自然な過程の一つとしてみることができるようになれば、周辺症状は必ず治まり、彼らは認知症という難病を抱えても生き生きと暮らせるようになるはずである。医師である彼は、認知症の周辺症状は暮らしのなかで生まれた症状であるので、暮らしのなかで、あるいはケアによって治るはずであるという。

（5）「自分らしく生きる」ための認知症の人のケア

今、認知症をもつ人のケアは、「認知症」をみることではなく、認知症の「人」を大切にするケア、「考えるケア」「その人を中心としたケア」への発想の転換が行われている（Kitwood、1997、邦訳p.100）。そのような積極的かつポジティブな認知症ケアの最初の試みは、1950年代に発達し、戦争で精神的ショックを経験した兵士のリハビリテーションに使われたリアリティ・オリエンテーション（Reality Orientation:RO）の方法に由来する。リアリティ・オリエンテーションは認知症をもつ人々のその人らしさを認めており、正常な生活へ向かうようにあえて努力することに価値があるという信念

を表している。

　1960年代初め、リアリティ・オリエンテーションが受け入れられた数年後、Feil, N.（アメリカのソーシャルワーカー1982）アメリカのソーシャルワーカー1982、バリデーションセラピー（Validation therapy）と名づけたアプローチを開発した。ここで、気持ちや感情への方向を向ける変化が起こり、認知症における療法的な心理学的成果が本当にあるかもしれないという認識をもたらした。バリデーションは、ソーシャルワーカーとしてのFeilの経験から生まれてきたものである。バリデーション自体は、心理療法の分野で古くから用いられた言葉であり、「強くする」・「強化する」ということを意味する。すなわち、バリデーションによって、介護者は見当識障害のある高齢者に対して共感的な聞き手になり、決して評価せず、彼らにとっての真実を受け入れることである。認知症高齢者のその人らしさを最大限に尊重すること、考えるケアの実践がバリデーションセラピーである。

　パーソンセンタードケアとは、病気あるいは症状を対象したアプローチではなく、生活する個人を対象したケアである。サービスを提供する側の選択で行うケアではなく、利用者中心として選択するケアである。さらに、認知症をもつ高齢者とコミュニケーションを重視している。彼は、ケア現場での経験を基礎にして、パーソンフッド（personhood）という概念を提唱した。この表現には個別性という意味が含まれていて、日本語では「その人らしさ」と表現できる。

（6）精神療法・心理社会的アプローチ

　アメリカ精神医学会（APA）治療ガイドラインは、アルツハイマー病と認知症に関する特別な精神療法・心理社会的治療を大きく以下の4つに分類している。①行動に焦点をあてたアプローチ（問題行動、先立って起こること、その結果として生じることを観察評価し、その評価に基づいて介入方法を見出す）②感情に焦点をあてたアプローチ（支持的精神療法、回想法、確認療法、感覚統合、刺激直面療法などが含まれる）③認知に焦点をあてたアプローチ（リアリティ・オリエンテーションや技術訓練など）④刺激に焦点をあてたアプローチ（活動療法、レクリエーション療法、芸術療法など）である。ガイドライン

はこれらの治療法の効果について、ほとんどは厳密な研究方法によるものではないが、一部のものは研究結果や実践によって支持されていると報告している（斉藤、2006）。

認知症をもつ人への精神療法・心理社会的アプローチ（中村、2003、p.28）は、認知症をもつ人がどのような不自由さのなかで生活しているかを理解して、日常生活機能をその個人に応じて最大限に広げることや生活を改善させることを目指している。特に、精神療法・心理社会的アプローチは周辺症状の改善を目指したものが多い。しかし、精神療法・心理社会的アプローチは、標準化の困難さ、評価尺度の困難さなどのため、EBM（evidence-based medicine;エビデンスに沿った医学）に基づいた効果の判定が困難であるという課題を抱えている。今後、研究デザインの一貫性や効果測定の客観性などの定量的な検討が求められている。

（7）認知症の人のケアの可能性
〔事例研究〕
…2つの国の言語文化を身につけている認知症の人への支援

1）研究目的
本研究では、バイリンガル話者の特徴に注目し、母語を用いた個人回想法による会話を通して、異文化をもつバイリンガル話者である認知症高齢者をより理解できるコミュニケーションの条件について考察することが目的である。とくに、在日コリアン高齢者の過去の生活や体験を母語及び日本語で聞くことにより、昔の出来事を回想し、有益な時間をもつことができると考えた。その会話の内容分析及び母語と日本語の比較を通じて、より豊かな自己表現を実現する会話をするための条件を検討する。また、母語による個人回想法が認知症高齢者とのコミュニケーションの手段として応用できるかどうか、その可能性を模索する。

2）研究方法
調査者は、2006年9月～10月、2007年4月～5月にかけて、在日コリアン

向けの特別養護老人ホーム（以下協力施設とする）をフィールドに、そこで入居し生活しているバイリンガル話者である認知症高齢者4人（女性）と、母語を用いて個人回想法による会話を行った。本研究では、異文化をもつバイリンガル話者である認知症高齢者との有効なコミュニケーションの可能性について考察することが目的である。そのため、母語と日本語の場面において、個人回想法による会話内容や感情表出に差が生じるかという視点から両場面の比較分析を行った。従って、母語と日本語を用いる回想法の場面を別々に設定した。なお、両言語の比較のため両場面の回想法は同じテーマを用いて行った。

　基本属性（性別、年齢、来日した年齢、母語の使用期間、職業、学歴、入所前の居住地、家族、身体状況、認知症の程度など）及び一人ひとりの生活史（幼年期、学童期、青年期、壮年期の出来事、望郷の思い、懐かしいもの、うれしい思い出など）に配慮して構成されたテーマを中心に、基本的に週1回の間隔で2006年にはまず母語セッション、次に日本語セッションの順に、2007年には、日本語セッション、次に母語セッションの順に、回想法による会話を行った。1人合計4回（母語と日本語の各場面2回、1回約30分）、4人の両場面合わせて合計16セッションの個人回想法を実施した。また、実際の回想内容は、協力者の希望や話の流れにより変更され、構成したテーマとは異なることもあった。なるべく協力者の話を傾聴する態度をとった。

　3）分析視点

　母語と日本語の場面の会話分析は、2006年に行った両場面における1回目の会話（8セッション）は、4人の会話の中、導入部分を除いた時点から10分間の会話分析（主に発話数、Code-Switchingの数、トピック数など）を行い、一定の結果が得られた（金・黒田、2007）。本稿では、それを踏まえ、1回目の会話（8セッション）及び2007年に行った2回目の会話（8セッション）を含め、会話分析対象の回数の拡大、および会話内容分析を試みた。

　ERiC感情反応評価は、アクティビティを通じ関係の活性化をはかる際、「Beyond Words」(Fleming、2005、pp.2-23)のツールを用いて感情反応を観察した。「Beyond Words」は、オーストラリアの認知症サービス開発センター所長のFleming,R（2005）がLawton,MPら（1996）の研究を参考にし

て開発した感情反応評価尺度（ERiC: Emotional Response in Care）のマニュアルであり、グループホームなど認知症高齢者のケアの質を評価する方法として、信頼性、妥当性が検証されている（黒田他、2002）。

4）結果

本研究での母語と日本語の場面の会話分析の結果をまとめると以下の4点である。1）重度の認知症であってもバイリンガル話者の特徴である自然なCode-Switching(2つあるいはそれ以上の言語能力を保有する話者が、言語使用場面で複数の言語を交代させる現象)が現れることが明らかになった。2）認知症をもつバイリンガル話者には、過去の学習や経験により蓄積された母国の言語形式を使う機能が残存能力として、潜在していることが確認できた。3）両言語の場面において、それぞれ叙述的回想（自伝的な物語）類型が多く、来日前の昔の出来事、個々人のユニークな思い出が多く語られた。4）母国での日本語学習経験の有無（来日前）・家庭や周辺の言語環境（来日後、母語の使用度）などの言語使用の背景によって、両言語による表現には個人差が見られた。

これらの結果から、異文化をもつバイリンガル話者である認知症高齢者といっても、来日した前後の生活環境によって、言語使用の実態が異なること、会話の中で母語と日本語を自然に切り替える特徴をもつ彼らとの、個々人の生活史（言語背景も含む）に配慮して行う母語を用いた回想法による会話は、より豊かな自己表現を実現する支援の一つとして、有効である可能性が示された。

5）今後の課題

異文化に暮らす人には、言いたいことが誤解されるよりも、自分のパーソナリティや意図について適切にコミュニケーションできないことが典型的な問題であるという（ネウストプニー、1982、p.189）。これらのことは、言語能力だけの問題ではなく、言葉の真の意図、態度や人間としての感情にも通じなければならないことを意味するだろう。異文化に暮らす人々への支援とは、彼らが自分の本来の文化をベースにして、それを積極的に使い、新しい文化を受容し、個々人の生活や経験を豊かにすることを目的とするものである。

異文化をもつバイリンガル話者である認知症高齢者と、より効果的なコミュニケーションを図る際に、母語を用いた回想法を取り入れ、遠い過去の記憶を呼び覚ますために、高齢者達が生きてきた文化や歴史を考慮することが大切であろう。例えば、在日コリアン高齢者（認知症をもつ高齢者の多くは在日一世である）は、韓国・朝鮮文化を保ちながら日本で長く生活してきた人々である。そのような人々の過去の記憶を呼び覚ますには、韓国・朝鮮文化に配慮した支援が必要であると考えられる。今回の４人の在日コリアン認知症高齢者たちは、言語学習度や言語使用の背景による個人差はあるにしろ、重度の認知症（HDS-R10点以下）であっても、来日前の昔の出来事や個々人のユニークな思い出について、30分程度語ることができた。本研究で得られた知見の一部は、韓国語以外の言語を用いるバイリンガル話者にも当てはまるものであろう。

　複数の文化を持って老いを経験するというのは、多数の文化的要素の相互作用によるものであろう。認知症になってもバイリンガル話者の特徴であるコード切り替えの現象が現れることなどバイリンガル話者の異なる老い方を理解し、社会的及び文化的背景に配慮した多文化間ソーシャルワークの視点を取り入れることが重要であると考えられる。

第15章　教育福祉と健康・スポーツ科学

吉武　信二

1. 教育福祉における健康・スポーツ科学の位置づけ

　人間としての発達と学習を保障する教育的支援と、誕生から老いまで生涯にわたって人間の尊厳をもった生存を保障する福祉的支援とを、有効に相互補完させることのできる社会システムや地域支援あるいは対人援助法について考えていくのが教育福祉学であるなら、その内容としては、保育・子育て支援・家庭福祉・健康支援・学校教育支援・就労支援や高齢者の生きがい創造などの社会教育・生涯学習支援など広範囲のものが含まれる。本章では、この中でも特に、人として幸福な生涯を送るために非常に重要な要素と思われる、健康支援について着目することとする。

　健康について、世界保健機関（WHO）の定義によると、「健康とは身体的、精神的および社会的に完全に良好な状態のことで、単に病気や病弱でないというだけのものではない」（WHO、1948）とされている。これを支援するということは、具体的にどうすれば人が良好な状態を作り、これを維持増進できるかという知識および方法を提供することが必要となるが、このようなことを研究する学問領域として、健康科学がある。

　健康科学は、病気を治療するという立場より、病気などにならないために、望ましい心身の状態を維持するという立場から考える予防医学的な要素が強い領域であり、アンチエイジングやすでに回復した病気・怪我の再発を防止するリハビリテーション的なものまで含まれると考えられる。ただし、これらはいずれも一回だけ何かすればこの先ずっと効果があるというものではなく、継続的に正しい方法で行っていかなければならないが、すべての人に健康科学の専門家が常に付き添って指導し続けるのは難しいのが現状であろう。しかも、人々の健康への関心が高まるにつれ、テレビに代表されるマ

スメディアで多くの健康情報が取り扱われることになるが、必ずしも正しい情報ばかりではなく、偏った情報が世に広まってしまうことも少なくない。その中で、人々は自分の健康状態を自分自身で管理し、健康を維持増進するための行動を考え、実践して行かなければならない。したがって、健康科学の立場から健康を維持増進するための正しい知識と方法を提供し、誤った情報は実施者自身が判断できるような支援をめざすことが望まれる。しかし、これを実現するためには、ただ一般的な理論を提供するだけでは不十分である。なぜなら、健康感は主観的な要素を多く含んでおり、心身が同じ状態であっても人によってそれぞれ異なる健康感を持っていると推察できるし、求めている健康状態もみんなが同じとは限らない。したがって、個人的な事情や環境（年齢・職業・体力・生活習慣・志向性など）を考慮して、可能な限り個別的な支援を考え、最終的には支援されるその人自身が行動変容により、自立した健康生活の獲得をめざして行く必要がある（竹中、2008、p.28）。その意味では、健康支援は社会システムや地域支援という面からだけでなく、対人援助法を重点に考えなくてはならないという特徴を持っているといえよう。

　さて、人々が健康を維持増進していくためには、一般に適度な栄養摂取・運動・休養が必要と言われるが、何をどれぐらい、どのタイミングで行うのが良いかといった詳細についての指導は不十分なことが多い。特に、運動に関して見てみると、誤った方法で運動やスポーツを行った結果、スポーツ障害が発生するような望ましくない例も多く、健康のために取り組んだはずの運動で逆に自分の健康を損ねている場合がある（新畑、1994、p.87）。よって、正しい運動・スポーツへの取り組み方法を提供することが必要となるが、このようなことを研究する学問領域として、スポーツ科学がある。

　スポーツ科学は、種々のトレーニング理論をはじめ、スポーツ活動が人間の心身におよぼす影響などを科学的に研究する領域であり、スポーツ競技者であるアスリートだけでなく、一般の人々の健康支援にも大きく貢献しうるものと考えられる。また、健康維持増進以外の目的で趣味や生きがいとしてスポーツに取り組み、技能の向上を楽しみとしている人も多いと思われるが、こちらも誤った方法で実施することによって、心身に大きな障害をもた

らすこともある。とりわけ、発育期の子どもたちのなかには、将来高いレベルで活躍できるアスリートを夢見て、かなり負荷の強い運動を日常的に行っている人もいると思われるが、トレーニングの質と量が発育発達段階に適合していない場合など、健全な発育発達に望ましくない影響をおよぼす例も多い。したがって、健やかな子育ての実現という観点からすると、適切なスポーツ指導というのは、教育福祉的に見ても大いに意味のある要素と考えられる。

　以上のことから、健康科学やスポーツ科学の基礎および応用理論の活用により、多くの点で教育福祉への貢献が可能であると考えられる。しかし、これらの研究領域は、人間の心身に関する非常に重要な知識であり、身近な実生活ですぐ活用できることが多いにもかかわらず、体育・スポーツに関する一部の専門課程のみで学習されている場合が多いため、現状では一般の人たちには、あまり広く知られていないと思われる。そこで、これらの研究領域の立場から、特に多くの人々の健康支援に貢献すると思われる事例をあげ、支援される側だけでなく、支援する側にも有益となりうる知識と具体的方法について論考し、以下に述べて行くこととする。

2．健康・スポーツ科学から教育福祉へのアプローチ

健康問題の代表例

　近年、肥満をはじめとする生活習慣病が引き起こす健康問題が表出しているが、同時にその肥満を予防・改善することを極端に受けとめすぎて、身体に深刻なダメージを与えてしまうような誤ったダイエットが流行するという、いわば反対の面における健康問題も深刻化していると思われる。テレビや雑誌といったメディアでも大きく取り上げられる話題の一つであり、これらの問題はもはや社会問題と言ってもいい状況であろう。どのような社会問題でも、国や自治体を中心とした社会政策の充実が重要であることは言うまでもないが、同時に社会の構成員である人間の方も、問題に対して意識を改革していく必要があると思われる。なぜなら人間と社会は交互に作用しあい、影響を及ぼし合っていると考えられるからである（吉武、2011）。

　そこで、この肥満とダイエットに関する問題を事例としてとりあげなが

ら、具体的な健康支援の在り方について、述べていくこととする。

肥満が起こる原因と誤ったダイエット方法

　肥満を正常者に比べて体脂肪が過剰に蓄積した状態と仮定すれば、その原因は摂取エネルギーと消費エネルギーのアンバランスにある。つまり、相対的に摂取エネルギーが多すぎるか、消費エネルギーが少なすぎるかが原因である（大野、1991、pp.21-30）。したがって、これを解消するためには、エネルギーの摂取行動と消費行動の両面から改善策を考えるべきであろう。しかし、ややもすると、摂取制限だけを行って、体重のみの減少を評価するような方向でダイエットを考える人が少なくない。

　そもそもダイエットという言葉は、本来は「食事」を意味しており、肥満解消を試みる上で、確かに食事は重要な要素と言える。しかし、体脂肪が増える原因は食事だけではなく、朝起きてから夜寝るまでの生活すべてが全体的に関わっている。そのため、安易にエネルギー摂取量だけを減らし、エネルギー消費量の方を考えないダイエットは、拒食症、過食症などの摂食障害やリバウンドを引き起こし、心身に多大なダメージを与える可能性が高いので、避けるべきであることを強く認識しなければならない。

身体エネルギー代謝のしくみ

　では、実際にはどのようなダイエットを行えば良いかを考えなければならないが、その前に身体のエネルギー代謝のしくみを理解しておかなければ正しい方法を検討できない。そこで、食べたものがどのような過程を経てエネルギーになっているのかを図15-1のモデル図を使って解説したい。

　身体にとりこまれた食物は、主に5大栄養素別に血液中に吸収される。まず、無機塩類とビタミンは体内の様々な代謝をスムーズに進行させる役割を担い、身体の中で筋肉や脂肪にはならず、エネルギー源にもならない。よって、摂りすぎても太ったり、体型が崩れる心配はないといえる。しかし、逆に不足すると、代謝がスムーズに行われなくなるのでダイエットにはマイナス要因となる。よって、基本的には摂りすぎることを気にせず、十分な摂取を心がけることが大切である。

　次にタンパク質について、血液中ではアミノ酸になり、皮膚や髪の毛から

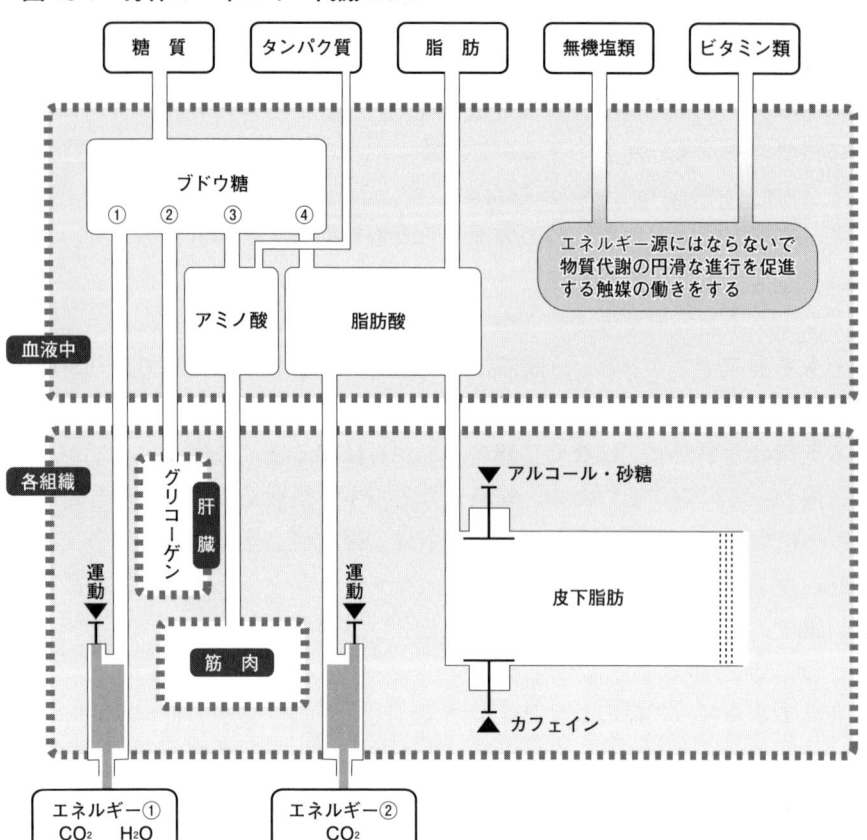

図15-1 身体のエネルギー代謝モデル

(吉武信二：「成功する自己採点式ダイエット」大学教育出版、2007)

組織に至るまで、人間の身体を作る基本的な材料となる。図からもわかるように、代謝を高める筋肉の源でもあり、脂肪が増える原因にはほとんどならないので、摂りすぎても脂肪がつく心配はないといえる。しかし、逆に不足すると筋肉量が減少する可能性があり、ダイエットにマイナス要因となるため、これも基本的には摂りすぎることを気にせず、十分な摂取を心がけることが大切である。

そうすると、残っているのは脂肪と糖質であるが、この2つについては摂

りすぎるといろいろ不都合なことが出てくる。まず、脂肪については、体内に入ると血液中で脂肪酸になる。そして血液中の脂肪酸濃度が増えると、その時の身体の状況に応じ、主に３通りの道を進むことになる。一つは血液中の血糖が低い場合、ブドウ糖に合成して血糖値を上げるのに貢献する。また、たとえばスポーツをするなど、活発に活動している状態では、活動のためのエネルギーとして燃焼して、消費する（図中のエネルギー②）。そして、それでも消費しきれずに余った脂肪酸は固体化され、内臓や血管中または皮下に脂肪組織として蓄えられる。これがいわゆる体脂肪であり、多すぎると疾病や肥満の原因となる。

一方、糖質については、体内に入ると血液中でブドウ糖になる。そして血液中の糖濃度（血糖値）が上がると、その時の身体の状況に応じ、主に次の４通りの道を進むことになる（図中のブドウ糖①②③④）。

①運動（特に瞬発的なもの）や脳の活動などは、糖質を元にしたエネルギーが必要不可欠と言われており、ここで多くのブドウ糖が分解される。

②血中の糖濃度が低下した場合に備え、脂肪酸を合成するよりも速く糖質を補充できるように、グリコーゲンになって肝臓や筋肉中に蓄えられる。

③アミノ酸が不足している場合、ブドウ糖はアミノ酸に変化して、身体組織を作る材料になる。

④上記①②③で消費されてもなおかつ血糖値が高く、適正な濃度を超えてしまった分のブドウ糖は脂肪酸に変化する（鈴木、1988、pp.144-145）。

このことから、食後に活動しないで安静状態を続ければ、ブドウ糖が脂肪酸に転換する割合が増えることがわかる。脂肪酸が増えるということは、皮下脂肪に転換する率が高くなる。また、食事の中で脂っこいものを控え、摂取する脂肪を減らしても、糖質を過剰に摂取していたら、脂肪を過剰に摂取したのと同じような状態になることもわかる。

正しいダイエットの条件と留意点

このように、身体内のエネルギー代謝の流れを全体的に見ていくと、正しいダイエットに必要な条件が見えてくる。つまり、体型に直接影響するのは皮下脂肪であり、それをつくるものが血中の脂肪酸である。また、運動や

活動で燃えるのもこの脂肪酸であって、皮下脂肪が直接燃えるわけではない。血中の脂肪酸が運動や活動でエネルギーとして消費され、不足した血中脂肪酸濃度を元に戻すために皮下脂肪が分解され、その結果として皮下脂肪が減るという仕組みである。ただし、その時身体のどこの部分の皮下脂肪が分解されるかはわからない。つまり、どの部分の皮下脂肪を分解するかを自分の意志でコントロールはできない。だから、「二の腕だけやせたい」「おなかだけやせたい」というように「部分やせ」を望んでも、理論上は不可能だということになる（加藤、1997、p.40）。しかし、「部分やせ」はできなくても「部分引き締め」はできる。脂肪と違って筋肉は、自分の意識した部分につけることができるので、引き締めたい部分の筋肉をトレーニングすれば良い。したがって、身体の気になる部分について、ただ脂肪を減らそうとするのではなく、筋肉をつけるという違った角度から考える方が効果的ということになる。

　以上のことを考え合わせると、効果的なダイエットを考える際、血中脂肪酸の量をどうコントロールするかがポイントになりそうだということがわかる。そこで、効果的に脂肪を減らすために、生活の中で具体的にどうすればよいかについて、脂肪酸に着目しながらポイントを挙げてみる。

　★Point①　外部から摂取する脂肪酸を制限する
　まず、必要以上に脂肪を食べ過ぎないことが大切であるが、これは多くの人が知っていて、実行している人も多いと思われる。要は脂っこいもの、脂肪の多く含まれる食品をできるだけ排除するということである。ただし、食事の全体量を減らすのではなく、内容に気をつけるのが大切と思われる。具体的には、脂肪増量の原因にならなくて、身体の組織を造る上で不足してはならないタンパク質の多く含まれる食品をたくさん食べて、満腹感を得るようにするのが有効である。

　また、日本人の主食である米やパンなどの糖質（炭水化物）を摂取した後に、完全休養や睡眠を避けることが重要である。なぜなら、摂取した糖質が血中でブドウ糖になった後、その時の活動量が少ないほど脂肪酸に転換される割合が多くなるからである。こうなると、脂肪を多く含む食品を食べたの

と同じような結果になってしまうので、具体的には食後すぐの睡眠（昼寝など）の回避をはじめ、早めに夕食を摂って夜の就寝までの活動時間を多くとること、夜食を排除することなどが有効になる。

さらに、できるだけ朝食＞昼食＞夕食のカロリー配分で、食べることを心がけるのが良い。なぜなら、毎日の生活の中で一番エネルギー消費が少ないのは睡眠時であり、皮下脂肪は主にこの睡眠時に作られるので、夜の就寝時にどれだけ余ったエネルギーがあるかによって、皮下脂肪の作られ方が変わってくるからである。就寝時を迎えるまでに、食事で摂取したエネルギーをできるだけ消費しきってしまうようにすれば、結果的に皮下脂肪の蓄積を最小限に抑えることができる。つまり、朝食後は多少エネルギーが余っている状態であっても、一日を活動的に過ごしていくことで消費され、夜の就寝時にはほとんど残っていないと思われる。これに対して、昼食、夕食と時間が進むほど、就寝時に近づくことになるので、食事で摂ったエネルギーが多いと、就寝時にエネルギーが余ってくる可能性が高くなる。よって、朝昼は軽食でディナーを豪華にする一般的な生活習慣は、ダイエットという面から見るとあまり好ましい習慣ではない。むしろ、意識的に朝からもりもりと食べる方が、体温、代謝が向上し、脳の活動も活性化することで、一日がより活動的に過ごせることになるため、結果的には太らないことを憶えておきたい。

★Point②　体内の皮下脂肪転換率を下げる（脂肪分解率を上げる）

脂肪を多く含む食品を控え、食後の完全休養を避けてエネルギーが余ってしまうことを避けようと心がけていても、食事の好みや生活習慣によって、どうしても脂肪酸が必要以上に増えてしまう場合が想定される。その場合は、何とかこの脂肪酸の段階で食い止めて、次の段階である皮下脂肪にならないようにするのが良い。そのためには、脂肪酸が皮下脂肪に合成されにくい環境と、皮下脂肪が分解されやすい環境をつくることが望ましいが、この反応に関係の深い２つの嗜好品に含まれる成分を挙げてみる。

まず一つは、お酒に代表されるアルコール成分。アルコールを摂取すると、胃と腸から吸収されて血液中へ取りこまれ、肝臓で分解されながら全身

に流れ、脳に作用して中枢神経を刺激、麻痺させる。いわゆる「酔う」ことになるが、この酔いによって活動が低下してしまうために、エネルギー消費を低下させる。また、このアルコールが分解される過程で、脂肪の合成を刺激する環境が促進され、血液中の脂肪酸が皮下脂肪に合成されやすい状態になる。したがって、ダイエットという面から見れば、アルコールの摂取はできるだけ排除することが賢明である。

　もう一つは、コーヒーや紅茶に含まれるカフェイン。体内に摂取されたカフェインは、ノルアドレナリンやアドレナリンの分泌を刺激し、ホルモン感受性リパーゼという酵素を活性化して、脂肪の分解を促進させる（鈴木、1988、pp.144-145）。結果として一時的に皮下脂肪が減る。ただし、このままじっとして安静にしていると、再び皮下脂肪に合成されてしまうため、ここでスポーツや運動などをして活動的に過ごすようにすれば、脂肪酸がエネルギーとして消費しやすい状態になり、体脂肪を減らす効果が高まる。また、このカフェインの効果を妨げるのは安静だけではなく、コーヒーや紅茶を飲むときによく入れられる砂糖がこのカフェイン効果を妨げる作用をもたらすので、ダイエット効果を目的としてコーヒーを飲むのであれば、ブラック（砂糖抜き）で飲むことが重要である（鈴木、1988、pp.154-155）。したがって、ダイエットという面から見れば、カフェインは効果的に働く成分であり、適量を適切なタイミングで上手に摂取することが有効といえる。

★Point③　体内でできるだけ脂肪酸をエネルギー源として燃焼させる
　ここまでは、脂肪酸を必要以上に増やさないための留意点の中でも、主に食生活の面から考えた点であったが、ここからは積極的にエネルギーを消費する機会である、運動生活の方に焦点をあてていく。
　運動によって、消費される身体内の主なエネルギーは、血中にあるブドウ糖と脂肪酸である。運動量が多ければ多いほど、このエネルギー源の双方とも消費量が大きくなるので、脂肪酸を減らすためには、基本的にはどんな運動をしても有効である。しかし、誰もが運動することを好むわけではなく、性格、体力、体質、生活環境や条件は個々人で異なるので、多くの運動を実施できる機会が十分にある人ばかりとは限らない。そこで、個々人に合った

運動やスポーツの方法を考えなければならない。そのためには、どういった運動によって、どのエネルギー源が、どのように消費されるのかを知る必要がある。そこで、以下に運動の方法とエネルギー消費の関係について解説する。

図15-2は運動の強度と２つのエネルギー源の消費する割合との関係を示したものである（図中のブドウ糖と脂肪の数値が、上下逆になっていることに注意）。これによると、運動の強度が高く、時間が短くなるほどブドウ糖の消費する割合が高くなり、脂肪の消費する割合が低くなるのがわかる。これ

図 15-2　運動強度と消費するエネルギー源の割合

(Edward L Fox:「選手とコーチのためのスポーツ生理学」大修館書店、1982)

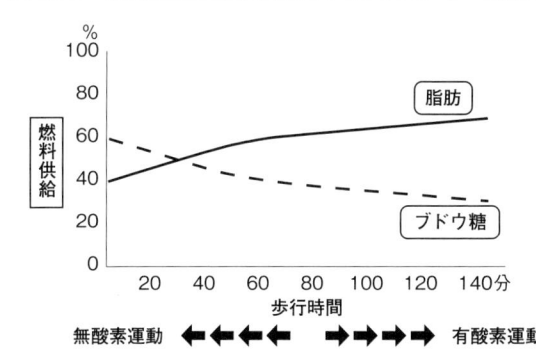

図 15-3　運動継続時間と消費するエネルギー源の割合

(Edward L Fox: 運動時間と供給燃料「ストップ・ザ・オーバートレーニング」黎明書房、1994)

は、短時間で全力疾走のようなきつい運動をするよりも、歩行程度のゆるやかな運動を長く続けた方が、脂肪が優位に消費されることを示している。

また、図15-3は運動時間と2つのエネルギー源の消費する割合との関係について、歩行運動を例に示したものである。これによると、歩行運動を開始してから最初の段階では、脂肪よりもブドウ糖の方がやや高い割合で消費しているが、運動時間が長くなるにつれて、脂肪の消費割合が高くなっていき、ブドウ糖の消費割合が低くなっていく様子がわかる。そして、歩行運動開始後約30分程度で両者の消費割合はほぼ同じになり、その後は割合が逆転して脂肪が優位に消費されるようになっていく。これは、人間の身体が簡単にはエネルギー切れにならないように、それぞれの燃料の持つ特徴を活かすべく、その源の消費割合を自動的に振り分ける機能を持っているために起こる現象である。

これらのことから、同じ運動をするなら、きつい運動よりもやや余裕を持ってできる運動をする方が、また同じ強度で1時間の運動をするなら、10分ずつ6回運動するよりも60分続けて1回運動した方が、脂肪が効率よく消費されると考えられる。よって、体力や体質など個人差を考慮しつつ、それほどきつくない程度の運動をだいたい30分以上継続して行うのが脂肪消費に有効であると考えられる。

しかし、だからといって、短時間の運動が全く脂肪消費に効果がないわけではない。たとえ割合は低くても、絶対的な運動量が大きければ、当然消費する脂肪量も大きくなるので、前の例はあくまでも同じ強度で行った場合の話である。たとえば、ジョギングなら、同じペースで10分ずつを6回走るより60分間続けて走った方が効果的だが、10分間全力で走り続けるのと60分間の歩行では話が違う。高齢者や慢性的な運動不足の人など、急激な負担を身体にかけられない場合は避けるべきであるが、強度の高い運動に十分耐えうるような人は、1時間歩くより短時間の全力運動をする方が、効率よく脂肪を消費できることもあるということも理解して、自分に合った運動生活を考えられたい。

★Point④ 体内の筋肉量を増やし、(基礎)代謝量を上げる

ダイエットに効果的な運動を考えるとき、どんな運動をすればどれだけカロリーを消費するかということばかりが注目されがちであるが、実は運動している時間以外にも、生命を維持するために身体がエネルギーを消費し続けていることを忘れてはならない。この24時間コンスタントに消費しているエネルギー量のことを基礎代謝量といい、1日に消費する総エネルギー量の60〜70%を占め、運動によって消費される割合の20〜30%より大きい（漆原、1999、p.113）。これは消費するエネルギーにおいて高い割合を示す基礎代謝量を上げることができれば、特別な運動をしなくてもダイエット効果が高まるということを示している。そして、この基礎代謝量を左右する大きな要因となっているのが全身の筋肉量である。

　全身の筋肉量が増えれば、それだけ基礎代謝量が上がるので、筋肉量を増やす運動、つまり筋力トレーニングがダイエットに有効である。ただし、これを効果的にするためには、筋が肥大するしくみを知る必要がある。以下に、筋肥大の3条件を記す。

　　　　　　　　　　①筋肉への刺激　＜―――――（トレーニング）
　　筋肥大の3条件　②タンパク質摂取＜―――――（高タンパク質食）
　　　　　　　　　　③成長ホルモン分泌増＜――（睡眠）

　筋肉は、トレーニングによって肥大して増えるといわれているが、これはトレーニングによって物理的な刺激を受けた筋線維の一部が損傷し、それが修復される際に元よりも少しだけ太くなって修復することで、結果的に筋肉が太くなるというメカニズムによるものである。したがって、筋肉を増やすためには、まず筋線維に適度な損傷を与える刺激が必要となる。そのためには日常の負荷より大きい負荷をそこにかけなければならない。これをオーバーロード（過負荷）といい、トレーニングの大原則に挙げられている。たとえば、何も負荷をかけないで腕の曲げ伸ばしをしても、筋線維に適度な損傷は与えられないが、手にダンベルなどの重りをもって曲げ伸ばしを行うと、日常以上の負荷がかかり、筋線維に適度な損傷を与えることができる。この負荷量については、個人の年齢や体力を考慮して設定する必要があ

るが、おおよそ続けて10回運動できる（持ち上げられる）程度の重さ（負荷）を設定するのがよいとされている。この適度な重さを各自で探りながら実施し、トレーニング効果によって筋肉量が増えた時は、負荷を増やすなどの工夫が必要となる。

　また、この損傷した筋線維を補修するための材料、すなわちタンパク質が十分に体内に蓄えられていることが必要である。したがって、タンパク質を多く含んだ食品を、しっかり摂取するよう心がけなければならない。

　さらに、この損傷した筋線維を補修することを命じる司令が体内で出されることが必要である。これは身体の恒常性維持に大きく貢献しているホルモン、とりわけ成長ホルモンがこの役割を担っている。そして、この成長ホルモンは睡眠中に多く分泌されることから、十分な睡眠時間を確保するよう心がけることが重要となる。

　これらのことから、筋への刺激、タンパク質、成長ホルモンの３つの条件が整って初めて、効果的な筋肥大が起こることをしっかり認識することが重要であることがわかる。しかし、一般的には筋への刺激だけに注目が集まりがちで、タンパク質摂取や睡眠の条件はあまり意識されないことが非常に多いように思われる。科学的なトレーニングをして、理想的な損傷を筋線維に与えたとしても、日常生活において偏食や無理なダイエットなどにより、それを補修する材料のタンパク質の摂取が不足していたら、筋肉はあまり肥大しないことになる。また、せっかくダンベル運動をしても、その夜に夜更かしをして、睡眠時間を十分に確保できなかったときも同じく効果は上がらない。そればかりか、損傷した筋肉の補修が追いつかず、損傷がひどくなってスポーツ障害になってしまう可能性さえ出てくる。その意味でも、正しいトレーニングの理論と方法を知り、適切に実践することが重要である。

　以上、健康・スポーツ科学の立場から、教育福祉に活用しうる内容についての事例を論考した。言うまでもないが、これはあくまでも一つの例であるので、この他にも様々な方法により人間の健康支援に貢献することができる事例は多く存在すると思われる。よって、これらの学問領域の知識・方法を積極的に活用することが望まれる。また、その際留意すべきことは、知識だ

けの提供にとどまらず、支援される人が実施しやすい方法をできる限り個別に、そして具体的に提案し、実施者自身の理解をうながし、最終的には自立できるような取り組みを検討していくことであろう。

column 4　　　　　　　　　　　　　　　　　地域福祉と教育

　　　　　　　　　　　　　　　　　　　　　　　　　　　　小野　達也

　地域福祉と教育について考えるために、まず、地域福祉の基本的な性格について概観し、そのうえで教育との関係を取り上げる。
　地域福祉は、いま、注目を集めている。介護はもとより、社会的排除から生じる多様な問題に取り組んでいくことが期待されている。「地域福祉の主流化」という表現も使われて、生活に近い地域という場での問題解決が求められるようになってきている。
　現在、地域では、高齢者やしょうがい者に対してホームヘルプサービスやデイサービスなど多くのケアサービスが提供されている。また、生活問題の相談援助や個人を支えるソーシャルワークも始まっている。さらには、社会福祉法や介護保険法など地域福祉に関わる法律、あるいはそれにもとづく政策も整えられてきている。
　しかし、地域福祉は、単に地域でのサービス提供だけではなく、また、行政や福祉の専門家だけが担うものでもない。そこには、住民やボランティア、NPOなどのさまざまな民間の活動者が重要な役割を果たす。行政だけでカバーできない、あるいは、すべきでない地域で生じている福祉問題に対して、民間が関与していくことが地域福祉の特性なのである。
　とりわけ近年では住民と行政の「協働」が重視されており、住民が、地域福祉計画の策定に参与したり、助け合いを中心とする福祉活動を行ったり、地域でのサービスや実践についての評価を行うことは、地域福祉に欠かせない要素となっている。住民は単にサービスの受け手ではなく、地域福祉の担い手でもある。ただし、この場合の協働は住民と行政の対等性が条件であり、それがなければ住民は行政の下請けとなってしまう。これに対して、住民の主体性をより重視すれば「自治としての地域福祉」という方向性も展望できる。
　住民と行政、福祉の専門家等がともに活動し、ときには緊張関係を孕みながら構築するのが地域福祉である。各地の地域福祉がどのような内実になるのかには、行政な

どの公と住民を含む民の関係が影響を及ぼすのである。ここに住民に対する教育が地域福祉に持っている基本的な役割を考えることができる。

実際に、地域福祉と教育はさまざまに関わっている。

学校での福祉教育は地域福祉に関連が深い内容が多い。代表的なものとして障害のある人々の講演、施設訪問、世代間交流などがあげられる。アイマスクや車いすを使った障害の疑似体験や空き缶などの収集活動も、地域福祉に結びついていく。

住民の福祉に対する理解や協力があればあるほど地域福祉は進めやすくなる。例えば、人を差別したり、排除したりしないような地域づくりは地域福祉の重要なテーマである。そうした住民の意識や態度に影響を与えていくための教育が各地で取り組まれている。教育による地域福祉活動の促進である。

また、実際に活動することで学びを得ることもある。障害のある人が生活上直面する苦労や、地域社会が生み出している問題について活動を通して認識していく。これは地域福祉の持っている教育的効果である。

このように見てみれば、地域福祉と教育は近い距離にあるし、影響を与えあっている関係でもある。だが、地域福祉と教育のかかわりが現在のままでいいのかと言えば、そういうわけではない。地域福祉の本格化の中で、その関係を一層強くすること、さらには新たな段階に入ることが要請されている。

新たな段階とは、例えば学校と地域社会との実質的な連携の実現である。確かに福祉教育は学校と地域をつなぐ役割もしてきている。学校と福祉施設や福祉機関との交流ということも生じている。ただ、それはまだ緒に就いたばかりのところも多く、学校と地域社会の間のハードルは依然として高いものといえる。学校と地域福祉が形式的、一時的に結びつくというレベルではなく、互いのプログラムの中に互いをより有機的、構造的に位置づけることが求められている。その場合に、地域の特性に基づく福祉や教育にするためには、当該地域の問題を取り上げ、それについて調べ、具体的な取り組みを進め、そこから学ぶことである。こうした「地域福祉を進める教育」と、「教育を進める地域福祉」のダイナミックな相互関係をどのように形成していくかが、現在求められている大きな課題である。

第Ⅲ部　教育福祉学の展開［人と社会への包括的視野］

第16章　障害者福祉における地域生活

三田　優子

1　私たちに関することは、私たちを交えて決めてください

　2006（平成18）年12月13日、第61回国連総会で「障害者の権利条約」が採択された。会場には世界中から多くの障害者が集まっており、日本からも車椅子の人や精神障害者や関係者が多く見守る中での採択の瞬間だった。
　日本政府は、2007年9月28日に当時の高村外務大臣が署名、その後、20ヶ国批准したのち、2008年5月3日に発効した。2011年12月3日現在106ヶ国が批准（国連調べ）に至ったものの、日本は未だに批准に至っていない。
　障害者の基本的人権を保護、促進すること、また障害者固有の尊厳の尊重を促進することなどを目的とする、国際的原則としての障害者権利条約は、わが国でも批准が待たれ、この国際法の実現に向けて、国内法の整備にかかっているところである。
　ところで、障害者権利条約の有名なスローガンは「Nothing about us, without us（わたしたちに関することは、わたしたちを交えて決めてください）」というものである。言葉自体はシンプルだが、そこには長い間、障害当事者本人不在で進められてきた障害者施策のあり方への思いが込められている。
　その思いは、わが国でも1994（平成6）年に徳島市で開催された、知的障害者の親の会（全日本手をつなぐ育成会）の第43回全国大会で行なわれた「本人決議」（知的障害当事者本人が、当事者のみで話し合い、当事者の思いを決議文で大会の最後に読み上げたもの）と重なっている。つまり「私たちに関することは私たちをぬきに決めないでください」という決議宣言である。

2　まず、人間として　－ピープルファースト－

　さらにさかのぼると、例えば知的障害分野ではアメリカのオレゴン州で、「I'm tired of being called retarded — we are people first（私たちは、障害者

である前に人間なんです)」と、ある知的障害者が語った出来事がある。1974（昭和49）年のことである。

その言葉は「people first（ピープルファースト）」として多くの人に語られ、世界中に広まっていった。「まず人間としてみてほしい、扱ってほしい」との知的障害者の思いは、各国共通であり、日本にもピープルファーストジャパン全国大会が生まれたのが、先述の徳島大会と同じ1994（平成6）年である。

ピープルファーストジャパンのホームページ（http://www.pf-japan.jp/p1st.html）には次のような文が表紙に掲載されている。

> 「ちてきしょうがい」があると　いうだけで、
> わたしたちは、いまも、たくさんの　差別を　うけています。
> みんなと　わけられて、「養護学校」「特殊学級」に　いれられた。
> ちいきで　くらしたいのに、「入所施設」に　いれられた。
> 「なにもわからないだろう」と　かってに　自分のことを　決められた。
> 「なにもわからないだろう」と　虐待された。
> わたしたちは、たくさんのことを　うばわれて　きました。
> ひとりの人間として　あたりまえのことが　できませんでした。
> みんなと　おなじ　人間だ　ということも　わからなくなって　いました
> （後略）

知的障害者にとって1994年は、当事者本人が、親や援助者、そして社会に対して、自分たちの声をあげ始めた、まさに大きな転換の年となったことがわかる。

3　社会モデルと合理的配慮

障害者の権利条約に話を戻すと、その特徴のひとつにモデルの転換を強調していることがある。

長い間、障害とは「異常」であり、リハビリテーションによって「健常者の社会に適応できるよう指導・訓練」することが主流であった。いわゆる

「医学モデル」である。そして重要なのは福祉ではなく「保健」であった。

しかし、これでは一生、訓練施設や入所施設で終わってしまう人も出てしまう。頑張って頑張ってもうまく出来ず、気付いたら年をとっていた、というものである。

一方、「社会モデル」では、障害は「個性」であり、変えるべきは障害者本人側にあるのではなく、「社会の側が改善すべきもの」という見方になる。なぜなら障害とは、その本人の個人的な問題ではなく、社会全体が向き合うものなのだ、というものである。

このようなモデルの転換を背景に、「合理的配慮」という考え方もまた、障害者の権利条約の特徴である。

合理的配慮とは、障害のある人が、他の人と同様に社会生活を送れるよう、社会の方で必要な変更や調整をすることである。例えば、車椅子の人が就職試験を受けに行く際に、スロープやエレベーターがないために、その建物にすら入れなくて落ちてしまった場合、職場に辿り着けない状態を合理的配慮に欠けていると見なすものである。

また、難しい漢字や言葉を使った文章や会話になかなかついていけない知的障害者がいたとしたら、その人は各国がそろう国際会議で、それぞれに通訳者が配置されるのと同じように、わかりやすく説明してくれる人が置かれたり、そもそも難しい漢字や言葉は、わかりやすく表現するように工夫し配慮することである。

この考え方は、すでにスタートしている県レベルの先駆的な取り組み、すなわち「障害のある人もない人も共に暮らしやすい千葉県づくり条例」(平成19年7月1日施行)や「北海道障がい者条例」(平成22年4月施行)などに生かされているものである。

4 ノーマライゼーション

デンマークのニルス・エリク・バンク-ミケルセン(N. E. Bank-Mikkelsem)が提唱し、スウェーデン知的障害児者連盟(FUB)のベンクト・ニリィエ(B. Nirje)がその原理をまとめて世界中に広めた「ノーマライゼーション(normalization)」という考え方は、もともと、障害者巨大施設

に大勢で収容されている劣悪な実態への批判から始まっている。

　ノーマライゼーション理念は、1971年の「国連知的障害者権利宣言」、1975年の「国連障害者権利宣言」の土台となり、1981年の「国際障害者年」のテーマを「完全参加と平等」とした国連決議（34/154、1979年）へとつながってゆく。北欧の知的障害者の領域から広がったこの概念は、今日では福祉の基本的な概念のひとつになっている。

　ニィリエが提唱したノーマライゼーションの8つの原理は以下の通りである。

　　①1日のノーマルなリズム
　　②1週間のノーマルなリズム
　　③1年間のノーマルなリズム
　　④ライフサイクルにおけるノーマルな発達的経験
　　⑤ノーマルな個人の尊厳と自己決定権
　　⑥その文化におけるノーマルな性的関係
　　⑦その社会におけるノーマルな経済的水準とそれを得る権利
　　⑧その地域におけるノーマルな環境形態と水準

　ここでいう「ノーマルな」に具他的なイメージも数値もない。しかし、基本は障害の有無ではなく、同じ社会生活を営むものとして、これでいいのか、と疑問に思うとき、その人の置かれた現状が浮かび上がるというものである。

　ノーマライゼーションを理解するために、バンク－ミケルセンが「ノーマライゼーションを実現するために大切なこと」としてまとめたもの（1989）を大熊由紀子が訳したものが参考になる。

　「自分自身がその状態におかれたとき、どう感じ、何をしたいか、それを真剣に考えることです。そうすれば、こたえは、自ずから導き出せるはずです」（大熊由紀子氏訳）

　障害者の権利条約が制定されたから、差別禁止法に謳ってあるから、ではなく、自分自身がその場にいることを想像し、そこから真剣に考えることが重要で、そこから真のノーマライゼーションの実現が始まることは意義深いと言える。

次に、筆者自身が出会った障害者の方、おふたりを紹介する。自分自身が置かれたら、と考えずにはいられない状況におられた方たちである。

5　人生の主人公はだれか

ずいぶん前に、重症心身障害児と呼ばれる、1人で動くのは難しい人や、ベッドに寝たきりで寝返りも自分では打てないくらい重い障害のある人が入るための施設の入所者を訪ねたときだった。

「自分の命が短くなってもいいから、無茶なことをやってみたいんです。だってそれが『生きる』ってことだと思うから。それが私の夢です。」

トーキングエイドと呼ばれるコミュニケーション機器（50音のキーボードを押すと音声になって流れるもの）から、あらかじめ録音しておいたと思われるこのメッセージをいただいた。

私がインタビュー調査のために訪問するのを知り、会ってくださることを自分で決め、ほとんど動かない身体の中で、かすかに動く指をゆっくり使いながらこのメッセージを作ってくれて待っていてくれたことに感動した。と同時に、このメッセージの重さに即座に返事ができなかったのを覚えている。命を削ってまでも生きていることを感じたい……それが動くのもままならない彼女が伝えたかった彼女の夢だった。

ところで彼女がいた施設は、法律上「障害児」のための施設のはずなのに、すっかり設置当初の目的とずれ、200人近い入所者の平均年齢は当時すでに38才だった。6才で入所した彼女もすでに40才を超えていて、その時点で実に35年以上も入所生活を送っていた。児童のために作られた施設は大人が住むには少しチグハグ（壁がピンク、ベッドが小さい、あちこちに幼稚園のような絵や飾りがあるなど）な印象であったが、そこでは50才近い入所者たちが静かに生活していた。彼女のように30年、40年もの間、である。

さまざまな事情から家族との縁も薄く、親が亡くなったあとは帰省することもなくなったそうで、365日35年間、彼女の居場所はこの施設だけになっ

ていたのだった。

　「職員がクリスマスツリーを飾ってくれたら、ああもう年末なんだなって思う。
　飾り忘れてしまったら気がつかない。でも、街で暮らしていたら、あちこちにクリスマスのサインがあって絶対に気づくでしょ？」
　「生まれてから一度も他の県に行ったことがない。県境まででもいいから行ってみたい。」
　「私だってプライバシーって言葉を知っている。私の居室のドアがいつも開いたままなのは、職員には便利だと思うけど、私は本当は嫌。」
　「このまま一生をここで終わるのかな。冒険とか危険とか、無茶なことがない人生は寂しいな。」

　トーキングエイドを介しての会話だったので、ゆっくりとした流れであったが、それが一層、彼女の思いが伝わるようで、私の胸はいっぱいになった。でも、一方で、彼女の醸し出す優しい雰囲気は、そばにいる者を穏やかにするようなもので、彼女の個性というか魅力に感銘も受けていた。自発的運動がしづらく、コミュニケーションに時間はかかっていても、彼女は1人の大人の女性として、自分の考えをもっていることはよくわかったし、コミュニケーションの相手である私への気遣いもできる人であった。
　何度か施設に通ってお話をしたが、その時間は楽しい時間であったのは間違いがない。
　同時に「障害者は一生を施設や病院で送っても仕方がないのだろうか」という疑問が大きくなるばかりだった。
　彼女の命を守るために、医療や福祉サービスが不可欠だったのは間違いがない。家族も含め、皆が「無茶なことがないよう」な安全な毎日を願ってきている。
　しかし彼女の言うように、危険なことがあるのもまた人生で、冒険したり失敗したりしながら成長したりするのが人という存在なのであるなら、守られ、援助されるばかりの存在から、自分の人生を自らの思いで切り開きたい

「＝他者から見たら無茶なこと」と願う彼女の夢は、ごく当たり前と捉えられる。「自分の命が短くなってもいい」のは、命の主体である自分のもつ決断だからで、自己決定への強い欲求とも言えよう。「私の人生を私が主役として生きたい」のだという彼女の決意が感じられた言葉なのである。

その彼女の周囲には、言葉を発することすら困難な入所者が多くいたが、その方たちもまたひとり一人、個性があるし、魅力をもっていることは、施設に通ううちにわかってきた。声をかければじっと聞いておられ、まなざしで返してくださる人もいた。かすかに反応しながら自分を主張しようとする人たちがたくさんいた。

障害が重かろうがコミュニケーションが困難であろうが、どの人も人生の主役として生きる権利があるのではないか、という確信を得たのもこの頃だったように思う。

6 あきらめることが肝心だった

次に、精神障害者のＡさんについてである。彼女は20代後半から43年を精神科病院で過ごしていた。病状は入院後、2、3年して落ち着き、退院も可能と言われたものの、家庭環境の複雑さや、それに伴い何度か退院準備が中断したことで「もう退院することは考えないようにした」「期待したらがっかりする。だから期待しない、願わないんだって決めた」という。そのうちに病院職員も退院については触れず、主治医が変わっても「どうしたいか」などと希望も聞かれず、どんどん病棟の生活に慣れ、それが全てになったと話す。

「気がついたら70才だったよ」「あとはここでこのまま死なせてほしいと考えるだけ」

そう話すＡさんは、長い入院のもたらしたものを次のように語った。

「ただ食べて寝てるだけ毎日でしょ？　なんでわたしなんか生きているのかなあ、わたしなんて誰にも気にも留められないどうでもいい人間だよね

第16章　障害者福祉における地域生活

えって……うん、それしか考えてなかったな」
「そういえば、面会なんて20年もないなあってね、わたしの名前を自分も忘れそうだった」
「こんな病気になったらこんな人生なんだよね、うん、あきらめたら楽になる、それが肝心って悟ったら、悲しいとかつらいっていうのは消えたよ」

　あきらめ、自尊心喪失、そして無名の存在のように静かに病棟の片隅でひっそり息をしてきた様子を淡々と話していた。病院の中であきらめが肝心の毎日とは、どのようなものか、私には想像しきれないものの、本来、病院は住まいではないはずなのに、というなんともやりきれない思いでいっぱいになった。
　そんなAさんが、退院し地域での生活へと一歩を踏み出そうとしたのは、ある出会いからだったという。
　おりしも、大阪府で平成12（2000）年に単独事業として始まった精神障害者退院促進支援事業が国の事業となってAさんの入院する県でも動き出したときだった。地域生活を支援するセンターから病院に訪問する人がときどき目につくようになっても、Aさんはいつも挨拶もせず、むしろ避けていたと言う。

「あきらめた人間に新しい人との出会いは邪魔になる、いらないって思ってた」

　しかし、何度も何度も病棟を訪問し、いつも静かに挨拶してくれる若い支援者の男性が、他の誰でもない自分に会いにきていることをしばらくしてから知ったAさんは「追い返そうと思って」近づいたところ、その職員が普通に話しかけてきて、しかもきちんと敬語で話してくれたことに新鮮な感触を得たという。
　顔を覚え、名前を知り、言葉を交わし始めてからは「何をあきらめていたのか忘れちゃったよ」と照れるように、退院へと進んでいったのである。
　今、Aさんは「外の空気は違う。病院の中ではこんな空気は吸えなかっ

た」「私に関心をもって会いに来てくれた人のおかげで、普通の暮らしを取り戻せた」と話している。

43年は短くない。長い間、忘れられた存在だと、Aさん自身が思っていたことが大きな社会の損失ではないだろうか。70代のAさんは、すこしずつ自分の暮らしを創り始め、近所の人との交流も楽しむようになっている。Aさんの魅力が周囲の人に伝わり始めている。

高齢でもあるのでできないことも増えて行くだろうし、何よりも43年間の入院は、病気とは別の生活のしづらさを生んでいるかも知れない。しかし、Aさんは援助を受けながらも、仲村の言う自立した生活を味わっているのである。

「『自立』とは、福祉サービスを受けないですむようになることを意味するものではありません。どんなに重度の障害者であっても、<u>地域で主体的に生きる、自己実現をはかること</u>こそが、ほんとうの自立であるはずです。したがってサービスを主体的に遠慮なく利用できるようになっていなければなりません」(仲村優一、1984、下線は筆者による)

7　地域で生活する権利

平成13年、国際連合社会権規約委員会が、わが国に対して、差別禁止法を制定するよう勧告を行った。ノーマライゼーションの理念が広まり、障害者の置かれた環境は変化しているものの、障害者に対する差別を具体的に禁止する法制度がないことなどを指摘したものであった。

また、知的障害者の入所施設への入所者や精神科病院への入院者数が、わが国では増え続けていることや、なかなか地域生活へと移行できていない実態調査結果などから、いわゆる社会的入院、社会的入所が問題となって久しい。これは、入院や入所を継続する必要はないものの、地域での受け皿が用意できなかったり、家族との調整がうまくいかずに、そのまま病院や施設で生活している状態を指すものである。

他科でこのような病院はあるだろうか? また、児童施設にそのまま30代、40代になっても住み続けることも実態としてはあり、それこそその住環境は差別にあたらないのか、という問題にもつながってくる。

障害者の権利条約19条には「すべての障害者が他の者と平等の選択の機会をもって地域社会で生活する平等の権利を認める」とある。

　障害があっても、どこでどう暮らすか選択する権利があり、また障害者であることにより、特定の生活様式を義務づけられないこと、がこのあとに続いているのである。権利条約が批准されたあと、地域での支援現場も含め、入所・入院者が、自分が置かれた環境が「障害者である前に人間として」の暮らしの場なのかどうか問われることになる。そしてまた、そこにいない者も「自分が置かれたとしたら」という視点で見つめていくことが求められているだろう。

　障害者の権利条約批准に向けて、わが国の法制度改革の時を迎えている。

　平成17（2005）年10月に強行採決され、平成18（2006）年から施行された「障害者自立支援法」に対し平成20（2008）年より全国14地裁で違憲訴訟が起こった。「福祉・医療サービスの量を制限し、利用分の負担を求める同法は、人間の尊厳を傷つけて違法」という理由である。

　その後、政権交代があり自立支援法の廃止と「障がい者制度改革推進本部」（本部長　内閣総理大臣）を内閣に設置することが決まった。平成22（2010）年１月、国との和解合意文書がまとまり、その結果、障害当事者を交えて、障害者総合福祉法（仮称）の制定および差別禁止法の制定に向けて動き出した。国内法の整備の先駆けとして、平成23（2011）年８月には障害者基本法の改正が公布された。同月末には障害者総合福祉法（仮称）骨格提言もまとまり、その中に「地域移行」が柱として盛り込まれている。

　この一連の流れは、障害当事者が過半数を占める構成員による話し合いを重ねたうえにあるもので、そのテーブルには、施設団体、精神科病院協会、家族会、医療・福祉専門職、首長、学識経験者なども同席していることが特筆すべきである。その中で、明確に地域移行を打ち出したことは大きな一歩と言えよう。しかし、今後、障害者の権利条約が批准を迎えるにあたっては、国民を巻き込んだ議論が必要となることは必至である。

　私たちがそうしているように、障害者もまた、どこでどんな風に、誰と一緒に、どう暮らすかを選ぶ権利がある存在であることをまだ知らない人たちにどう伝えるか、である。その前に、障害者本人や、その家族こそがそのこ

とを実感できない環境に置かれてきていることがあるだろう。そのような人たちに「あなたは自分らしく生きていい存在」であることを自分の言葉で伝えることは重要である。

　今、日本国民の6％が障害者である。複数の障害を併せもつ者も存在するものの、単純に計算すると、17人に1人の日本人に障害があることになる。

　生まれながらに障害のある人もいれば、事故や病気、あるいは現代社会の人間関係のストレスなどから障害者になることは特別なことではなく、誰にとっても身近な問題なのだと言える。ならば、少しでも住みやすい地域づくりを、と願わずにいられない。脱施設化の取り組みを経て、海外では地域作り・地域展開の時代を迎えている。アメリカでは1987年以降は、「新しいコミュニティメンバーシップの時代」を迎え、障害者である前にひとりの人間として、障害のない人と同等の権利をもつ存在として、障害者がその可能性を発揮する仕組み作りが中心である。わが国の障害者福祉も、障害者の権利条約を掲げて進む時代になっている。

第17章 「人権としての教育」という考え方

伊井　直比呂

1．はじめに

「人権」という概念について、これまでの学校生活の中で多くのことを学んできたことだろう。例えば、様々な差別、いじめ、偏見やレッテル、多文化間の理解、プライバシーの保護、男女平等、ノーマライゼーションなど、多くの授業や特別活動の中で学習してきたのではないだろうか。特に、中学社会の公民分野、高校の現代社会や政治経済の中で扱われた憲法学習は人権学習の重要な一つであった。そして、これらの学習を通して「人間の尊厳」の意味を学び、いのち、自由、平等、公正、公平などの価値を、実生活を通じて会得してきたに違いない。このような学習をまとめて表現すると「人権学習」と表され、人権意識を育み大切にする内容の学習を総称して表す。

しかし、ここで扱う「人権としての教育」[注1]は、たとえば学校での教育は学習者に与えるものなのか、それとも学習者の要求を満たすものなのか、など、憲法26条で定める「教育」における人権的性質を明らかにすることを意味する。これによって教育における今日の社会問題（不登校、障害を持つ児童生徒の学習、自尊感情と荒み、管理教育など）について、そのあり方を考え考察する起点に立つことができる。

2．「教育」と「福祉」の憲法上の関連

本書のキーワードである「教育福祉」という概念、あるいは教育と福祉の接点は何であろうか。ここでは社会的要請から生まれた両分野の学際的結合の観点を少し離れ、憲法上の関連性について触れて確認しておきたい。

これまで、教育と福祉の諸政策は、関係官庁の違いもあり別々に社会や当事者に働きかけることが多かった。しかし、もともと両者の関係は、国家や

社会づくりの重要な柱として日本国憲法にも明確に表れている。例えば、憲法25条で「生存権」が規定され、また26条では先述の通り「教育を受ける権利」が近接して規定されている。

両者に共通する特徴は、「国家からの自由」として表される自由権的側面を基盤にしつつ、さらに「国家による自由」として特徴が表される社会権的側面から捉えられるところにある。それは、基本的に国家や公権力は個人の領域に介入しないことで自由を保障する一方、国民が国家に対して不作為を問題にし、積極的に諸施策を要求することよって人々の自由が実現される性質をも持つ[注2]。つまり、教育と福祉の両分野は、個人が自由に幸福追求をするために保障される自由権と、もはや個人の努力だけでは幸福追求が困難であるからこそ、国家の積極的な施策を求めることができる社会権を保障することによって幸福追求を実現する両側面を有している。このように、教育と福祉の両分野は類似の性質を持つ。

次に、「教育を受ける権利」の保障は、人間の知的、精神的、身体的発達と社会参加を実現させ、人間としての生存の基礎条件が保障されることになる。この意味で、憲法26条の「教育を受ける権利」の保障は、憲法25条の生存権の保障における文化的側面をもつものとして関係が深い（佐藤、1994、p.444-445）。このように、教育と、生存権によって具体化される福祉との両方が、積極的に人間らしい文化的生活をつくっているのである。ところが、もっと大きな関連がある。さらに遡って考えてみよう。

3．憲法の基底的価値原理から「教育」と「福祉」を考える

日本国憲法は、日本という国家の基本原理の基底に「個人の尊重」を置いている（憲法13条：すべて国民は個人として尊重される）。中学や高校で習う「基本的人権」、「国民主権」、「平和主義」という憲法3原則も、この基盤的価値である「個人の尊重」から派生する原理として構成されている。

では、この基盤的価値としての「個人の尊重」とはどういう意味だろうか。学校では、"お互いを尊重しよう"とか、"違いを認めよう"という教育が行われ、まさに憲法原理に沿った重要な教育活動として行われている。この憲法の基底に位置する「個人の尊重」の価値原理は、「一人ひとりが自立

した人格的存在」(浦部、2003、p.40)として認められ、その一人ひとりが固有の価値を持つ大切な存在、ということを意味する。だからこそ、それぞれが各自の責任で権利を行使し、自由にそれぞれの幸福追求を行うことが可能となる。逆に、成長過程（幼少、未成年）にあったり様々な事情（病弱、障害、高齢など）によって、自立が不可能であったり困難な人には、保護や教育だけでなく自立を支援したり援助したりする福祉制度によってそれを確保する。

また、このように、一人ひとりが自立した人格的存在であり、固有の価値を持つからこそ、他人を害してまでも自己利益のみを追求することが認められるわけではない、という相互尊重（mutual respect）に裏打ちされた「社会的存在としての個人」(浦部、2003、p.41)の概念が生まれる。ここに「個人主義」の概念の源がある。それは、封建的身分制や国家体制での「全体主義」や「集団主義」とは明らかに逆の人間観に立つものである[注3]。これこそが憲法の基盤的価値であり、長い歴史的考察の結果生成されてきた人間観でもある。

では、以上のような憲法上の位置づけや、「個人の尊重」原理を頭において、教育に関する憲法条文を読んでみよう。

憲法26条には、

> 第1項「すべて国民は、法律の定めるところにより、その能力に応じて、ひとしく教育を受ける権利を有する」
> 第2項「すべて国民は、法律の定めるところにより、その保護する子女に普通教育を受けさせる義務を負ふ。義務教育は、これを無償とする」

と定められている。ところで、この条文で定める「教育を受ける権利」とはどんな権利だろうか？　この条文の背景には、もともとは経済的困窮やその他の社会的事情などを理由として、多くの人々が教育を受けることができなかったという世界的社会問題の歴史的事実があったことなどが挙げられる。このような背景から、一人ひとりの教育を受ける機会を保障し、貧困の

悪循環を断つと同時に、人間の尊厳を確かなものにするために設けられていた[注4]。そういう意味では、さまざまな経済的、社会的事情などの困難を抱える人であっても教育を受けることができるように制度化されているだけでなく、もしそれらが十分でない場合には、教育を受けることができるよう制度を整えてもらうことを要求できる、という権利である。憲法解釈は長くこの経済的観点から「機会均等」を中心に保障する考え方が支配的であった。文字通り、個人の努力では実現できないことを国がその権利に対する義務として教育制度を整え、教育を受ける権利を保障したということである。この意味は重要であり、義務教育はもちろん、教科書無償や奨学制度の根拠となっている。

4．「権利」として受ける「教育」はどんな教育？

次に、「教育を受ける権利」の、権利として受ける『教育』とはどのように考えるべきだろうか。権利の内容がどのようなものであるかは、とても重要なことである。

例えば、教育を受ける「機会」だけが保障されていれば、「国家によって一方的に決められ、一方的に与えられた内容の『教育』を受ける権利を有する」と考えても差支えないだろうか。このような理解で現憲法の「個人の尊重」原理に合致すると言えるだろうか？

極端な例ではあるが、私達が「権利」として受けるべき教育は、国家主義であったり、その下で戦争を賛美したり他人を差別したりするような「『教育』を受ける権利」ではないはずである。むしろ、一人ひとりの幸福追求に貢献する教育であり、そのような価値を大切にする社会へと向かう教育であるべきであろう。その意味では、教育の自由権的側面が重要となる。

では、どのような内容を持った教育であるべきなのだろうか。かつて、これに関して、教育の権限を誰が有し、内容や方法において、いったい誰がどのように決めることができるか、ということが大きな問題になった。過去、家永教科書裁判[注5]などを通して、国に教育を行う権限があるとした「国家教育権説」と、国民の側に権限がある「国民の教育権説」が対峙し、長く教育権のありかの問題として論争が繰り広げられた。しかし、「両者とも極端

かつ一方的」との最高裁判決（旭川学力テスト事件:最高裁昭和51年5月21日判決）や、近年、憲法学者からも「教育する権利（権限）を有する」という文脈自体に疑義が呈され（浦部、2003、p.196）、教育は、人権享有主体である国民一人ひとりの「教育を受ける権利」に対する義務の問題として国家や教員が責任を負う、と捉え直されるようになった[注6]。つまり、教育は、個人の尊重という憲法原理に従い、一人ひとりが自立した人格的存在を目指すにあたり国民が有する「各自の能力に応じた教育を受けられるように要求する権利（浦部、2003、p.196）」に対する「国や学校、教師の義務」の問題として捉えられるべきである。この営み（教育）によって一人ひとりの知的、精神的、身体的な発達と深まり、そして可能性の広がりになるはずである。筆者はその立場で記していく。

5．「ひとしく能力に応じて」の意味を考える

－「一人ひとり」に応じた教育を受ける、ということ－

次に、個人の尊重原理に基づく「教育を受ける権利」を、教育を受ける一人ひとりの立場で考え、26条第1項の「能力に応じて」の意味を考えて行きたい。

さて、この「能力に応じて」をどのように理解するだろうか。「能力」を偏差値や入試学力としてのみ考える人はいないだろうと思うが、元来、公教育での入学試験は教育を受けるに値する人物であるかどうかを選別する意味ではない。つまり、能力のある人が教育を受ける資格があり、ない人はその資格がない、という意味ではない。入学試験は、学校などが定める入学定員を上回る受験生の応募があった場合、入学者数を定員に限定するために行なわれる試験である。もとより、応募者が定員に満たない場合は、その定員を満たすように募集を再度行うことになる。では、改めて「能力に応じて」ということの意味を考えてみたい。そこで、実際に起こった事例を通して考えてみよう。

事例:「市立尼崎高校『障害者』入学不許可事件」
　　　【平成3（行ウ）20 入学不許可処分取消等請求事件/神戸地裁平

成4年3月13日判決:判例時報1414号】

　この事件は「障害」を持つ中学生が公立高校を受験した際、入学試験の合計点では合格点に達していたにも関わらず、「障害」をもつことを理由として入学が拒否された事件であった。ここで問われたことは、直接的には被告校長（学校）がなした原告への不合格処分について、その判断に裁量権の逸脱があったかどうかが問われたものである。しかし、本質的には、障害を持つがゆえに「身体的能力」が高校で教育を受ける能力に値しない、という判断に基づいて不合格になったことの是非である。これは言い換えると、"学校は教育するに相応しい能力を持つ人を選んで教育を施す"ものなのか、それとも"教育を受ける一人ひとりの権利を保障するために教育を行う"ものなのか、という教育の根本にかかわる問題をも問うことになった事件であった。この事件を検証しながらこの問いに答えつつ「人権としての教育」の考え方の理解を深めたい。以下は判決からの抜粋・要約である。

（事実の概要）

　南武庫之荘中学に通学していた筋ジストロフィー症に罹患する原告が、大学進学を念頭に全日制普通科高校への進学を希望し、平成三年度の尼崎市立尼崎高等学校（以下「本件高校」という）の学力検査（入学試験）を受検した。受験の結果、原告は調査書の学力評定及び学力検査の合計点において合格点に達していたが、進行性の筋ジストロフィー症に罹患していて、合否判定会議において高等学校の全課程を無事に履修する見込みがないと判定され、入学不許可（不合格）の処分を受けた（以下「本件処分」という）。本件は、原告が、被告尼崎市立尼崎高等学校長（以下「被告校長」という）に対し、本件処分が身体的障害を唯一の理由としたもので、憲法26条1項、14条、教育基本法3条1項（旧法）などに反し違法であるとして、その取消しを求めたものである。

（原告の主張）
〈原告の中学時代の状況と高校3年間の就学の可能性〉

原告の中学時代は、出席日数は全く問題がなく、母親の登下校及びトイレの介護、学校側のスロープ及び階段の手すりなどの施設、設備の改善。そして友人を中心としたクラス編成、一階の教室の割当などの配慮、並びに教職員及び生徒による教室の移動、その他の介護などの協力を得て、無事三年間の課程を修めていた。高校においても、専門医の診察により「高校三年間の就学は可能」との判断がある。

（高校側の主張）―判決からの抜粋と要約／下線は筆者による―
① 　学校教育法41条に「高等学校は、中学校における教育の基礎の上に、心身の発達に応じて、高等普通教育及び専門教育を施すことを目的とする。」とあることから、高等学校教育を受けるに足る能力には身体的能力が含まれる。身体的能力が発達しているか否かを入学者の選抜において判断資料とすることができる。
② 　高等学校では、学習の到達度が一定の水準に達しない場合や一定時間以上授業に欠席する場合などにはその教科・科目の単位習得が認められず、本件高校において体育は必修科目となっている。
　　（かつて、同じ筋ジストロフィー症の障害をもって本件高校に通っていた）Aは、二年生の時点でも水泳が幾分可能であり原告とは障害の程度が異なっていること、そのAでも辛うじて卒業したことから、Aが履修可能であったからといって原告が可能とはいえない。
③ 　高等学校では、全科目の３分の一以上が選択科目であり教室の移動回数が多く、教師や級友などの介助にだけ期待をかけることは困難で、重大事故の発生の可能性も否定できない。中学校で可能であったからといって、高等学校でも同じであるということは言えない。
④ 　かつて在籍していたAの体重は入学当時二四キログラム、卒業時二〇キログラムであり、他方、原告の南武庫之荘中学卒業時の体重は約四〇キログラムであるから、（移動の介助の負担に）相当の違いがある。
⑤ 　（被告校長に、介助のための）職員増員の権限はなく、設備を設けるにも限定的な権限しか有しないから、入学に際してはその時点における学校の受入れ態勢を前提に履修が可能かどうかについて判断できるのみである。

（略）教職員や生徒の介助は善意に基づくものであるから十分な期待をかけることはできない。養護学校の方が医療施設、電動車椅子及びそれに見合った施設、エレベーター、空調設備が整っていて、介助についても配慮が行き届いているので優れている。
⑥　（３年間の高校生活が可能との）専門医の意見は医学的見解の範囲に止まり、ひとつの判断材料として、更に教育的判断が必要。（専門医の）診断書の記載ではなく、（校長が）医学書の記載及び校医の意見を重視した。
⑦　このような筋ジストロフィー症の進行状況にある患者にとっては、その生命、身体の維持が何よりも重要であり、その高等普通教育を担うのは養護学校であり、本人の成長発達のためには、そのほうが望ましいうえ、原告住居の近くには尼崎養護学校があり、同校の障害者を受け入れるための人的及び物的条件は普通高校に比べてはるかに優れていて、このような中で原告が母親等の介助から離れ、日常生活を含む社会的自立を目指した教育を受けることは原告にも望ましい。
⑧　障害児の能力に応じてひとしく教育を受ける権利は、当然に普通高校で教育を受ける権利を意味するものではなく、障害の程度によっては、普通高校で教育を受けられないこともあり、身体能力の点で劣る者のうち、体幹の機能の障害が体幹を支持することが不可能又は困難な程度のものや下肢の機能の障害が歩行をすることが不可能な程度の者のひとしく教育を受ける権利を実現するための学校が養護学校である。（略）健常者とともに勉学することは教育を受ける権利の内容となるものではなく、養護学校へ入学し卒業すれば大学進学も可能となるから、原告の主張する損害が発生する余地はない。

（上記主張①～⑧に対する裁判所の判断）
―判決からの抜粋と要約／下線は筆者による―
①　「心身の発達に応じて」とあるのと同じ文言が小学校（同法17条：改正後29条）及び中学校（同法35条：改正後45条）の場合にも用いられており、これらの規定は、各学校がそれぞれ児童生徒の心身の発達に応じた教育を行うことを目的とすると定めた当然の規定であり、被告らの主張が、身体障

害を理由として、高等学校の入学を一切拒否することができるとするものであれば、そのような考え方に与することはできない。

　そもそも、学校教育法施行規則26条（改正後54条）は、小学校の児童が心身の状況によって履修することが困難な各教科は、その児童の心身の状況に適合するように課されなければならないと規定し、同規則65条は、高等学校の生徒についても右26条（改正後54条）を準用しているので、身体障害などのため体育などの履修が困難であっても障害の程度に応じて柔軟に履修方法を工夫すべきであり、障害児の高校受入れにあたっては障害のため単位認定が困難というだけの理由でその受入れを拒否することのないようにすべきであるとの障害児教育に関する国としての指針を示しているものと解され、改定された高等学校学習指導要領の第一章第六款の六の七にも、「……心身に障害のある生徒などについては、各教科・科目の選択、その内容の取扱いなどについて必要な配慮を行い、生徒の実態に即した適切な指導を行うこと。」と規定され、障害の程度に応じた適切な指導が要求されている

② 　出席日数は全く問題がなく、学習の到達度についても、中学三年間を通して上位の成績を維持し、入学選抜の学力検査においても十分の成績を修め、受検者中上位10パーセント以内に入っていたのであるから問題ない。体育実技に関しては、学校教育法施行規則26条（改正後54条）、65条に基づき、身体障害などのため体育などの履修が困難であっても、障害の程度に応じて柔軟に履修方法を工夫すべきである。

③ 　移動に関しも、カリキュラムの内容と原告の選択科目の選択次第では、若干の教室の移動は避けられないかもしれないが、多少の移動であれば、南武庫之荘中学時代でも他の生徒らの協力によって克服してきたのであるから、高等学校において特に事情が異なるとは考えられない。

④ 　原告の南武庫之荘中学在学中でも原告の友人らが原告の移動の介護をしていたのであり、高校生になると体力が増加するのは公知の事実であるから、原告の介護に余裕ができこそすれ、南武庫之荘中学時代以上に困難になるとは考えられない。

⑤ 　障害を有する生徒が在籍する場合には、各教科、科目の選択、その内容

の取扱いなどについて必要な配慮をすることが要求されているのであり、それは中学校と高等学校との間で基本的に変わるところはないというべきである。したがって、中学校と高等学校の違いを必要以上に強調して、原告の高等学校における履修の可能性を否定することはできない。むろん、被告らが主張するように、養護学校の方が、障害者の介護、介助のための諸設備を備えていることはたしかであり、他方、本件高校のそれは、身体に障害を有する者にとって、必ずしも十分な設備が完備されているということはできないであろう。しかし、障害者を受け入れたときには、その障害者の障害の程度、当該学校の実状にあわせて、介護、介助のための諸設備を整えていけばよいのであって、現在不十分であるならば、それを改善するためにはどのような諸方策が必要であるかを真剣に検討する姿勢に立つことが肝要であり、現在の施設、設備が不十分なことは、入学を拒否する理由とならないことはいうまでもない。

⑥ （校長は）教育的判断が必要といっても、その判断は医学書や校医の一般論によるもので、専門医の判断を覆すことはできない。

⑦ 原告には養護学校が望ましいから本件高校への入学拒否は正当であるという主張と解せられる。

　憲法26条はすべての国民に能力に応じてひとしく教育を受ける権利を保障し、これを受けた教育基本法は、人格の完成をめざし、平和的国家及び社会の形成者として、個人の価値を尊び心身とも健康な国民を育成することを目的とし（1条）、すべての国民はひとしくその能力に応ずる教育を受ける機会を与えられねばならない（3条1項：現4条）と定めている。障害を有する児童、生徒も、国民として、社会生活上あらゆる場面で一人の人格の主体として尊重され、健常児となんら異なることなく学習し発達する権利を保障されているのであり、このことは「世界人権宣言」や「障害者の権利宣言」を待つまでもないことである。

⑧ （判決は）障害を有する児童、生徒を全て普通学校で教育すべきであるという立場に立つものではない。（略）原告にとって養護学校が望ましかったとしても、少なくとも、普通高等学校に入学できる学力を有し、かつ、普通高等学校において教育を受けることを望んでいる原告について、

普通高等学校への入学の途が閉ざされることは許されるものではない。健常者で能力を有するものがその能力の発達を求めて高等普通教育を受けることが教育を受ける権利から導き出されるのと同様に、障害者がその能力の全面的発達を追求することもまた教育の機会均等を定めている憲法その他の法令によって認められる当然の権利であるからである。

養護学校の方が望ましいという理由で本件高校への入学を拒否することは、万難を排して本件高校へ入学し、自己の可能性を最大限に追求したいという原告の希望を無視することになり、その結果は、身体に障害を有する原告を不当に扱うものであるといわなければならない。

憲法、教育基本法の定める教育を受ける権利は、能力に応じて教育を受ける権利であり、原告はその能力に応じた高校として本件高校を選んだところ、その能力を十分に有するにもかかわらず、本件高校への進学を妨げられたのであるから、教育を受ける権利が侵害されたことは否定できない。養護学校では大学進学のための特別の指導は用意されていないのであるから、原告の精神的苦痛は養護学校に入学したとしても癒されることはない。

〈結論の抜粋とまとめ〉 （「　」は筆者による）

判決では、本件不合格処分は、（1）「高等学校における全課程の履修可能性」の判断について、その前提とした事実又は評価において重大な誤りがあったこと。（2）合否判定にあたり、一般的知識や専門外の校医の意見を専門医の意見や判断よりも優先して、高等学校の全課程を履修することができないと判断したこと。（3）原告は能力を十分に有するにもかかわらず、本件高校への進学を妨げられ、教育を受ける権利が侵害されたこと、などの理由をもって不合格処分は違法であり、「本件（不合格）処分を取り消す。」というものであった。

さて、この被告校長（学校）側の見解と判決とは、教育における考え方において何が違うだろうか。とりわけ、「能力に応じて」の意味の違いについて、それぞれのように捉えることができるだろうか。まず、被告校長（学校）が示した「能力」とは、「県教委の選抜要綱」にしたがって「高等学校

の教育を受けるに足りる身体的能力」が備わっているかどうかを問題としており、謂わば「能力」を、教育を受ける資格というような意味で捉えている。したがって合否判定会議では、学力試験では募集定員の上位に位置するが、身体的活動においては高校教育を受けるに相応しい一定の資格としての能力がない、という判定がなされたことになる。このように、学校が課す『一定』の教育課程および学習に適しているかどうか、という意味で、能力（知的、精神的、身体的活動力など）を捉えていると言えよう。［学校側の見解－①部分］

これに対して判決は、被告の見解を「一般論として反対するものではない」、あるいは「障害を有する児童、生徒を全て普通学校で教育すべきであるという立場に立つものではない」としながらも［判決-⑧部分］、学校教育法17条（2007年の改正により現在は29条）、35条（現45条）の「心身の発達に応じた教育」や学校教育法施行規則26条（改正後54条）を根拠に、「心身の状況によって履修することが困難な各教科は、児童の心身の状況に適合するように課されなければならない」という規定を高校教育においても用い、「身体障害などのため体育などの履修が困難であっても障害の程度に応じて柔軟に履修方法を工夫すべき」また学習指導要領にも「障害の程度に応じた適切な指導」としている。

すなわち判決においては、「能力に応じて」とは、学習者の事情などから、権利を有する学習者に応じた教育を行う、という意味であり、公教育機関が定める基準的『能力』に達していることを要件として教育する、という意味ではない。

では、ここで再び憲法が示すところの「個人の尊重」原理に立ちかえって考察してみよう。「ひとしく能力に応じて教育を受ける権利」は、学習者一人ひとりの知的、身体的、精神的諸事情（能力）に応じた内容と方法によって、誰も排除されることなく教育を受けることができる、とすることで個人の尊重は実質化される。判決はその延長上にあると言える。だからこそ、一人ひとりの幸福追求が実質化され、また教育基本法1条で示される通り、「人格の完成」をめざして成長できる。逆に、公立学校が、『一定』の教育内容と方法に合致する生徒だけを入学させる、というように捉えると一人ひと

りの人格的存在に基づく幸福追求を、本来そのために存立するはずの公立学校が拒否するという事態になり、本末転倒となる。

さらに、判決文中の被告校長（学校）の主張には、随所に障害を持つ生徒への対応について学校の負担を強調する部分が窺える。例えば、教員の配置、施設の増設、移動の介助、体育実技の工夫、カリキュラムなどである。しかし、これら理由は全て憲法が求める教育・社会・国家のあり方に優先する理由となるものではなく、逆に憲法的価値を実現するように諸施設や学校運営をしていかなければならないものであろう。これは、法の支配の具現化とも言えよう。

6．人権としての教育ということの意味

教育は、もとより個性を奪ったり社会にとっての選別や一部の人のためにあったりするものではなく、一人ひとりの幸福追求のために不可欠なものである。このような教育を受けることが人間としての生存に不可欠なものである以上、教育は人間の尊厳の基本に関わるものであり、それゆえに人権としての意味を持つことになる。即ち、教育は決して一定にあてはまるように与えられるものではなく、また、教育は特権として用意されるものでもない。逆に、教育は、一人ひとりが（自己の）人間の尊厳の基本に関わるからこそ、積極的に自己に相応しい教育の内容や質を求めることができるものとして捉えられる。もとよりそこには、上記に基づく教育学的な指導と配慮が加わることで、より多くの能力が備わっていく営みである。

以上のように、教育が一人ひとりの「生命、自由及び幸福追求に対する権利」としての意味を持ち、それに値する教育でなければならない。学校教育は、常にこのような観点から検証されなければならない。

ところで、先に取り上げた障害者の普通高校での就学は現在の公立学校において大きく進みつつある。例えば、教員の加配置、スロープやエレベーターは普通に設置されるようになった。また、体育実技は障害者用の実技が取り入れられたり、弾力的なカリキュラムが取り入れられたりしている。教材プリントなども、視力障害者のために大きな字のものと通常版の2種類作成するのも普通である。しかし、まだ社会には、不登校児童生徒を"さぼ

り"と決めつけたり、本人に帰することができない家庭的社会的事情を背負っていたりするがために、程度の差こそあれ学校の『一定』によって事実上排除されている事例が多くある。よりいっそう、教育は社会的に人権保障の重要な手立てであるとして捉えられなければならない。

注
1 堀尾（1991）、ほか参照されたい。
2 樋口ほか（p.152）。生存権や教育を受ける権利は、もともと社会権として分類されたが、今日では自由権的側面の法的性格も有していると理解されることが一般的である。
3 「個人の尊重」とは、尊重し合うことを前提としたつながりのある関係として社会全体で広がる。ここに「社会的存在としての個人」の意味が捉えられ、これらを総称して「個人主義」と言う。したがって、「個人の尊重」や「個人主義」の概念は、たとえ他人に迷惑をかけても自己利益のみを追求するような「個人」を前提にしているわけではない。「個人主義」は「利己主義」とは違う。人権宣言として有名なフランス人権宣言4条にも「自由は他人を害しない全てをなしえることに存する……」（山本桂一訳『人権宣言集』岩波文庫）と記される。
4 今日では教育の機会均等を実現するために経済的配慮を国家に要求する側面からだけでなく、「教育を受ける権利」は、精神的自由権としての側面を持つ自由権からも捉えられる。
5 当時の東京教育大学家永三郎教授が高校日本史の教科書を執筆したところ、文部省（当時）から不合格処分を受けた。これに対して歴史的・学問的見地から検定制度が違憲であることを争った。第2次訴訟の東京地検「杉本判決」が有名。
6 「教育を受ける権利」は、国家によって一方的に与えられた教育の恩恵に浴する機会が均等にあるという意味で捉えるのではなく、個人の尊重と個々の幸福の追求、そして根源的な人間の尊厳を確かなものにすることに不可欠という観点から捉える。

第18章　福祉と政治
－子育て支援策をめぐる論争から考える－

渡辺　博明

1．福祉と政治との関係

　私たちは社会保障・福祉に関わるさまざまな制度に囲まれて暮らしているが、そのような制度的枠組みを作り出したり、変更したりするのは政治である。たとえば、人びとの生活を社会全体で支えるしくみを作ろうとしても、多くの場合、財源や人材の確保などの面で制約が出てくる。そうすると、さまざまな課題に優先順位をつけ、限られた資源を配分していかなければならない。さらには、政策や制度の内容をめぐって意見対立が生じることもあり、それらを調整して一定の解決を導くのも政治の役割である。

　また、日本を含む先進工業諸国では、サービス産業化、人口の少子高齢化、雇用形態や家族形態の多様化といった社会の変化によって、生活上生じるニーズやリスクの性質が変化してきており、それらに対応した新しい制度が求められたり、既存の制度の見直しが必要となったりしている。その意味で現在は、社会保障・福祉をめぐる政治の重要性が高まっている時代だともいえよう。

　ところで、本書の読者には、将来社会福祉の分野で働こうと考えている人も多いだろう。そのような人たちにはぜひ、政治との関係、つまり自身の活動に影響を与える制度がどのような意味をもち、またどのようにして作られるのかということにも関心をもってもらいたい。もちろん、現場の日常はそのようなことを考える間もなく動いていくのだろうが、大学で福祉を学ぶ以上、必要な場合には制度的変化に自身の考えをもって対応したり、時には新たな制度の創設や変更を提言したりもできる専門家となることをめざしてほしい。

とはいえ、これらのことを指摘されるだけでは実感がわかないだろう。そこで本章では、福祉と政治の関係を考えるうえで示唆に富む事例として、スウェーデンの「育児手当（Vårdnadsbidrag）」導入をめぐる論争を取りあげる。一般にスウェーデンは発達した福祉国家として知られるが、同国の社会保障・福祉政策も、時には激しい政治的対立をともないながら展開している。以下でそれを詳しく見た後、日本の状況にもふれながら、改めて福祉と政治の関わりについて考えることにしたい。

2．スウェーデンの「育児手当」制度

2008年7月、スウェーデンで新たに「育児手当」の制度が導入された。それは、保育所を使わずに自宅で1歳から3歳までの子どもの面倒をみている親に対し、自治体がその手当を現金で支給できるようにするものであった。

自治体がこの制度を採用すると、その年齢の子どもをもつ家庭が保育所をまったく利用しない場合、一人当たり月額3000クローネ（約4万円）の給付を受けられることとなった。家計にとってはかなりの収入となるこの制度が、ある種の子育て支援策であることは間違いない。

ただし、これは多くの国で採用されている児童手当、すなわち一人ひとりの子どもに一定額を支給するという制度ではない。スウェーデンでもすでに「児童手当（Barnbidrag）」は採用されていたが[注1]、それに加えて今回の制度が導入された。つまり、国の予算ですべての子どもの生活を支えようとするしくみがあるところに、さらに家庭での育児に対する金銭的な補助が与えられるようになったのである。

しかし他方で、それは従来の家族政策の流れからは大きくはずれるものであった。というのも、スウェーデンはそれまで、できるだけ多くの親子が公立の保育所を利用できるようにすることをめざし、質・量の両面で改善をはかってきていたからである[注2]。その狙いとしては、女性が職業をもちながら子どもを産み、育てられるようにするということであった。

ところが、この「育児手当」は、実質的には外で働かずに家で子どもを育てることを奨励する効果をもっており、その点で従来の路線とは逆を向いていたのである。したがって、男女の社会的同権化を進めようという立場から

は、「まとまった額の現金が手に入るありがたい制度」に見えて、実は女性を家庭に縛りつける「わな」だという批判も出された。この制度が実現することになった際には、ストックホルム大学の女子学生のグループが自分たちの体を公園のベンチに鎖でつないで抗議したほどであった。

3．子育て支援をめぐる政治

（1）スウェーデンの政党政治

　それではなぜ、そのような「育児手当」の制度が生まれたのだろうか。それを理解するには、政治的な背景を見なければならない。また、その鍵はスウェーデンの政党政治、とりわけ2006年の政権交代にある。このときに誕生した政権が選挙公約（いわゆるマニフェスト）の中にこの政策を掲げていたからである。

　ただし、ことはもう少し複雑である。このとき生まれた政権は保守党、自由党、中央党、キリスト教民主党の4党からなっていた[注3]。まず、これらの中で、もともと「育児手当」の導入を熱心に主張していたのはキリスト教民主党である。同党はその名のとおり、キリスト教的価値観に基づいて活動しており、特に社会の伝統や家族の絆といったものを重視し、それらを守ろうとする傾向をもつ。この党が理想とする家族像からすると、子どもが小さいうちは親が一緒にいて世話をするのが望ましい、ということになる。同党は、これまでのスウェーデンの育児支援策が、就学前の子どもがいても両親ともに外で働き続ける生活を当然視する点に不満を抱いていた。

　そのキリスト教民主党が中心となってまとめ上げた現政権の主張は、次のようなものだった。すなわち、「少子化時代にあって育児支援に多くの公費を投ずるのは当然である。しかしそれをもっぱら保育所の整備に充てるのは、共稼ぎで保育所を利用する家族だけを優遇するものであり、家庭で一緒に過ごしながら育児をしたいと思う親が公的支援を受けられないのは不公平である[注4]。だから、親が自ら育児にあたることを選ぶ家庭に対しても同様の支援がなされなければならない。それを可能にするのが『育児手当』なのだ」というわけである。

　さらに、それを他の連立与党の立場と折り合わせるための論理が、「保育

所利用と在宅育児との間での『選択の自由』を保障する」というものだった。この点については、日本を含めた他の多くの国で、しばしば「公的保育の不十分さが、女性が仕事を続けにくい原因の一つになっており、女性が自由になるためにもその整備が必要である」といわれるのに対し、「自由」という言葉の使い方が逆転していることに注意してほしい。

ともあれ、こうして現政権は「育児手当」をその政策目標に加えたのだが、実は、他の3党はこの制度の導入にさほど熱心ではなかった。それどころか、男女同権を長らく党是の一つとしてきた自由党などは、その観点から同制度には明確に反対する立場をとっていた。財界の支援を受け、経済・外交といった国レベルの大きな問題に関心をもつ保守党と、農家や中小企業の利害を代弁し、農業政策や地域振興に熱心な中央党は、それほどはっきりした態度をとらなかったが、少なくとも男女平等時代に逆行するような制度を主張することは得策でないと判断していた。

ここで連立政権内部の力関係を見てみると、キリスト教民主党は2010年の選挙での得票率が6.6%[注5]で、与党連合内では最小勢力に過ぎなかった。それにもかかわらず、この党の主張が4党連合の内部で認められるにいたった事情として、あと二つの点を指摘することができる。

(2) 右派連合の政権奪取戦略

その一つは、政党政治のより大きな状況に関わるものである。

当時、スウェーデン国会に議席をもつ政党は、保守党、自由党、中央党、キリスト教民主党という上述の4党の他に、過去90年余にわたって最大政党であり続け、政権担当期間も圧倒的に長い社会民主党（以下、社民党）と、かつての共産党で、1990年代前半に政治経済の基本枠組みを受け入れて現実主義化した左翼党、1980年代に登場し、環境保護を中心に人権擁護や底辺民主主義を主張する環境党があった[注6]。しかし、選挙の際にまず重要となるのは、社民党を中心に左翼党と環境党を合わせた「左派」と、他の4党による「右派」という二大陣営の間の勢力比である[注7]。それによって、大臣のポストを分け合う形の正式な連立政権か、いくつかの党が大臣を出さずに条件付で政権党を支える「閣外協力」か、という違いは別として、どちらの側

第18章　福祉と政治　－子育て支援策をめぐる論争から考える－

が政権を担うのか、という大枠が決まることになる。

　かつては社民党が40年以上にわたって政権にあった時期もあるが、1970年代の後半以降は、政権交代が比較的起こりやすくなり、右派による連立政権がたびたび見られるようになっている。とはいえ、全体としては、社民党ないし左派が強く、1994年以降も3期12年にわたって左派政権が続いていた。

　そうした状況の中で、2006年選挙の2年前から右派4党が、合同で政権奪取をめざすことを宣言して活動を始めていた。そこでは、右派の最大勢力でありながらその前の選挙で議席を大きく減らした保守党が、市場原理の徹底と減税を中心とした従来の主張を改め、福祉国家の維持を前提にしながら医療制度や教育制度の改革を唱える路線に切り替えて巻き返しをはかろうとしており、早くから4党で共闘体制を固める戦術をとった。強力な社民党が安定した核となる左派に比べると、勢力が分散し、「寄り合い所帯」になりがちな右派にとしては、何とかして結束を強め、有権者に政権担当能力を示さねばならなかったからである。

　彼らは、各党で担当する分野を決めて原案を作り、最終的には共通の選挙綱領を用意して選挙に臨んだが、このときの分担は、その時点での各党間の勢力比と、それぞれがこれまでに力を入れてきた政策分野によって決められた。その結果、最大勢力であり、党首が実質的な首相候補を兼ねる保守党が経済・外交政策を、もともと農民同盟として活動を始め、農村と都市の格差の是正を主張してきた中央党が農業政策と地域振興政策を、リベラルを自認し、個人的自由と社会統合のバランスを重視する自由党が教育政策、移民政策といった分野を担当し、伝統や家族の絆といった価値を前面に出してきたキリスト教民主党が、高齢者ケア、育児支援といった社会保障・福祉を担当することになった。

　こうして、「弱小勢力」であったキリスト教民主党は新政権の政策立案における福祉分野での主導権を手に入れ、念願の「育児手当」を共通綱領に書き込むことに成功したのである。

　周到な協力戦術が功を奏して右派が選挙で勝利すると、連立政権発足時にはしばしば難航しがちな大臣の選出も綱領作成時の担当分野に沿ってスムーズに決まり、キリスト教民主党の党首が社会福祉担当大臣に収まった。その

後、予算関連の事情で当初の予定から少し遅れたものの、2008年7月の同制度導入に至ったのである。

(3) 右派連合内での調整

もう一つは、右派陣営内での調整に関わる問題である。

上述のように、右派の中でも特に、ライフスタイルの自由を尊重するという立場で早くから男女同権化に力を入れてきた自由党は、子どもを生んだ女性を家庭に留め置く効果をもつこの制度には強く反対していた。しかし、他方で自由党にとっても、自身が政権に就くためには4党で団結するしかなく、そのために定められた枠組みの中でキリスト教民主党が「育児手当」を強く主張する以上、それをただ否定するというわけにもいかなかった。

このジレンマの中で自由党が考え出したのが、「男女平等ボーナス」というしくみで、それと抱き合わせであれば「育児手当」を認めるという案だった。「男女平等ボーナス」とは、簡単にいえば、共稼ぎの夫婦が、有給の育児休暇を多く分け合った場合ほど、多くの税控除が受けられるようにする、というものであった。つまり、現行の「両親保険」による所得保障付きの育児休暇を母親と父親で分け合ってとるほど税控除が大きくなるようにし、半分ずつにした時にその額が最高になるようにするのである。それまでにも男女が子育てを分担するよう奨励するしくみとして、最大で480日ある育児休暇の中に、両親のそれぞれがとらないと権利が消滅してしまう期間が60日あったが、「男女平等ボーナス」によってさらに男性による取得を促し、女性だけが長く職業生活から離れることをできるだけ避けようとしたのである。

これはキリスト教民主党の望むものではなかったが、既存の制度の修正にとどまるということもあって、同党はそれを受け入れた。結局、自由党もそれで納得し、右派連合内部での育児支援関連政策の原案がまとまったのである。

もちろんそれは、異なる効果を狙った別々の制度の組み合わせという「妥協」の産物に他ならないが、これでこの問題をめぐる陣営内の調整問題が何とか決着を見ることとなった。「弱小勢力」が主張していたに過ぎない政策

が、さまざまな異論を抑えて採用された背景には、このような事情があった。

（4）社民党の子育て支援策

ここで現政権の最大のライバルである社民党の子育て支援策についても見てみよう。同党は、現在は野党だが、歴史的に見るとスウェーデン政治の主要勢力であり、福祉国家の「主たる担い手」と見なされてきていた。

たとえば、この前の社民党政権による子育て支援策の中で特徴的なのは、2001年の「保育料上限制」の導入である。これは、それまで地域ごとに異なり、過疎地ほど高くなる傾向のあった保育料金について、国が費用を負担しながら全国共通の上限を設けるというものだった。このとき、上限を設けながら保育料を引き下げようとすると、サービスの質を落とさない限り自治体の財政負担が増えることになるので、その分を国庫から補填することにした。またそれによって、実質的に多くの家庭の保育料負担が軽減されるため、小さな子どもをもつ女性が外に出やすくなる、という面もあった。

もともとスウェーデンでは、両親が就労中だけでなく、大学などで勉強する場合も含めて、一定の基準を満たせば保育所利用が権利として認められていたし、いわゆる待機期間についても3ヶ月を超えないようにすることが自治体に義務付けられており、保育政策は他国に比べて進んでいたとえる。そのうえに、さらに公的な財源をつぎ込む形で、利用者負担の軽減と平等化がめざされた。

このときには、当時は野党であった右派4党が、やはり「選択の自由」を根拠に、同じだけの国庫支出を認めるとしても、保育所利用だけでなく、両親がその使い道を決められるクーポン券のような形で支給すべきだと主張し、国会でも議論になった。結局、社民党が環境党と左翼党の協力を取りつけ、「保育料上限制」の導入を果たし、その後このしくみは国民にも受け入れられた。そのため2006年の選挙では、右派もそれを否定することはせず、代わりに「育児手当」という新たな制度の導入をめざしたのである。

第Ⅲ部　教育福祉学の展開［人と社会への包括的視野］

4．この事例から何を読みとるか

（1）現代スウェーデンの福祉と政治

　ここまで見てきた近年の育児支援政策の展開から何が読みとれるだろうか。

　まず注目すべきは、スウェーデンの社会には、公的な子育て支援をさらに充実させていこうとする点で、政治的な立場の違いを越えた合意があるということだ。もともとスウェーデンの子育て支援策は、先にふれた児童手当、保育所の整備、育児休暇制度などにより、国際的に見てもかなり高い水準にあったが、そのうえでなお、一般的に財政支出の嵩む福祉政策には熱心でない右派諸党をも含め、各党が最近に至るまでそれぞれに新しい方策を考え、その実現をめざしてきている。

　ただし、スウェーデンの社会保障・福祉政策が、すべて同じように拡大し続けているわけではない。たとえば、高齢者ケアの分野では、1980年代以降、財政規模という点で見ると一貫して抑制されてきたことがしばしば指摘される。このことは産業化が進む経済成長期には、現役引退世代を対象とした施策が中心となるが、その後は現役世代・若年層を対象とした政策の重要性が増していく、という社会政策課題の変化に関する一般的な議論にも合致する。とはいえやはり、多くの先進工業国で財政再建の掛け声の下に公的支出が抑えられる中で、左派・右派ともに支出をさらに増やす形での子育て支援の拡充を支持してきた点は注目に値するといえよう。

　次いで指摘できるのは、子育て支援策と他の政策分野との関係である。最も重要なのは、男女同権化政策との関連だ。スウェーデンで子育て支援にこれほど力が入れられてきたのは、子どもを大事にしようという考え方だけでなく、女性の社会進出を支援しようという声が大きかったからに他ならない。さらにいえば、この点は労働市場・雇用政策とも関連している。スウェーデンの場合は、少なくとも日本などに比べると、1960～70年代の経済成長期から、女性を労働力として組み込む形で社会経済が動いてきているからである。

　スウェーデンの育児支援策は、他の政策、とりわけ男女同権化の動きとと

第18章 福祉と政治 －子育て支援策をめぐる論争から考える－

もに進められてきたのであり、それが（社会全体で見れば少数派とはいえ）幼い子どもは家庭で育てられるようにすべきだという反論を強めることにもなった。

そこで重要になるのは、社会の中にある様々な意見や価値観を集約して政治の舞台に上げていく政党の役割と、政党間の立場の違いである。同じように子育て支援に力を入れ、財政資源を投入するとしても、そのめざすところや、そのための制度設計は政党によって異なっており、最終的にどうなるかということは、どこが力をもつかということによって決まる。しかもそれは、右派と左派の対抗だけでなく、各陣営の内部の意見対立にも影響され、具体的な制度設計はその中での駆け引きや妥協のあり方によって変わってくる。

もっとも、ここではもっぱら1990年代以降の動きを見てきたが、政党政治の影響がこれほどはっきり表れるのはこの時期だからこそ、という面もある。つまり、スウェーデンで福祉国家が拡大を続けていたのは1950年代から70年代の初めにかけてであり、その時期には社民党が圧倒的に強く、同党による福祉政策が、めざすべき社会像と結びつく形で国民に広く受け入れられていたからである。そこでは、経済が順調に成長し、多くの人が安定した職に就くことができるという状況の中で、「高福祉・高負担」型の社会をめざして国や自治体が仕事を増やしていき、そこに生まれる働き口の多くを女性が占める、という構造があった。

しかし、後にこのモデルが崩れ始めると、福祉国家再編の問題が政党間の競争と結びついて現れてくるようになり、今に至っていると考えられる。

（2）政策論争か妥協の産物か

スウェーデンの福祉政策の行方が政党政治に影響されるということの意味をもう少し考えてみよう。

まず指摘できるのは、そのような政党間の駆け引きの様子が、国民の目にもある程度見える、ということである。もちろん、党幹部間の議論の詳細などは別だが、少なくともここで紹介したような話は新聞その他での報道からもわかることである。政党間の交渉はさまざまな事情に左右されるが、ス

ウェーデンでは政策が決まっていく過程が比較的可視化されているとはいえるだろう。

　今回とりあげた事例では、キリスト教民主党の戦術的なしたたかさや「妥協の産物」という側面が目立ち、否定的な印象がつきまとうかもしれないが、それらは逆に、各党間で政策論争がきちんとなされているということでもあり、意見の違いを確認し、代替案を突き合わせながら一定の結論を導いた点に政党政治の洗練度が表れているといえなくもない。

　また、スウェーデンの政策決定に関しては、その柔軟性が目立つ。つまり、課題の状況にあわせ、各勢力がそれを正面から議論し、その結果に応じて、必要だと判断されれば各制度が比較的容易に変えられていく。もちろんそれには、実情に合わせた対応がなされるというプラスの面と、他方でたとえば、政権が変わると制度も変わるという事態が生じ、国民がその変化にとまどうというマイナス面もある。

　以上のように、スウェーデン流の政策の決め方には長短両面がある。しかし、特に日本と比較した場合、政党間で政策の中身に関わる議論が交わされ、その過程が外からもわかりやすいという点は特筆されるべきだろう。

（3）政策の意図と効果

　次に、「育児手当」への国民の反応と、制度が生み出した効果についても見ておこう。

　この制度については自治体ごとに採否を決められるため、最終的にそれを採用しなかったところもあるが、都市部を中心に多くの自治体がそれを導入した。

　ストックホルムとその近郊の自治体では最初からこの制度が採用されたが、当時の報道によれば、3週間ほど経った時点での給付申請は予想外に少なかった。そこで紹介されていた市民の声の多くは、その程度の金額と期間であれば（両親保険による育児休暇を利用したうえで）保育所に預けながら働くことを選ぶ、というものだった。

　ただし、社会政策の専門家の中には、少し違う見方をする人もいた[注8]。それによると、少し時間が経って多くの人がこの制度について知るようにな

ると、条件の良い職に就けない人がこれを利用し始めるのではないかとのことだった。その場合、両親ともに安定した職にある比較的所得が高い家庭で「男女平等ボーナス」が選ばれ、両親のどちらか、あるいは両方が条件の良い職に就けず、相対的に収入の低い家庭では「育児手当」の受給が選ばれるという形で二分化する可能性が出てくる。そうなると、二つのしくみを合わせて導入したことで家族生活の設計における選択の幅が広がる、とした現政権の主張とは異なり、今回の制度改正が国民の間の格差や亀裂を拡大する方向にはたらくことにもなりかねない。

その後、時が経つにつれて、同制度の利用は政府（ないしキリスト教民主党）が期待したほどには増えていないことが明らかになっていった。しかも、2010年の春には、上述の専門家が指摘していた事態が近年の移民の増加と結びついて問題化していることも報告された[注9]。すなわち、母親が（場合によっては両親ともに）条件の良い職に就きにくい移民の家庭ほど「育児手当」を利用する傾向にあるため、結果として移民集中地区の保育所では児童数が減り、その運営に支障をきたすケースが出ていたのである。それは結局のところ、移民の子どもたちが早い時期からスウェーデンの言葉と生活習慣を身につけて社会に溶け込んでいくというプロセスを阻害することになり、「この政策をめぐる混乱の最大の被害者は子どもである」との批判さえ聞かれるようになった。

政策が必ずしもそれを主張した者が意図した効果を生まない、あるいは意図せざる効果を生むということはしばしば指摘されるが、この制度は明らかにそういう面をもっている。社民党をはじめとした野党は同制度の廃止を求めているが、雇用と経済が争点となった2010年選挙で現与党が政権維持に成功したこともあり、「育児手当」制度は多くの問題をはらみながら、現在も続いている。

5．福祉制度改革と政治

ここまで「育児手当」の制度を例に、子育て支援のあり方がさまざまなレベルで政治の影響を受けていることを見てきたが、これは決してスウェーデンに限ったことではない。

例えば、日本でも2009年8月の衆議院議員選挙で誕生した民主党政権は「子ども手当」の導入をめざした。それ以前の「児童手当」が、親の所得による制限付きで、12歳までの子どもに1人月額5千円（条件により第2子ないし第3子からは1万円）を支給し、財源については国と自治体で分け合うものだったのに対し、新制度では、所得制限をなくすとともに支給額を一人2万6千円へと大幅に引き上げ、費用を全て国が負担する方式に改める予定であった。その背後にあった考え方は、少子高齢化時代にあって子育て支援にこれまで以上に力を入れるとともに、所得制限をなくすことにより、基本的な制度設計を「普遍主義」[注10]へと転換しようとするものであった。

しかしながら、この「子ども手当」については、想定した支給水準の高さに比して財源確保の見通しが甘く、実現までにかなりの時間を要することは明らかであった。対抗勢力の自民党は、選挙時より、高速道路無料化や農家への戸別所得保障とともに人気取りの「ばらまき」政策であると批判しており、それがマスコミを通じて広まったこともあって、国民の間でも、現金給付より保育所の整備を優先すべきだとの批判が高まった。

結局、「子ども手当」は原案の半分の水準でスタートしたが、その後も与野党間の攻防を経るなかで、予定した額に引き上げることは断念されるとともに、民主党内での意見対立が表面化して所得制限が導入されることとなり、名称も旧来のものに戻すことで決着しつつある（2011年夏の時点）。

直前まで長期政権にあった自民党が、補助金や公共事業の分配を通じて支持を集めてきた自ら過去を棚に上げて「ばらまき」批判を展開した一方で、民主党は制度設計のまずさもあってそれを許し、「普遍主義」への転換についても当初の方針を貫くことができなかった。子育て支援の充実が求められる状況が続いていながら、この問題をめぐっては、主要な二つの政党の間で今後の方向性を定めるような有意義な議論がなされたとはいいがたい。

最初に指摘しておいたように、今日では子育て支援にとどまらず、社会保障・福祉に関わる広範な制度改革が求められている。それにもかかわらず、日本の政党政治は混迷を深めており、社会保障・福祉に関わる問題が正面から扱われないことに歯がゆさを感じている国民も多いだろう[注11]。他方で、しばしば誤解されがちなことであるが、政治の世界が大小の争いに満ちてい

ることはその本質上やむをえない。それでも、他のあらゆる分野と同様、社会保障・福祉についてもその目標や手段をめぐって不可避的に生じる利害や意見の対立を、(できるかぎりの調査をふまえて議論を尽くしつつ)政治の場で決していくしかないのである。

　本章では、取りあげた事例に含まれる改革案の評価についてはあえてふみこまなかった。何がより望ましいかを考えることはもちろん重要であるが、ここではその前に、社会保障・福祉に関わる制度や政策をめぐっても異なる意見や立場があり、それが政治によって、とりわけ政策決定の過程においては政党政治によって、左右されていることを示したかったからである。

　筆者自身、政治研究者の立場から、このような形で皆さんに現実社会の見方の一端を伝えつつ、今後の授業や演習の中で、国内外の社会保障・福祉のあり方や改革の方向性についても広く議論していきたいと考えている。

注
1　スウェーデンの「児童手当」には、親の所得による制限はなく、近年の給付水準は、15歳まで一人月額1050クローネ(約1万3千円)である。ただし、二人目以降は割り増し給付されるしくみになっている。
2　スウェーデンにおける保育・子育て支援策の歴史については本書第12章を参照のこと。
3　この4党連立政権は、2010年の国政選挙でも勝利し、2011年9月現在も継続している。
4　保育所を利用する場合、一定の収入があればそれに応じて保育料を払うことになっているが、実際には自治体が相当部分を負担しており(そこには国からの補助金も含まれる)、その分がここでは保育所を利用しない場合には得られない公的支援だとされている。
5　スウェーデンの選挙は比例代表制で、有権者は個人ではなく政党を選び、各党がその比率によって議席を分け合うことになっている。
6　ただし、2010年の選挙で、移民の受け入れに反対する「スウェーデン民主党」が初めて議席を得たので、議会政党は8つとなっている。
7　政治的な「右」と「左」の違いについては、一般的に、前者が(治安の維持や外交を除く)政府の役割を小さくすべきだと考え、自由競争や自己責任を強調して社会的な格差を容認する傾向があるのに対し、後者は平等化を志向して政府が格差是正のために積極的な役割を果すべきだと考える傾向にある、といえる。

8　2008年の8月に、当時ストックホルムの将来問題研究所の研究員であったサラ・タールベリ（Sara Thalberg）氏が筆者に語ってくれたところによる。
9　スウェーデンの移民（外国生まれの住民）は、2008年の時点で全人口の約14%を占める。さらに移民の両親から生まれた子どもを含めれば約18%になる（Statistisk årsbok 2010, s 105, 107）。詳細は省かざるを得ないが、その背景には、同国が1990年代以降、アフリカ北東部、旧ユーゴスラビア地域、イラク周辺などの世界の紛争地域からの多くの難民を受け入れてきたことがある。
10　経済条件などで対象を限定して支援・救済する「選別主義」の対極にある考え方で、対象の数が多くなる分、維持費はかかるものの、「受益者」と「負担者」の分断を避けることで、原理的には、制度への広範な支持を得やすくなる。
11　日本の政治の現状や課題について、ここで詳しく論じることはできない。関心がある人は、政治（学）関連の本や授業で学んでみてほしい。

あ と が き

　現在の日本では、大きな社会問題の1つになっている子どもの虐待や貧困、保護者の学校へのクレイムの増加など子どもの生活学習環境の悪化やこれらを背景とした不登校や非行、引きこもりの増加が見られ、それらの諸問題に対応できる教員や社会福祉、心理の専門職の人材の輩出が強く求められています。現状の専門職養成だけではこういった課題に十分な就業力を養成できていないことは、ストレスなどを原因とする教員の病気休職者数が10年前に比べ倍増している現状からも明らかだと考えます。

　大阪府立大学には、これらの専門領域（教育、心理、社会福祉など）に関する養成コースがあり、これらの各分野において各教員が問題解決に向け先駆的に取り組んでいます。さまざまな問題への打開策の一つとして、学校を基盤に社会福祉の視点を導入しようと、スクールソーシャルワークを国が導入する以前の2007年度からスクールソーシャルワーク研究会を立ち上げました。2008年度秋からは、各分野の研究にとどまらず、教育現場における協働のあり方についてモデル策定を行っていくこと、教育に関する履修モデルを提案すること、包括的・多角的な視点で調和の取れた質の高いホリスティックな学生や実践家の育成ができるよう、大学生の教育と実践研究の場としても機能していくことを目指し、「学校におけるコラボレーション研究会」に発展させました。さらに、2009年秋から、大学の教育カリキュラムを現実的に検討するために、大阪府立大学学内GPとして、教育系キャリア・コラボ創生プロジェクトで準備を行い、2010年度からは、文部科学省「大学生の就業力育成支援事業」（就業力GP）に採択され「子育て教育系キャリア・コラボ力育成」として、本格的に教育改革に取り組むことに発展させてきました。本書は、この事業の一環で作成したものです。

　この補助事業は、従来の大学における福祉や教育、心理についての専門教育に加えて、就職してこうした問題に対応できる力を身につけることができるようにカリキュラムを見直し、実学的な専門教育を含む体系的なカリキュ

あとがき

ラムの構築および一貫したキャリア支援の充実をめざそうとするものです。具体的には、資格科目に限定されない幅広い専門基礎科目の履修の上に、フィールド体験・海外スタディ・ツアー、コラボレーション演習を通じ、異なる専門領域を学ぶ学生と協働で学習する機会を増やすことにより、課題解決に必要なコラボレーション力を身につけさせようとしています。こうした学生がその養成段階から他領域の学生と交流しながら学ぶインタープロフェッショナル・エデュケーション（IPE）は、医療・高齢者福祉分野ですでに取り組みが始まっていますが、子育て教育系のキャリア支援としては、いまだに展開されていない新しい取り組みです。

　教育と福祉の足し算ではなく、本当の意味の教育と福祉の協働、さまざまな融合によって、広くて深い視野を持った学生の育成、教育福祉の創造に取り組んでいます。そして、本著はさまざまな分野の教員が、新しい挑戦を行おうと執筆した傑作です。学生はもちろん、広く関心を持って下さった方にぜひご一読いただき、忌憚のないご意見をいただけたら大変幸いです。

　最後になりましたが、せせらぎ出版の山崎亮一様には言葉では言い尽くせないほどお世話になりました。心より感謝申し上げます。

2012年1月

　　　　　　　　文部科学省「大学生の就業力育成支援事業」（就業力GP）
　　　　　　　　「子育て教育系キャリア・コラボ力育成」事業代表者
　　　　　　　　　　　　　　　　　　　　　　　　山野　則子

引用・参考文献

●序章

オルタナティブ教育研究会（2003）『オルタナティブな学び舎の教育に関する実態調査報告書』国立教育政策研究所。

オルタナティブ教育研究会（2004）『公共性をはぐくむオルタナティブ教育の存立基盤に関する総合的研究』国立教育政策研究所。

青木紀（1991）「現代教育福祉問題に関する素描」、『教育福祉研究』第1号、北海道大学教育学部教育計画研究室、pp.39-50。

フリースクール全国ネットワーク編（2004）『フリースクール白書』フリースクール全国ネットワーク発行。

広井良典（2000）『ケア学 －越境するケアへ－』医学書院、他。

広井良典（2006）『持続可能な福祉社会 －「もうひとつの日本」の構想－』筑摩書房、p.240。

堀真一郎（1984）『ニイルと自由な子どもたち －サマーヒルの理論と実際－』黎明書房。

泉千勢・汐見稔幸・一見真理子編（2008）『世界の幼児教育・保育改革と学力』明石書店。

川村匡由・瀧澤利行（2011）『教育福祉論 －生涯学習と相談援助－』ミネルヴァ書房。

ラングラン，ポール（1971）『生涯教育入門』波多野完治訳、全日本社会教育連合会。

持田栄一・市川昭午編（1975）『教育福祉の理論と実際』教育開発研究所。

永田佳之（2005）『オルタナティブ教育』新評論。

ノディングス（1984＝1997）『ケアリング －倫理と道徳の教育－』（立山善康ほか訳）晃洋書房、他。

ノディングス（1992＝2007）『学校におけるケアの挑戦』（佐藤学監訳）ゆみる出版。

小川利夫・土井洋一編（1978）『教育と福祉の理論』一粒社。

小川利夫（1985）『教育福祉の基本問題』勁草書房。

小川利夫・高橋正教編（2001）『教育福祉論入門』光生館。

セン，アマルティア（2002）『貧困の克服 －アジア発展の鍵は何か－』集英社。

汐見稔幸（2004）「社会福祉と教育 －ケアするとはどういうことか－」、『社会福祉研究』第90号、鉄道弘済会。

杉本一義編（1991）『教育福祉の援助方法』開隆堂出版。

UNESCO Early Childhood and Family Education Section（2002）*Policy Briefs on Early Childhood*, No.1/March 2002, UNESCO.

吉田敦彦（1999）『ホリスティック教育論 －日本の動向と思想の地平－』日本評論社。

吉田敦彦・平野慶次・守屋治代編 (2009)『ホリスティック・ケア －新たなつながりの中の看護・福祉・教育－』せせらぎ出版。
吉田敦彦 (2009)『世界のホリスティック教育 －もうひとつの持続可能な未来へ－』日本評論社。

● 第1章

Banks (2004) *Ethics, Accountability and the Social Professions*, Basingstoke, Palgrave Macmillan. pp 78-94.
ibid, p.90.
Benhabib, S. (1992) *Situating the Self*, Cambridge, Polity Press. p.153.
Corey, G., Corey, M. S., Callanan, P. (2003) *Issues and Ethics in the Helping Professions* (6th ed.) = 村本詔司監訳・浦本計子・殿村直子訳 (2004)『援助専門家のための倫理問題ワークブック』創元社、p.18。
Gilligan, C. (1982) *In a Different Voice*, Cambridge, Harvard University Press. p.63.
Hugman, R. (2005) *New Approaches in Ethics for the Caring Professions*, Basingstoke: Palgrave Macmillan. p.7.
伊藤恭彦 (2007)「リベラリズムの普遍性をめぐる対抗 －グレイとベイツ－」、有賀誠・伊藤恭彦・松井暁編『ポスト・リベラリズムの対抗軸』ナカニシヤ出版、p.4。
Kuhze, H. (1997) *Caring : Nurses, Women, and Ethics*. Blackwell、竹内徹・村上弥生監修 (2000)『ケアリング：看護婦・女性・倫理』メディカ出版、p.152。
Lioyd, L. (2006) A Caring Profession? The Ethics of Care and Social Work with Older People, *British Journal of Social Work*, 36, pp.1171-1185.
McBeath, G. and Webb, S. (2002) Virtue Ethics and Social Work: Being Lucky, Realistic, and not Doing ones Duty, *British Journal of Social Work*, 32, pp.1015-1036.
嶺秀樹 (1999)「カントとドイツ観念論の倫理思想」、有福孝岳編『エチカとは何か』ナカニシヤ出版、pp.65-66。
永岡正巳 (2003)「社会福祉の思想と価値」、岩田・武川・永岡・平岡編『社会福祉の原理と思想』有斐閣、p.106。
長岡茂夫 (1989)「ミル―功利主義と正義」、寺崎峻輔・塚崎智・塩出彰編『正義論の諸相』法律文化社、p.216。
Noddings, N. (1984) *Caring: A Feminine Approach to Ethics & Moral Education*, Berkeley, University of California Press, p.53 = 立山善康訳 (1997)『ケアリング 倫理と道徳の教育 －女性の観点から－』晃洋書房。
岡田藤太郎 (1989)「社会福祉実践と思想」、大塚達雄・阿部志郎・秋山智久編『社会福祉実践の思想』ミネルヴァ書房、p.32。
Orme, J. (2002) Social Work: Gender, Care and Justice, *British Journal of Social*

Work, 32, pp.799-814.
Parton, N.（2003）Rethinking Professional Practice: The contributions of Social Constructionism and Feminist Ethics of Care, *British Journal of Social Work*, 33(1), pp.1-15.
Reamer, F.（2006）*Social Work Values and Ethics*（3rd ed.）, New York, Columbia University Press, p.20.
品川哲彦（2007）『正義と境を接するもの』ナカニシヤ出版、p.145 。
Spencer, M.（2008）Social Worker's Reflections on Power, Privilege, and Oppression, *Social Work*, 53(2), pp.99-101.
内井惣七（1989）「ロールズ　－平等と公平な格差－」、寺崎峻輔・塚崎智・塩出彰編『正義論の諸相』法律文化社、p.290 。
安彦一恵（1999）「近代から現代に至る倫理思想」、有福孝岳編『エチカとは何か』ナカニシヤ出版、pp.81-82 。

●第2章

ハーバーマス，ユルゲン（2001＝2004）、三島憲一訳『人間の将来とバイオエシックス』法政大学出版局。
兵庫県衛生部不幸な子どもの生まれない対策室（1973）『幸福への科学』のじぎく文庫。
松原洋子「日本　－戦後の優生保護法という名の断種法－」、米本昌平・松原洋子・橳島次郎・市野川容孝（2000）『優生学と人間社会　－生命科学の世紀はどこへ向かうのか－』講談社、pp.169-236 。
サイード，エドワード・W.（1978＝1993）、板垣雄三・杉田英明監修、今沢紀子訳『オリエンタリズム　上・下』平凡社。
諏訪哲二（1997）『「管理教育」のすすめ』洋泉社。
横田弘（1979）『障害者殺しの思想』JCA出版。

●第3章

ファインマン、マーサ・アルバートソン（2003）『積みすぎた箱舟　－ポスト平等主義のフェミニズム法理論－』上野千鶴子他訳、学陽書房。
フェダー，キテイ、エヴァ・（2010）『愛の労働あるいは依存とケアの正義論』岡野八代・牟田和恵監訳、白澤社。
ギデンス、アンソニー（1995）『親密性の変容　－近代社会におけるセクシュアリティ、愛情、エロティシズム－』松尾精文・松川昭子訳、而立書房。
速水融（2001）『歴史人口学で見た日本』文藝春秋。
本田一成（2010）『主婦パート　－最大の非正規雇用－』集英社。
鬼頭宏（2000）『人口から読む日本の歴史』講談社。
国立社会保障・人口問題研究所編（2011）『2011　人口の動向　日本と世界　－人口

統計資料集－』財団法人厚生統計会。
厚生労働省大臣官房統計情報部編（2004）『出生前後の就業変化に関する統計　人口動態統計特殊報告』財団法人厚生統計協会。
牧野カツコ他編著（2010）『国際比較にみる世界の家族と子育て』ミネルヴァ書房。
牟田和恵（2011）「キテイ哲学がわたしたちに伝えてくれるもの」『ケアの倫理からはじめる正義論　－支えあう平等－』エヴァ・フェダー・キテイ、岡野八代・牟田和恵編著訳、白澤社、pp.155-172。
内閣府（2009）『平成21年版子ども・子育て白書』。
内閣府（2010）『平成22年版男女共同参画白書』。
大沢真理（1993）『企業中心社会を超えて　－現代日本を「ジェンダー」で読む－』時事通信。
落合恵美子（2010）『21世紀家族へ　－家族の戦後体制の見かた・超えかた－』有斐閣。
齋藤純一（2003）『親密圏のポリティクス』ナカニシヤ出版。
杉浦郁子他編著（2007）『パートナーシップ・生活と制度』緑風出版。
筒井淳也（2008）『親密性の社会学』世界思想社。

●第4章
赤枝恒夫（2002）『子どものセックスが危ない』WAVE出版。
東優子（2009）「HIV予防対策と接近困難層　－ハーム・リダクション事例に学ぶ－」、『社会問題研究』58、pp.87-102。
木原雅子（2006）『10代の性行動と日本社会　－そしてWYSH教育の視点－』ミネルヴァ書房。
北村邦夫（2011）『セックス嫌いな若者たち』メディアファクトリー新書。
高知新聞企業（2007）『壊れる性　－知っていますか愛すること－』高知新聞社。
National Prevention Council（2011）*National Prevention Strategy*, Washington, DC: U.S. Department of Health and Human Services, Office of the Surgeon General.
根村直美（2000）「WHOの〈健康〉概念に関する哲学的検討　－その「危うさ」の考察－」、根村直美編著『健康とジェンダー』明石書店。
日本家族計画協会（2010年）「性に関する知識・意識・行動について」、『第5回男女の生活と意識に関する調査報告書』。
Ottosson, D.（2007）*State-sponsored Homophobia: A world survey of laws prohibiting same sex activity between consenting adults*, International Lesbian and Gay Association.
UNAIDS／財団法人エイズ予防財団訳（2010）「エイズ・スコアカード　概略」、『UNAIDSレポート「世界のエイズ流行」』2010年版、エイズ予防財団。
UNAIDS（2004）AIDS epidemic update.「女性とAIDS（エイズ）」の章は http://api-net.jfap.or.jp/status/pdf/2004/02.pdfで全文入手可

UNAIDS (2008) *Report on the global AIDS epidemic.* Geneva: UNAIDS (Joint United Nations Programme on HIV/AIDS).
WHO (2008) *Unsafe abortion:* global and regional estimates of the incidence of unsafe abortion and associated mortality in 2008. (6th ed.)
WHO (1994) *AIDS: Images of the Epidemic.* Geneva: WHO. エイズ予防財団監訳 (1994)『エイズ、その実像』笹川記念保健協力財団。
WHO・PAHO/WAS (2000) *Promotion of Sexual Health.* 日本性教育協会 (2003)『セクシュアル・ヘルスの推進　行動のための提言』。
World Health Organization (2006) *Definition of Sexual Health:* Report of a technical consultation on sexual health.

●第5章
阿部彩 (2008)『子どもの貧困　－日本の不公平を考える－』岩波書店（新書）。
浜中重信 (1966)『啐啄　－小学校長の原体験－』文理書院。
子どもの貧困白書編集委員会編 (2009)『子どもの貧困白書』明石書店。
Levin, B. & Riffel, J. A. (1997) *Schools and the Changing World.* Routledge Falmer.
NHKスペシャル『ワーキングプア』取材班編 (2007)『ワーキングプア　－日本を蝕む病－』ポプラ社。
NHKスペシャル『ワーキングプア』取材班編 (2008)『ワーキングプア・続編　－解決への道－』ポプラ社。
西田芳正 (1996)「不平等の再生産と教師」、八木正編『被差別世界と社会学』明石書店。
西田芳正 (2010)「貧困・生活不安定層の子どもから大人への移行過程とその変容」、『犯罪社会学研究』35号。
西田芳正編 (2011)『児童養護施設と社会的排除　－家族依存社会の臨界－』解放出版社。
大阪府立西成高等学校 (2009)『反貧困学習　－格差の連鎖を断つために－』解放出版社。
リッジ，テス (2010)『子どもの貧困と社会的排除』桜井書店。
志水宏吉編 (2009)『「力のある学校」の探求』大阪大学出版会。
若槻健・西田芳正編 (2010)『教育社会学への招待』大阪大学出版会。
山野良一 (2008)『子どもの最貧国・日本』光文社（新書）。

●コラム・1
浅井春夫他編 (2008)『子どもの貧困』明石書店。
阿部彩 (2008)『子どもの貧困　－日本の不公平を考える－』岩波書店。
尾藤廣喜 (2006)『これが生活保護だ』高菅出版。

●コラム・2
クレールブリセ（1998）『子どもを貪り食う世界』（社会評論社）
石畑良太郎・牧野富夫編著（2009）『よくわかる社会政策』ミネルヴァ書房。
宮本太郎（2009）『生活保障　－排除しない社会へ－』岩波新書。
玉井金五・大森真紀編（2007）『三訂社会政策を学ぶ人のために』世界思想社。

●第6章
子どもの権利条約ネットワーク（1998）『学習　子どもの権利条約』日本評論社、p.70以下。
望月彰他（2007）「自治体における子どもの権利に関する条例制定の動向」、『社会問題研究』56巻、pp.169-187。
永井憲一監修（1997）『自治体で取り組む子どもの権利条約』明石書店、p.30以下。
中野光・小笠毅編著（1996）『ハンドブック　子どもの権利条約』岩波ジュニア新書。
高梨晃宏他（2001）「川崎市子どもの権利条例づくりに参加して」、『世界』69巻、pp.243-251。
山野則子（2010）「スクール・ソーシャルワーカーの役割と課題　大阪府の取組からの検証」、『社会福祉研究』109巻、pp.10-18。

●第7章
阿部彩（2008）『子どもの貧困』岩波新書。
阿部彩（2009）『子どもの貧困白書』明石書店、p.19。
原田正文ほか（2004）「児童虐待発生要因の構造分析と地域における効果的予防法の開発」、『平成15年度厚生労働科学研究（子ども家庭総合研究所保護事業）報告書』。
鍋島祥郎（2003）『効果のある学校』部落解放人権研究所。
小川利夫（1985）『教育福祉の基本問題』勁草書房。
岡村重夫（1958）『社会福祉学（各論）』柴田書店、pp.141-167。
岡村重夫（1985）『社会福祉原論』全国社会福祉協議会。
小野田正利（2006）『悲鳴をあげる学校』旬報社。
高橋重宏（2004）「児童虐待防止に効果的な地域セーフティーネットのあり方に関する研究」、『平成15年度厚生労働科学研究（子ども家庭総合研究事業）報告書』pp.5-116。
山野則子（2005）「育児負担感と不適切な養育の関連に関する構造分析」『平成16年度厚生科学研究（子ども家庭総合研究事業）報告書』pp.118-137。
山野則子（2006）「子ども家庭相談体制におけるスクールソーシャルワークの構築　－教育行政とのコラボレーション－」、『ソーシャルワーク研究』第32巻2号、

相川書房。
山野則子（2008）「日本におけるスクールソーシャルワークの実証的研究 －福祉の固有性の探究－ 平成19年度報告書」、『平成19年度 文部科学省科学研究費「基盤研究C」』。
山野則子（2010）「第1章 スクールソーシャルワークとは」、文部科学省『スクールソーシャルワーカー活用事業実践事例集』pp.1-6。
山野則子（2011）「学校コラボレーション講座」、大阪府立大学共同研究〈学校コラボレーション研究会〉就業力GP『子育て教育系キャリア・コラボ力育成』。
山野則子・厨子健一（2011）『スクールソーシャルワークハンドブック』大阪府立大学。

●第8章
安部計彦編著（2009）『一時保護所の子どもと支援』明石書店。
浅井春夫監修・中山正雄編著（2004）『児童養護の原理と実践的活用』保育出版社。
圓入智仁（2005）「児童相談所一時保護所における学習権保障の問題」『日本社会教育学会紀要』41、pp.1-10。
藤田秀雄（1986）「ユネスコ学習権宣言とその背景」『立正大学文学部論叢』84、pp.49-75。
花島政三郎（1994）『教護院の子どもたち-学習権の保障をもとめて』ミネルヴァ書房。
廣渡修（2004）「児童自立支援施設の将来像への提言」『福岡女子短大紀要』63、pp.43-48。
小嶋直太郎（1967）『淡海学園運営基本篇』10、淡海学園。
望月彰（2004）『自立支援の児童養護論 －施設でくらす子どもの生活と権利－』ミネルヴァ書房。
天羽浩一（2003）「児童自立支援施設の現状を通して多様化への道を探る」『鹿児島国際大学福祉社会学部論集』21（3）、pp.23-37。
打田信彦（2006）「児童自立支援施設での義務教育導入の考察」『近畿福祉大学紀要』7(2)、pp.193-198。
全国児童自立支援施設協議会（2011）『児童自立支援施設の支援の基本（試作版）』

第9章
Barkley, R. A（1978）*Attention-deficit-hyperactivity disorder: A handbook for diagnosis and treatment*(2nd ed), New York, Gilford Press.
日本LD学会編（2011）『LD・ADHD等関連用語集 第3版』日本文化科学社。
小野次郎、上野一彦、藤田継道編（2010）『よくわかる発達障害 第2版』ミネルヴァ書房。

特別支援教育士資格認定協会編『特別支援教育の理論と実際Ⅰ概論・アセスメント』p.26。
柘植雅義著（2002）『学習障害（LD）』中央新書。
若宮英司、里見恵子、西岡有香著『AD/HD・高機能広汎性発達障害の教育と医療』p.43pより改変。

● 第10章
Abramson, J. & Rosenthal, B. (1995) Interdisciplinary and interorganizational collaboration, In R. L. Edwards (Eds.), *Encyclopedia of Social Work* (19th ed.), NASW Press, pp.1479-1489.
相川敦（1987）「被援助者の行動と援助」、中村陽吉・高木修（編）『「他者を助ける行動」の心理学』光生館、pp.136-145。
Andrew, A. (1990) Interdisciplinary and interorganizational collaboration, In L. Ginsberg, et al. (Eds.), *Encyclopedia of Social Work* (18th edition), NASW Press, pp.175-176.
Germain, C. (1984) *Social Work Practice in Health Care*, Free Press.
Julia M. & Thompson, A. (1994) Group Process and Interprofessional Teamwork, In Casto, M. & Julia M. (Eds.), *Interprofessional Care and Collaborative Practice*, Cole Publishing Company, pp.43-57.
菊地和則（2009）「協働・連携のためのスキルとしてのチームアプローチ」、『ソーシャルワーク研究』34（4）、pp.291-297。
久保元二（2000）「保健・医療・福祉の連携についての概念整理とその課題」、右田紀久恵ら（編）『社会福祉援助と連携』中央法規出版、pp.108-123。
前田信雄（1990）『保健医療福祉の統合』頸草書房。
松岡千代（2009）「多職種連携のスキルと専門職教育における課題」、『ソーシャルワーク研究』34（4）、pp.314-320。
松岡千代（2000）「ヘルスケア領域における専門職間連携 －ソーシャルワークの視点からの理論的整理－」、『社会福祉学』40（2）、pp.17-38。
高山忠雄（1993）「保健・医療・福祉の連携」、京極高宣（監）『現代福祉学レキシコン』雄山閣出版、pp.76-77。

● コラム・3
江口愛子・森未知（2003）「子育てネットワーク等子育て支援団体についての情報提供のあり方に関する調査研究」『国立女性教育会館研究紀要』7、pp.109-117。
母の友（1998）「特集 子育てネットワークを考える」『母の友』539、pp.22-41。
原田正文（2004）「子育てを変えるエネルギーの源『子育てネットワーク』」『こども未来』398、pp.7-9。
大野博之他（1992）「第38回教育と医学の集いシンポジウム 子育てネットワーク」

『教育と医学』40(1)、pp.4-30。
坂本純子（2004）「地域の子育て支援センター新座子育てネットワーク」『住民と自治』498、pp.18-21。
鈴木史子（1996）「子育てネットワークの試み」『教育じほう』587、pp.34-37。

●第11章
Fisher, Daniel (2008) Promoting recovery. In Theo Stickley & Thurstine Basset (Eds.), *Learning about mental health practice*. Chichester, England: John Wiley and Sons. pp.119-139. ダニエル・フィッシャー著／松田博幸訳（2011）『リカバリーをうながす』大阪府立大学人間社会学部松田研究室。
Mindell, Arnold (1995) *Sitting in the fire: Large group transformation using conflict and diversity*. Portland: Lao Tse Press. アーノルド・ミンデル著／永沢 哲監修／青木聡訳［抄訳］（2001）『紛争の心理学：融合の炎のワーク』講談社新書。
Richardson, Laurel (2000) Writing: A method of inquiry. In Norman Denzin and Yvonna Lincoln (Eds.), *Handbook of qualitative research* (2nd edition) Thousand Oaks, CA: Sage. pp.923-948. 2006, ローレル・リチャードソン著／藤原顕訳（2006）「書く：ひとつの探究方法」、平山満義監訳『質的研究ハンドブック-3巻：質的研究資料の収集と解釈』北大路書房、pp.315-342。

●第12章
藤田弘之（2004）「イギリスにおける児童虐待防止システムの問題とその改善策」、『滋賀大学教育学部紀要　教育科学』No.54。
岩間大和子（2006）「英国ブレア政権の保育政策の展開」、『レファレンス』No.663。
泉千勢（2000）「スウェーデンにおける保育改革の動向」、『保育の研究』No.17。
泉千勢（2003）「スウェーデンにおける幼保一元化のとりくみ」、全国保育団体連絡会『保育白書 2003年版』。
訓覇法子（2010）「スウェーデンのEDUCAREモデルの形成過程と政策視座」、『海外社会保障研究』No.173。
訓覇法子（2011）「世界の児童福祉（2）スウェーデンの児童福祉」、田澤あけみ編著『子どもの生活と児童福祉』放送大学教育振興会。
マルティン，バーバラ＝コルピ著、太田美幸訳（2006＝2010）『政治のなかの保育』かもがわ出版。
内閣府政策統括官（2009）『英国の青少年育成施策の推進体制等に関する報告書』。
The Swedish Institute (2005)「ファクトシート　スウェーデンの保育制度」(JFS86f, Japanese)
高橋美惠子（2007）「スウェーデンの子育て支援」、『海外社会保障研究』No.160。
田邉泰美（2006）「英国児童虐待防止研究-ビクトリア・クリムビエ事件と児童ケア改革」、『園田学園女子大学論文集』第40号。

田邉泰美（2008）「英国児童虐待防止研究-児童社会サービス改革と児童虐待防止」、『園田学園女子大学論文集』第42号。
田邉泰美（2011）「ベビーP虐待死亡事件とラミング報告書」、『園田学園女子大学論文集』第45号。
所道彦（2007）「ブレア政権の子育て支援策の展開と到達点」、『海外社会保障研究』No.160。
津崎哲雄（2002）「英国児童福祉改造（クオリティ・プロテクツ）計画と〈社会的共同親〉理念｜、小舎制養育研究会『養育研究』第14号。
津崎哲雄（2006）「イギリスにおけるクオリティ・プロテクト以降の児童福祉施策の展開」、小舎制養育研究会『養育研究』第16号。
津崎哲雄（2008）「イギリスの社会的養護の現状・展開と施策理念」、『社会福祉研究』第103号。
津崎哲雄（2009）「ニューレイバーの児童（・家族）施策」、『海外社会保障研究』No.169。
埋橋玲子（2007）『チャイルドケア・チャレンジ』法律文化社。
自治体国際化協会ロンドン事務所（2009）『イングランドの就学前児童の子育て環境整備』。

第13章

Elder, H. Jr. & Janet, Z. Eds.（1998）*Methods of Life Course Research : Qualitative and Quantitative Approaches*, Sage Publications. 正岡寛司・藤見純子訳（2003）『ライフコース研究の方法』明石書店。
岩間伸之（1992）「社会福祉研究とライフコース」、『社会福祉研究』54、pp.81-86。
Kleinman, A.（1988）*The illness narratives. Suffering, healing, and the human condition*, NewYork, Basic Books.
三毛美代子（2007）「母との闘い －親と暮らしていたある脳性麻痺者がひとり暮らしとしての自立生活を実現する過程－」、『社会福祉学』47、pp.98-110。
Nirje, B.（1970）The normalization principle: Implications and comments, *British Journal of Mental Subnormality*, 16, pp.62-70.
斎藤耕二・本田時雄（2001）『ライフコースの心理学』金子書房。
堺市（2006）「堺市第3次障害者長期計画」堺市。
田垣正晋（2007）『中途肢体障害者における「障害の意味」の生涯発達的変化 －脊髄損傷者が語るライフストーリーから－』ナカニシヤ出版。
山田明（1983）「重度肢体不自由者の生活とライフサイクル －身体障害者療護施設利用者の生活歴調査から－」、『社会福祉学』27、pp.145-177。
山岸治男（1999）「ライフコースの形成における社会福祉の課題」、『大分大学教育福祉科学部研究紀要』21、pp.257-264。

●第14章

Fleming, R. (2005) Beyond Words; *Emotional Responses in Care Assessment*, Second Edition, Dementia Services Development Centre The Hammond Care Group, pp.2-23.

金春男・黒田研二 (2007)「異文化に配慮した在日コリアン認知症高齢者の心理的支援 (母国語によるアクティビティとしての回想法のこころみ)」、『日本認知症ケア学会』6(3)、pp.512-523。

Kitwood, T. (1997) *Dementia reconsidered the person comes first*, Buckingham, Open University Press. (=高橋誠一訳 (2005)『認知症のパーソンセンタードケア』筒井書房) pp.100-102。

黒田研二・今川真治・臼井キミカ・他 (2002)「痴呆性高齢者の感情反応評価尺度の信頼性と妥当性の検討」、『老年社会科学』24(2)、p.265。

Lawton, M.P, Van Haitsma K., & Klapper, J. (1996) Observed affect in nursing home residents with Alzheimer's disease, *Journals of Gerontology Series B Psycological Sciences & Social Sciences*, 51(1). pp.3-14.

松下正明 (2000)「アルツハイマー病の歴史」、『アルツハイマー病、臨床精神医学講座S9』中山書店、pp.3-15。

室伏君士 (2004)『痴呆老人への対応と介護』金剛出版。

中村重信 (2003)『痴呆疾患の治療ガイドライン』ワールドプランニング。

ネウストプニー, J.V. (J.V.Neustupny) (1982)『外国人とのコミュニケーション』岩波新書、p.189。

野村豊子 (2006)『認知症ケアの実際Ⅰ：総論』ワールドプランニング。

大橋謙策 (1979)「高齢者の福祉と教育」、『老人福祉』55、p.19。

小澤利男 (2007)「人口動態からみた老化・老年病」、『ジェロントロジー』19(1)、メディカルレビュー社、pp.16-20。

斉藤正彦 (2006)「認知症における非薬物療法研究の課題と展望」、『老年精神医学雑誌』17(7)、pp.711-717。

全国社会福祉協議会 (2004)『教育福祉実践ハンドブック』社会福祉法人全国社会福祉協議会。

●第15章

加藤哲也 (1997)『一つしかない本当のダイエット』主婦の友社。

新畑茂充 (1994)『ストップ・ザ・オーバートレーニング』黎明書房。

大野誠 (1991)『知的エリートのためのザ・ダイエットマニュアル』宇宙堂八木書店、pp.21-30。

鈴木正成 (1988)『スポーツの栄養・食事学』同文書院。

竹中晃二 (2008)「メタボリックシンドロームにおける行動変容」、田畑泉編『メタボリックシンドローム解消ハンドブック』杏林書院、p.28。

漆原光徳（1999）『体脂肪を燃やす大学ダイエット講義』二見書房。
WHO（1948）「世界保健機関憲法前文」。
吉武信二（2011）『女性のための健康ダイエット支援法』大学教育出版。

●第16章
10万人のためのグループホームを！実行委員会編（2004）『もう施設には帰らない－知的障害のある21人の声－』中央法規出版。
ベンクトニイリエ（河東田博ら訳）（2000）『ノーマライゼーションの原理 －普遍化と社会変革を求めて－』現代書館。
厚生労働省『平成17年度知的障害児（者）基礎調査』及び『社会福祉施設等調査』（平成17年）。
厚生労働省『平成18年身体障害児・者実態調査』及び厚生労働省『社会福祉施設等調査』（平成12年、平成18年）。
厚生労働省『平成20年度患者調査』。
Mental Retardation -Definition, Classification and Systems of Supports-. 9th Edition, American Association On Mental Retardation（1992）, p.135-136, p144.
三田優子（2008）「知的障害者の自立」、上野千鶴子・大熊由起子・大沢真理・神野直彦・副田義也編『ケアされること』岩波書店。
三田優子（2011）「社会的入院問題の解消」、『ノーマライゼーション　障害者の福祉』pp.36-37。
長野県障害者地域生活支援研究会「知的障害者及び精神障害者の地域生活支援推進に関する研究」、『平成19年度障害者保健福祉推進事業（障害者自立支援調査研究プロジェクト）報告書』。
長野県障害者地域生活支援研究会「障害者が地域で暮らしていくための支援ネットワークづくりに関する研究」、『平成20年度障害者保健福祉推進事業（障害者自立支援調査研究プロジェクト）報告書』。
大熊由紀子（2008）「ケアの思想」、上野千鶴子・大熊由起子・大沢真理・神野直彦・副田義也編『ケアの思想』岩波書店。

●第17章
樋口陽一、中村睦男、佐藤幸治、浦部法穂『注釈法律学全集2 憲法Ⅱ』p.152。
堀尾輝久（1991）『人権としての教育』岩波書店。
佐藤功（1994）『憲法（上）〔新版〕』学陽書房、pp.444-445。
浦部法穂（2003）『全訂憲法学教室』日本評論社、p.40, 41, 196。

執筆者一覧 (50音順)

伊藤 嘉余子	大阪府立大学・人間社会学部／教育福祉学類・准教授	（第8章　担当）
伊井 直比呂	大阪府立大学・人間社会学部／教育福祉学類・准教授	（第17章　担当）
小野 達也	大阪府立大学・人間社会学部／教育福祉学類・准教授	（コラム4　担当）
金 春男	大阪府立大学・人間社会学部／教育福祉学類・特任助教*	（第14章　担当）
児島 亜紀子	大阪府立大学・人間社会学部／教育福祉学類・教授	（第1章　担当）
嵯峨 嘉子	大阪府立大学・人間社会学部／教育福祉学類・准教授	（コラム1　担当）
里見 恵子	大阪府立大学・人間社会学部／教育福祉学類・准教授	（第9章　担当）
関川 芳孝	大阪府立大学・人間社会学部／教育福祉学類・教授	（第6章　担当）
田垣 正晋	大阪府立大学・人間社会学部／教育福祉学類・准教授	（第13章　担当）
田間 泰子	大阪府立大学・人間社会学部／教育福祉学類・教授	（第3章　担当）
中谷 奈津子	大阪府立大学・人間社会学部／教育福祉学類・准教授	（コラム3　担当）
中山 徹	大阪府立大学・人間社会学部／地域福祉研究センター教授	（コラム2　担当）
西田 芳正	大阪府立大学・人間社会学部／教育福祉学類・教授	（第5章　担当）
東 優子	大阪府立大学・人間社会学部／教育福祉学類・教授	（第4章　担当）
松田 博幸	大阪府立大学・人間社会学部／教育福祉学類・准教授	（第11章　担当）
三田 優子	大阪府立大学・人間社会学部／教育福祉学類・准教授	（第16章　担当）
森岡 次郎	大阪府立大学・人間社会学部／教育福祉学類・准教授	（第2章　担当）
山野 則子	大阪府立大学・人間社会学部／教育福祉学類・教授	（第7章　担当）
山中 京子	大阪府立大学・人間社会学部／教育福祉学類・教授	（第10章　担当）
吉田 敦彦	大阪府立大学・人間社会学部／教育福祉学類・教授	（序章　担当）
吉武 信二	大阪府立大学・人間社会学部／教育福祉学類・准教授	（第15章　担当）
吉原 雅昭	大阪府立大学・人間社会学部／地域福祉研究センター准教授	（第12章　担当）
渡辺 博明	大阪府立大学・人間社会学部／教育福祉学類・教授	（第18章　担当）

※執筆者肩書きは、教育福祉学類が発足する2012年度4月1日時点。
　ただし(*)付は、2012年2月1日時点。

●装幀──上野かおる

教育福祉学への招待

2012年3月15日　第1刷発行

編　者　文部科学省「大学生の就業力育成支援事業」
　　　　大阪府立大学「子育て教育系キャリア・コラボ力育成」
　　　　山野則子・吉田敦彦・山中京子・関川芳孝

発行者　山崎亮一

発行所　せせらぎ出版
　　　　〒530-0043　大阪市北区天満2-1-19　高島ビル2階
　　　　TEL. 06-6357-6916　FAX. 06-6357-9279
　　　　郵便振替　00950-7-319527

印刷・製本所　株式会社関西共同印刷所

©2012　ISBN978-4-88416-209-2

せせらぎ出版ホームページ　http://www.seseragi-s.com
　　　　　　　　　メール　info@seseragi-s.com

EYE LOVE EYE

この本をそのまま読むことが困難な方のために、営利を目的とする場合を除き、「録音図書」「拡大写本」等の読書代替物への媒体変換を行うことは自由です。製作の後は出版社へご連絡ください。そのために出版社からテキストデータ提供協力もできます。